Lothar Krappmann

Soziologische Dimensionen der Identität

Strukturelle Bedingungen für die Teilnahme an Interaktionsprozessen

Ernst Klett Verlag Stuttgart

4. Auflage 1975 (1. Auflage innerhalb der Konzepte der Humanwissenschaften)

Einbandgestaltung: Heinz Edelmann
Satz: Courier Druckhaus Ingolstadt
Druck: Druckerei Ludwig Auer, Donauwörth
ISBN 3-12-925090-5

Inhalt

1. Identität als Problem und als Untersuchungsgegenstand

Wir alle treten in verschiedenen Situationen in unterschiedlicher Weise auf. Wir verhalten uns kooperationsbereit und nachgiebig unter unseren Arbeitskollegen, pochen dagegen hartnäckig auf unser Recht, wenn unser Wagen in der Werkstatt unsachgemäß repariert wurde. Geduldig gehen wir auf alle Ansprüche unserer Kinder auch dann noch ein, wenn uns fremde längst lästig wären. In Diskussionen nehmen wir den Standpunkt unserer Gesprächspartner vorweg, indem wir etwa über politische Probleme mit einem Studentenvertreter anders sprechen als mit einem Mitglied der Regierungspartei.

Gespräche und gemeinsames Handeln sind nur möglich, wenn wir uns auf unsere Partner einstellen. Aber dies findet dort seine Grenze, wo nicht mehr zu erkennen ist, wofür wir denn „wirklich" eintreten. Die Mitglieder von Handlungs- und Kommunikationssystemen verlangen voneinander ein gewisses Maß an Konsistenz im Verhalten und an Integration von Beteiligungen. Obwohl also gemeinsames Handeln und Kommunikation auf der einen Seite voraussetzen, daß die Partner sich in Handlungsorientierungen und Sprache einander angleichen, muß jeder auf der anderen Seite doch zugleich verdeutlichen, „wer er ist", um den Ablauf von Zusammenkünften vorhersehbar und auf diese Weise planbar zu machen. Das Individuum steckt folglich in einem Dilemma: Wie soll es sich den anderen präsentieren, wenn es einerseits auf seine verschiedenartigen Partner eingehen muß, um mit ihnen kommunizieren und handeln zu können, andererseits sich in seiner Besonderheit darzustellen hat, um als dasselbe auch in verschiedenen Situationen erkennbar zu sein?

Wir brauchen nämlich auch für die besondere Individualität, in der wir uns präsentieren wollen, die Zustimmung unserer Handlungs- und Gesprächspartner: Sie entwerfen Vorstellungen über uns, die wir nicht unberücksichtigt lassen können. „Man" erwartet von einem Wissenschaftler rationale Argumentation, von einem Künstler Exzentrizität und Phantasie, von einem Arzt Hilfsbereitschaft und Sorgfalt. Wer gegen allgemein geteilte Vorstellungen, wie er sich als Angehöriger bestimmter Personengruppen zu verhalten hat, wiederholt verstößt, läuft Gefahr, in seiner individuellen Besonderheit nicht akzeptiert zu werden. Der

Versuch, den anderen individuelle Besonderheiten verständlich zu machen, muß daher auf den Erwartungen der anderen aufbauen. Gelingt es dem einzelnen nicht, seine Besonderheit auf diesem Hintergrund seinen Handlungs- und Gesprächspartnern zu übersetzen, droht er in Isolation zu geraten. Auch hier stellt sich also eine in sich widersprüchliche Aufgabe: Wie vermag sich der einzelne als ein besonderes, von anderen zu unterscheidendes Individuum mit einer einmaligen Biographie und ihm eigentümlichen Bedürfnissen darzustellen, wenn er sich den angesonnenen Erwartungen, die ihn von vornherein typisierend festzulegen suchen, nicht ungestraft entziehen kann?

Nicht genug mit diesen prinzipiellen Schwierigkeiten. Wie soll sich der einzelne angesichts der in unserer Gesellschaft vielfach miteinander konkurrierenden Normen, Erwartungen und Interpretationen für Personen und Situationen verhalten? Besteht angesichts des Widerstreits zwischen mächtigen Institutionen überhaupt noch eine andere Möglichkeit als die, auf Konsistenz und Integration im Auftreten weitgehend zu verzichten? Wird sich das Individuum nicht leichter durch Konflikte hindurchwinden, wenn es sich in Fragmente zerteilt, um diskrepanten Erwartungen ungehindert genügen zu können, wenn es folglich in der einen Situation verleugnet, wer es in der anderen ist? Entgeht es nicht den Schwierigkeiten, wenn es möglichst keine besonderen, dauerhaften Erwartungen und Bedürfnisse zeigt? Anders gesagt: Ist Individualität nur unter Verhältnissen zu wahren, die das Individuum nicht zwischen diskrepanten Erwartungen zu zerreißen drohen?

Aber auch — real nicht vorstellbare — Verhältnisse ohne einander widerstreitende Normen oder ohne Sanktionen für Abweichungen würden der Selbstdarstellung des Individuums Probleme bereiten. Entweder schließt die vollständige Übereinstimmung aller Erwartungen und Bedürfnisse von vornherein die Artikulation einer Besonderheit aus, oder dem Individuum, das doch von den allgemeinen Normen abweichende Erwartungen besitzt, stehen keine ihm mit den anderen gemeinsame Interpretationen zur Verfügung, an die es bei der Artikulation dieser Erwartungen anknüpfen könnte. Das Individuum ist auf eine gewisse Bandbreite divergierender Erwartungen und Interpretationen angewiesen, um sich an ihm nahestehende Interpretationen anlehnen und durch Kritik des vorgegebenen Normensystems seine unberücksichtigten persönlichen Erwartungen verdeutlichen zu können.

Die vom Individuum für die Beteiligung an Kommunikation und gemeinsamem Handeln zu erbringende Leistung soll hier mit der Kategorie der Identität bezeichnet werden. Damit das Individuum mit anderen in Beziehungen treten kann, muß es sich in seiner Identität präsentieren;

durch sie zeigt es, wer es ist. Diese Identität interpretiert das Individuum im Hinblick auf die aktuelle Situation und unter Berücksichtigung des Erwartungshorizontes seiner Partner. Identität ist nicht mit einem starren Selbstbild, das das Individuum für sich entworfen hat, zu verwechseln; vielmehr stellt sie eine immer wieder neue Verknüpfung früherer und anderer Interaktionsbeteiligungen des Individuums mit den Erwartungen und Bedürfnissen, die in der aktuellen Situation auftreten, dar.

Aber auch die Art der Verknüpfung, die der einzelne durch die Aufrechterhaltung einer Identität herstellt, ist nicht der Beliebigkeit anheimgegeben, sondern dem Individuum werden Modelle angeboten, die es nicht mißachten darf, obwohl sie seiner besonderen Position im Geflecht der Interaktionen niemals voll entsprechen können.

Eine gelungene Identitätsbildung ordnet die sozialen Beteiligungen des Individuums aus der Perspektive der gegenwärtigen Handlungssituation zu einer Biographie, die einen Zusammenhang, wenngleich nicht notwendigerweise eine konsistente Abfolge, zwischen den Ereignissen im Leben des Betreffenden herstellt. Obgleich der Entwurf einer Biographie zunächst nur durch bloße Interpretation eine plausible Abfolge vergangener Ereignisse herzustellen scheint, ist zu erwarten, daß ein Individuum dann, wenn es frühere Handlungsbeteiligungen und außerhalb der aktuellen Situation bestehende Anforderungen in seine Bemühung um Identität aufnimmt, auch tatsächlich ein höheres Maß an Konsistenz im Verhalten zeigen wird. Es schafft sich nämlich auf diese Weise einen beständigeren Rahmen von Handlungsorientierungen, als ihn isoliert nebeneinanderstehende Handlungssituationen anbieten.

Diese Identität stellt die Besonderheit des Individuums dar; denn sie zeigt auf, auf welche besondere Weise das Individuum in verschiedenartigen Situationen eine Balance zwischen widersprüchlichen Erwartungen, zwischen den Anforderungen der anderen und eigenen Bedürfnissen sowie zwischen dem Verlangen nach Darstellung dessen, worin es sich von anderen unterscheidet, und der Notwendigkeit, die Anerkennung der anderen für seine Identität zu finden, gehalten hat.

In dem hier zu entwickelnden Konzept der Identität wird die Diskrepanz der an das Individuum gerichteten Erwartungen als die ihm in bestimmten sozialen Verhältnissen angebotene Chance zur Individuierung betrachtet. Es lehnt sich damit an Gedankengänge E. Durkheims und G. Simmels an. E. Durkheim (1893) vertrat die Auffassung, die zunehmende Differenzierung der Gesellschaft durch Arbeitsteilung fördere die Entwicklung von Individualität, weil sie sowohl vom einzelnen den Erwerb spezialisierter Fähigkeiten verlange als auch von allen eine Solidarität, die den einzelnen in seiner Eigenart anerkennt[1]. Für G. Simmel gewinnt die Persönlichkeit ihre Eigenart „durch die individuelle Kreuzung der socialen Kreise in ihr" (1890, S. 103). Wenngleich ihr gesamter Inhalt aus sozialen Antezedentien und Wechselbeziehungen erklärbar sein möge, müsse er gleichzeitig „unter der Kategorie des Einzellebens ..., als Erlebnis des Individuums und völlig auf dieses orientiert" (1908, S. 28) betrachtet werden. Das Individuum stehe folglich zugleich innerhalb und außerhalb der Gesellschaft. Diese Doppelstellung bezeichne jedoch nicht zwei unverbunden nebeneinanderstehende Bestimmungen des Individuums. Ihre Verknüpfung erfolge nicht allein auf der psychologischen Ebene, sondern sei „eine der wichtigsten soziologischen Formungen" (1908, S. 27).

Es soll in den folgenden Kapiteln nachgewiesen werden, daß dem Individuum desto mehr Möglichkeiten zu sozialer Interaktion offenstehen, je besser es ihm gelingt, die Besonderheit seiner Identität an der interpretativen Integration gerade divergenter Erwartungen und widersprüchlicher Handlungsbeteiligungen in den Systemen sozialer Interaktion zu erläutern. Oder mit Worten, die die Perspektive einer soziologischen Betrachtungsweise noch klarer herausheben: die Chance des Individuums, sich als identisches darzustellen, soll hier von sozialstrukturellen Gegebenheiten abgeleitet werden, nämlich von der Inkonsistenz der Normensysteme und den Widersprüchlichkeiten zwischen den Handlungskontexten in sozialen Systemen her. Diese Gegebenheiten sind als die Bedingung der Möglichkeit, Identität zu wahren, und diese wiederum als Voraussetzung für erfolgreiche soziale Interaktion zu betrachten. Nur wenn diese Kette erklärender Bedingungen festgehalten wird und auch den Hintergrund der Analyse von Detailproblemen bildet, können die Formulierungen, die die prekäre Identitätsbalance des Individuums einfangen sollen, gegen Fehlinterpretationen abgesichert werden.

Die — sicherlich durch Fachausdrücke verfremdete — Alltagssprache, auf die die Darstellung angewiesen ist, neigt zudem dazu, statische Vorstellungen zu suggerieren, selbst wo dynamische Strukturen gemeint sind. Sie legt ein personifizierendes Verständnis nahe, wo sie auf ein komplexes Geflecht von Interdependenzen hinweisen sollte. So fällt es schwer, einem

[1] Den vollständigen Nachweis zitierter Werke enthält das Literaturverzeichnis. Die im Text nach dem Namen angegebene Jahreszahl bezieht sich auf die Erstveröffentlichung, soweit diese feststellbar war und relevant ist. Mehrere Veröffentlichungen in einem Jahr werden durch Buchstaben gekennzeichnet. Die nach dem Erscheinungsjahr genannte Seitenzahl bezieht sich auf die zitierte Ausgabe (also möglicherweise auf einen später erschienenen Sammelband). Beispiel: Goffman 1961 b, S. 120, bedeutet, daß das Zitat aus der zweiten Veröffentlichung Goffmans im Jahre 1961 stammt und sich auf Seite 120 der laut Literaturverzeichnis benutzten Ausgabe befindet.

lediglich psychologischen, auf die herkömmliche Vorstellung von Persönlichkeitsstrukturen sich stützenden Konzept der Identitätskategorie zu entgehen. Es gilt dagegen zu betonen, daß die Bedingungen der Möglichkeit der Identität eines Individuums und damit seiner Fähigkeit zu sozialer Interaktion auf der Ebene sozialstruktureller Faktoren zu suchen sind und Identität nicht zureichend als ein subjektives, im Belieben des Individuums stehendes Bestreben, sich in einer Welt angeblich zunehmender Konformität als ein einmaliges festzuhalten, beschrieben werden kann.

Die Besonderheit eines Individuums, seine Individualität, wird folglich auch nicht als eine unabtrennbar mit der Existenz des Individuums gegebene Eigenschaft verstanden. Vielmehr muß der Aufbau einer individuierten Identität als eine den Strukturen sozialer Interaktionsprozesse entsprechende Leistung des Individuums angesehen werden, ohne die eine Beteiligung an Kommunikations- und Handlungsprozessen gefährdet oder sogar ausgeschlossen ist. Diese Leistung kann mißlingen, sei es, weil antagonistische Verhältnisse dem Individuum nicht gestatten, sich als identisches zu behaupten, sei es, weil ungünstige Sozialisationsbedingungen ihm nicht die Fähigkeit vermittelt haben, Identität auch bei diskrepanten Erwartungen zu wahren. Das Streben nach Identität wird demnach nicht als eine Art „anthropologischer Naturkonstante" unterstellt, sondern dieses Identitätskonzept soll eine Möglichkeit zeigen, der Aufforderung E. Goffmans nachzukommen, „das Ich in die Gesellschaft zurückzuholen" (Goffman 1961 b, S. 120).

Die Identität, die das Individuum aufrechtzuerhalten gezwungen ist, geht aus der Auseinandersetzung mit sozialen Erwartungen aufgrund „eigener" Erwartungen hervor. Aber auch dieser Begriff der „eigenen" Erwartungen sollte nicht mißverstanden werden: Auch sie haben ihre Ausprägung in einer sozialen Biographie des Individuums gewonnen. Auf diese Weise gehen sowohl über die Erwartungen der anderen als auch über die „eigenen" Erwartungen die Faktoren, die das gesamte soziale System bestimmen, als konstitutive Bestandteile in die Identitätsbildung ein.

Identität zu gewinnen und zu präsentieren ist ein in jeder Situation angesichts neuer Erwartungen und im Hinblick auf die jeweils unterschiedliche Identität von Handlungs- und Gesprächspartnern zu leistender kreativer Akt. Er schafft etwas noch nicht Dagewesenes, nämlich die Aufarbeitung der Lebensgeschichte des Individuums für die aktuelle Situation. Das bedeutet zugleich, daß das Individuum sich durch den Rückgriff auf frühere Interaktionserfahrungen und andere Anforderungen, die mit in die Formulierung seiner Position einfließen, dieser Situation gegenüber in Distanz setzt. Mit Hilfe seines Identitätsentwurfs, den das Individuum als einen von den anderen wiederum zu berücksichtigenden Bestandteil in die Situation einführt, versucht das Individuum, eine Interpretation der Situation durchzusetzen, die seinen Handlungsmöglichkeiten und Absichten möglichst weitgehend entspricht.

Mit der Identitätskategorie sollen daher auch die Möglichkeiten des Individuums erfaßt werden, Autonomie gegenüber sozialen Zwängen zu bewahren. Das Potential zu Kritik und zu Veränderung wird jedoch nicht einem Ich zugeschrieben, das unabhängig von den sozialen Verhältnissen entstand und sich den gesellschaftlichen Anforderungen von außen widersetzt. Vielmehr ist zu zeigen, daß in gesellschaftlichen Verhältnissen, die allgemeine Diskussion von Erwartungen und Bedürfnissen zulassen, konkurrierende Normen und inkonsistente Erwartungen gerade dadurch, daß sie sich mit der Aufforderung an das Individuum verbinden, trotz aller Schwierigkeiten, Identität zu wahren, Kräfte der Neuinterpretation und zugleich der Umwandlung dieser Verhältnisse hervorbringen.

Die Identität, die ein Individuum aufrechtzuerhalten versucht, ist in besonderer Weise auf sprachliche Darstellung angewiesen, denn vor allem im Medium verbaler Kommunikation — das allerdings durchaus auch die Hilfe extraverbaler, zum Beispiel gestischer oder mimischer Symbolorganisation in Anspruch nimmt — findet die Diskussion der Situationsinterpretationen und die Auseinandersetzung über gegenseitige Erwartungen zwischen Interaktionspartnern statt, in der diese Identität sich zu behaupten sucht. Der Wahrung von Identität kann jedoch nur eine Sprache dienen, die die prekäre Balance der Identität zwischen divergierenden Erwartungen in sich aufzunehmen vermag; eine Sprache also, die die jeweiligen Erwartungen der Interaktionspartner anzeigen kann, ohne einen Spielraum für Diskussion zu leugnen, die Widersprüche zu bezeichnen und aufzuklären erlaubt, aber nicht lösbare Diskrepanzen auch stehenlassen kann, und die fähig ist, über die im Augenblick erfragte Information hinaus weitere, für Interaktion und Identität bedeutsame Mitteilungen in die Kommunikation einzuführen.

Die Sprache, mit deren Hilfe ein Individuum im Interaktionsprozeß seine Identität festhält, muß demnach drei Funktionen erfüllen: Sie muß die Erwartungen, die aus der Besonderheit der Interaktionsbeteiligungen eines Individuums folgen, seinen Partnern übersetzen; sie muß sich also insofern bewähren, als sie den unausbleiblichen Informationsverlust bei der Darstellung individueller Erfahrungen in einem allgemeinen, da gemeinsamen Bedeutungssystem möglichst gering hält. Die Sprache muß ferner als Instrument der Problemlösung verwendbar sein. Dies stellt Anforderungen an die Differenziertheit ihres begrifflichen Apparates und an die mögliche Komplexität der syntaktischen Organisation. Darüber hinaus verlangt es aber auch, daß dieser Begriffsapparat überhaupt in der Lage ist, die Probleme zwischen Partnern in Systemen kommunikativen Handelns zu artikulieren. Zum dritten muß die Sprache „Überschuß-Information" weitergeben können. „Überschüssig" ist die Information, insofern sie nicht nur die Erwiderung auf eine vorangegangene Aussage bietet, sondern der Sprechende mit verbalen oder außerverbalen Mitteln seine besondere Einstellung zum Inhalt der Mitteilung kennzeichnet. Erst durch diese nähere Qualifikation der Mitteilung wird die Bedeutung einer Aussage für den Interaktionszusammenhang sichtbar; denn nun übermittelt sie nicht nur durch den manifesten Inhalt eine dem Handlungszusammenhang selbst äußerliche „Regieanweisung", sondern definiert implizit den Charakter der sozialen Beziehung mit, in deren Rahmen sie steht (vgl. Watzlawick u. a. 1967).

Wenn der Sprechende in jeder Mitteilung zwischen dem Inhalt und der Qualifikation dieses Inhaltes zu unterscheiden vermag und damit gleichsam auf zwei „Kanälen" gleichzeitig sendet, erweitert sich das Repertoire effektiver Kommunikationsstrategien beträchtlich. Vor allem können nun die Informationen auf beiden Kanälen so miteinander verschränkt oder auch gegeneinander gesetzt werden, daß sie durch ihren „harmonischen" oder „kontrapunktischen" Zusammenklang noch über ihren jeweiligen Gehalt hinaus Probleme abbilden, die sich mittels nur eines „Sendekanals" nicht zulänglich darstellen lassen. Von der Möglichkeit, Informationen auf verschiedenen Kanälen zu senden und auf überraschende Weise miteinander zu konfrontieren, leben Witz, Paradoxon und Ironie. Sie sind Beispiele dafür, wie vorgegebene Verständnismuster gesprengt werden können, um einen dem grammatischen Gefüge zunächst nicht entnehmbaren Sinn herauszukehren[2]. Die Rolle, die der gleichzeitigen Benutzung mehrerer Übermittlungskanäle auch im Alltag zukommt, zeigt sich zum Beispiel daran, daß es für jeden Themen gibt, die er nicht gern am Telefon erörtert: Die technischen Gegebenheiten schränken hier die Möglichkeit, Mitteilungen genauer zu qualifizieren, erheblich ein.

Die genannten Funktionen erfüllt die Umgangssprache. Die Umgangssprache ist auf den Dialog angewiesen, wenn in ihr Sinn expliziert werden soll, denn ihr nicht eindeutig durchgegliederter kategorialer Rahmen und die Art ihrer syntaktischen Organisation, die die Verknüpfung von Elementen der Aussage auf verschiedenen Ebenen zuläßt, machen einen

---

[2] Diese Überlegungen folgen kommunikationstheoretischen Arbeiten G. Batesons und seiner Mitarbeiter (Bateson 1955, Bateson u. a. 1956, Watzlawick u. a. 1967) und den Abhandlungen J. Habermas' (1966; 1968 a und b). Der Ansatz wird in der Darstellung der soziologischen Schizophrenieuntersuchungen in Kapitel 5 noch einmal aufgegriffen.

Prozeß gegenseitiger Überprüfung von Gemeintem und Verstandenem notwendig. Andererseits ermöglicht es aber gerade dieser Prozeß, Erfahrungen und Intentionen zu kommunizieren, die aus der Besonderheit der Interaktionsbeteiligungen und der Biographie einer bestimmten Person folgen und daher auch durch einen noch so exakten Begriffsapparat und durch ein noch so präzise angewandtes syntaktisches Regelsystem einem Interaktionspartner nicht voll übermittelt werden können. Zwar greift die Umgangssprache auf allgemeine Begriffe und anerkannte Regeln zurück. Dennoch entsteht sie in jeder Interaktionssituation noch einmal neu, indem die kommunizierenden Partner eine den Besonderheiten der Situation möglichst adäquate Ausprägung der Umgangssprache entwickeln, in die sie sich im Verlaufe ihrer Interaktion einüben.
Vor allem J. Habermas hat hervorgehoben, daß „nur die eigentümliche Reflexivität der Umgangssprache ermöglicht ..., in unvermeidlich allgemeinen Ausdrücken Individuelles mitzuteilen“ (Habermas 1968 a, S. 321). In einer früheren Darstellung hat er zwei Formen des Einsatzes der Umgangssprache unterschieden: den analytischen und den reflexiven Sprachgebrauch (Habermas 1966).

„Der analytische Sprachgebrauch gestattet eine Interpretation der Beziehungen zwischen Objekten in Übereinstimmung mit Regeln der formalen Logik. Soweit die Umgangssprache analytisch gebraucht wird, kann sie grundsätzlich formalisiert werden. Der analytische Sprachgebrauch bezieht sich nämlich auf einen monologischen Zusammenhang von Sätzen. Er ist unerläßlich für die anonymen, isolierbaren und repetierbaren Verhaltensmuster zweckrationalen Handelns. Dazu gehört das instrumentale ebenso wie das strategische Handeln.
Der reflexive Sprachgebrauch gestattet eine Interpretation der Beziehung zwischen handelnden Subjekten. Seine Leistung besteht in der hermeneutischen Vermittlung zwischen verschiedenen umgangssprachlichen Systemen. Soweit die Umgangssprache reflexiv gebraucht wird, ist sie grundsätzlich an Dialogsituationen gebunden und kann nicht als solche in monologische Form gebracht, d. h. formalisiert werden. Dialektische Beziehungen zwischen Allgemeinem und Besonderem und zwischen Sein und Schein sind die logischen Formen für die Auflösung der Doppeldeutigkeit von Handlungssituationen.“ (Habermas 1966, S. 3 f.)

Die Umgangssprache wird den Interaktionspartnern nur dann als Medium gegenseitiger Übersetzung individueller Erfahrungen und Intentionen dienen können, wenn sie sowohl den analytischen als auch den reflexiven Sprachgebrauch einsetzt, und zwar so, daß diese beiden Strategien der Organisation von Mitteilungen einander kontrollieren. Der analytische Sprachgebrauch ist darauf angelegt, zum Beispiel die Struktur eines Identitätskonfliktes in eindeutig definierten Begriffen darzustellen, um ihn einer Lösung näherzuführen. Indem die individuelle Problematik unter ein allgemein anerkanntes Begriffssystem zu subsumieren versucht wird, entwindet sich den Aussagen allerdings nur allzu leicht die Besonderheit des Falles und damit die Realität des Interaktionszusammenhanges, in dem er steht. Der analytische Sprachgebrauch kann deshalb desto weniger individuelle Besonderheit übermitteln, je starrer die analytische Strategie verfolgt wird. Daß die Kategorien, in denen dieser Konflikt zu explizieren ist, nicht letztlich völlig inadäquat werden, weil sie Mehrdeutigkeit und Widerspruch unterdrücken, ist der Ergänzung durch den reflexiven Sprachgebrauch zu verdanken. Er steht allerdings in der Gefahr, seine Aussagen in esoterischer Metaphorik sich verflüchtigen zu lassen und damit gleichfalls seine Übersetzungsfunktion zu verlieren. Dagegen sichert sich das Individuum dadurch ab, daß es in seinem Bestreben, in den Kategorien und mit den Regeln der allgemeinen Sprache auszudrücken, was immer in ihr aussagbar ist, auf den analytischen Sprachgebrauch wieder zurückgreift. Nur wenn es verhindert, daß der jeweilige Sprachgebrauch durch Überbeanspruchung seiner Ausdrucksmöglichkeiten die Aussagen paralysiert, erhält es sich die Möglichkeit, im Interaktionsprozeß über Identitätsprobleme und sich daraus ableitende Erwartungen und Interpretationen zu kommunizieren[3].

Obwohl die Fähigkeit zu umgangssprachlicher Kommunikation erst die Chance eröffnet, Identität zwischen den Erwartungen der Partner im Interaktionssystem auszubalancieren, wird in dieser Arbeit das Problem, Identität zu wahren, nicht von der Analyse sprachlicher Kommunikation her entwickelt. Statt dessen wird von der Untersuchung gegenseitiger Rollenerwartungen in Interaktionssituationen ausgegangen und die Frage verfolgt, welche strukturellen Bedingungen für die Behauptung von Identität bestehen und welche Interaktionsstrategien diesen strukturellen Bedingungen entsprechen. Dennoch wird es an verschiedenen Stellen erforderlich sein, den sprachlichen Aspekt der zu analysierenden Prozesse noch einmal besonders hervorzuheben.

Wer von dieser Arbeit ein Identitätskonzept erwartet, das sich ohne zusätzliche Operationalisierungsprobleme in Meßverfahren umsetzen läßt, wird enttäuscht werden. Dies soll nicht bedeuten, daß sich das hier zu entwickelnde Konzept kontrollierter empirischer Erfahrung entzieht. Es sind experimentelle Anordnungen denkbar, in denen überprüft werden kann, ob Individuen versuchen und inwieweit es ihnen gelingt, sich auch gegen Widerstände als identische festzuhalten. Allerdings können diese Meßverfahren nicht unabhängig von den Deutungsschemata konstruiert werden, die die Individuen selber ihren Interaktionsstrategien zugrunde

---

[3] P. Watzlawick u. a. (1967) sprechen von „digitaler" und „analogischer" Kommunikation, um die verschiedenen Leistungen der Sprache für kommunikatives Handeln zu unterscheiden. Vgl. Kap. 6, S. 204 f.

legen. Ein derartiges Vorgehen widerspricht den Anforderungen jener empirischen Sozialforschung, die glaubt, nur mit Begriffen arbeiten zu dürfen, die eine universell, das heißt ohne Rücksicht auf den symbolischen Gehalt situativer Kontexte und auf die subjektive Interpretation der „Versuchspersonen" anwendbare Meßvorschrift enthalten.
Wenn die Verfahren für die „Messung" von Identität dem Problembereich angemessen sein müssen, so ist allerdings doch zu sichern, daß die Intersubjektivität des Verfahrens erhalten bleibt. Freilich stellt dies auch Anforderungen an den Partner eines wissenschaftlichen Austauschs über die Frage, ob ein bestimmtes Individuum sich als identisches zu präsentieren vermochte oder nicht. Er muß bereit sein, mehrdeutige Daten als Diskussionsgrundlage zu akzeptieren. Er muß Ambivalenzen und Inkonsistenzen, ohne die das Individuum sich zwischen den divergierenden Erwartungen nicht hindurchwinden kann, tolerieren können. Er darf sich nicht darauf zurückziehen, daß alles zu verschwommen sei. H. M. Lynd nimmt die Bemühungen um die Klärung des Problembereichs von Identität und Scham ausdrücklich gegenüber jenen in Schutz, die wissenschaftliches Vorgehen nur dort für möglich halten, wo Begriffe in der Weise präzisiert wurden, wie es die konventionelle empirische Sozialforschung verlangt:

"Just because it is in the nature of these emerging ideas that they cannot be stated with the kind of precision to which we are accustomed, we must be careful not to dismiss them as imprecise, 'fuzzy', or as an 'anything is everything' approach ... We must bear in mind that the methods used and the concepts developed as described in this chapter were not arrived at in any effort to avoid the rigors of systematic analysis but through the necessity of following the implications of empirical evidence that would not permit of explanation in more confined terms." (Lynd 1958, S. 125)[4]

Obwohl in dieser Arbeit der Begriff der Identität vor allem in der Auseinandersetzung mit anderen Konzepten auf seinen Erklärungswert hin erprobt wird, wird er als analytische Kategorie gerade deswegen eingeführt, um einen Problemkreis so zu strukturieren, daß sich vorliegende Beobachtungen, Erfahrungen und empirische Daten auf einer freilich komplexen Ebene der Interpretation einander zuordnen lassen, und zwar mit höherer Plausibilität, als es zum Beispiel im Rahmen der herkömmlichen Rollentheorie geschehen konnte. Darüber hinaus soll die Einführung dieser Kategorie durchaus auch ermöglichen, neue Hypothe-

[4] Die Zitate aus englischsprachigen Veröffentlichungen werden nur dann in deutscher Übersetzung wiedergegeben, wenn die Literaturnachweise angeben, daß deutsche Ausgaben benutzt wurden.

sen zu generieren, die — vor allem in Kommunikations- und Handlungszusammenhängen (etwa in Familien) — überprüft werden können.

Ansätze zu Identitätstheorien finden sich in einigen Richtungen der Soziologie und der Psychoanalyse. Die soziologischen Ansätze — wie sie uns etwa bei T. Parsons (1955) begegnen — laufen jedoch darauf hinaus, die Besonderheit der individuellen Persönlichkeit auf die einmalige Auswahl von Rollen, die sich wegen der Fülle der angebotenen Möglichkeiten niemals bei zwei Individuen deckt, und ihre Integration auf die innere Konsistenz des gesellschaftlichen Rollen- und Normensystems zurückzuführen. Hier wird keine Notwendigkeit für eine auch soziologisch zu fassende Ich-Instanz gesehen, die Identität zu wahren versucht. Jegliche Normendiskrepanz wird als Gefährdung der Integration des sozialen Systems betrachtet. Dem Konflikt zwischen den Normen ist das Individuum ohnmächtig ausgeliefert. Die sich hierin äußernde Vorstellung der sozialen Rolle als einer der Interpretation nicht bedürftigen Verhaltensnorm, die von den Rollenpartnern vollständig übernommen und in gleicher Weise verstanden werden muß, um Bedürfnisbefriedigung zu garantieren, wird auf der Grundlage des noch ausführlich zu verdeutlichenden Identitätskonzepts kritisiert werden. Wie die Darstellungen einiger Soziologen (Gouldner/Gouldner 1963; Miller 1961, 1963) belegen, führt die Übernahme eines derartigen starren und repressiven Rollenkonzepts sehr konsequent zu einem Identitätsbegriff, der nicht einen kreativen Selbstausdruck des Individuums formuliert, sondern ein stereotypes Selbstbild ausdrückt, das eher als Zustand menschlicher „Entfremdung“ zu bezeichnen ist (Schachtel 1961).

P. L. Berger (1966) und Berger/Luckmann (1966) wollen sich mit ihrem Identitätsbegriff an wissenssoziologische Traditionen anschließen. Sie vertreten die Auffassung, daß die Identität des Individuums durch Vermittlung eines bestimmten Ausschnittes von objektiver Realität im primären Sozialisationsprozeß festgelegt wird und sehr schwer nur verändert werden kann. Obwohl die Übersetzung von objektiver in subjektive Realität und somit Identität immer prekär bleibe, weisen sie doch dem Individuum aufgrund der Internalisierung im primären Sozialisationsprozeß einen festeren Platz in sozialen Systemen zu, als es in Konsequenz des hier zu entwickelnden Identitätskonzeptes in dieser Arbeit geschieht.

Die Psychoanalyse, die vor allem für die Entdeckung des Identitätsbegriffes in den Sozialwissenschaften gesorgt hat, war an der Genese einer Konflikte bewältigenden Ich-Instanz, die auch eine biographische Organisation der Ereignisse eines Lebens hervorbringt, von Anfang an interessiert (zum Beispiel S. Freud 1923). S. Freud selbst gebraucht den

Identitätsbegriff nur einmal und ohne ihm eine systematische Stellung einzuräumen (S. Freud 1926 b). Deutlicher wird die Ich-Psychologie. H. Hartmann spricht schon in der für sie grundlegenden Schrift „Ich-Psychologie und Anpassungsproblem" (1939) von Ich-Leistungen, die als Probleme der Identitätsgewinnung und -wahrung eingestuft werden können. Auch A. Freuds „Das Ich und die Abwehrmechanismen" (1936) widmet sich der in dem hier vorzutragenden Identitätskonzept gleichfalls angesprochenen Balance des Ich, das zwischen den Ansprüchen von Es, Über-Ich und Außenwelt mit Hilfe von besonderen Strategien für Ausgleich sorgen muß.

Eine zentrale Stellung nimmt der Identitätsbegriff dann im psychosozialen Entwicklungsmodell E. H. Eriksons (1946; 1950 a; 1950 b; 1956) ein. Ich-Identität integriert zum Abschluß der Adoleszenz die früheren Identifikationen, stimmt sie mit Bedürfnissen ab und setzt erworbene Fähigkeiten für die Ausübung sozialer Rollen frei, und zwar in einer Weise, die die Anerkennung der anderen findet. R. W. White greift wegen seines Interesses an Biographien den Identitätsbegriff auf (1952), den er später allerdings weitgehend durch sein Konzept interpersoneller Kompetenz, die die Stellung des Individuums in Interaktionen sichert, ersetzt (1963 a). Auch J. L. Rubins (1961) sieht durch eine gelungene Identitätsbildung die gesamten Lebenserfahrungen des Individuums als erschlossen an. Diese psychoanalytischen Ansätze entwerfen das Bild eines Individuums, das Konflikt nicht verdrängt, sondern aufzuklären versucht, Kontinuität zwischen den verschiedenen Phasen seines Lebens herzustellen bestrebt ist und zwischen verschiedenartigen Ansprüchen zu vermitteln sich bemüht, wobei es sowohl eigene Bedürfnisse befriedigen als auch eine anerkannte Stellung unter anderen einnehmen möchte.

Übereinstimmung gibt es in der Begriffsbildung der Psychoanalytiker allerdings nicht und auch keinen eindeutigen Bezug auf empirische Phänomene. Einige Autoren verstehen unter Identität nur die Trennung des Individuums von anderen (zum Beispiel Beres u. a. 1960), während andere betonen, daß Identität ausschließlich im Rahmen von Beziehungen zu anderen, deren Anerkennung sie bedarf, begriffen werden kann (zum Beispiel Erikson 1950 a, 1956; Lichtenstein 1961).

Die jeweiligen Vorstellungen werden mit recht verschiedenen Schilderungen von klinischen Fällen belegt. Einige Studien versuchen, E. H. Eriksons Identitätskonzept mit empirischen Meßverfahren zu prüfen. J. Block (1952) mißt mit Hilfe von Q-sorting-Methoden die Konsistenz von Personen im Umgang mit verschiedenartigen Rollenpartnern. Die Ergebnisse vermag er allerdings nicht eindeutig zu interpretieren, da ihm Daten über Personen, die distanzlos in Rollen aufgehen, und über zwanghafte Neurotiker als gegenüberliegendes Extrem zum Vergleich fehlen. In einer weiteren Studie prüft J. Block (1961) die gleichfalls von E. H. Erikson abgeleitete Hypothese, daß der Grad „interpersoneller Konsistenz" in Form einer U-Kurve mit einem Maß für schlechte Anpassung (nach dem California Psychological Inventory) korreliere. Nach seiner Untersuchung haben die extrem Inkonsistenten tatsächlich Probleme in ihren Sozialbeziehungen. Für rigide Personen gelang dieser Nachweis nicht, weil — wie J. Block vermutet — unter seinen Versuchspersonen sich keine extrem rigiden befanden. Beide Arbeiten sind aufschlußreich, aber gewiß keine volle Operationalisierung des in dieser Arbeit intendierten Identitätskonzepts. In ihnen wird nicht deutlich, daß ein Individuum möglicherweise trotz großer Inkonsistenz vielfältige Interaktionsbeziehungen zu unterhalten vermag, weil es ihm gelingt, sich dennoch als identisches zu präsentieren.

Gänzlich an dem in dieser Arbeit vorgelegten Identitätskonzept geht H. Dignan (1965) vorbei. Sie entwickelt eine Skala für Ich-Identität und prüft, ob der nach Erikson zu erwartende Zusammenhang zwischen Stärke der Identifikation mit der Mutter und Stärke der Ich-Identität für College-Studentinnen besteht. Die von ihr ermittelte Korrelation ist positiv. Ihr Vorgehen schließt jedoch nicht aus, daß Personen mit zwanghafter Überidentifikation besonders hohe Identitätspunktwerte erhalten, weil sie am ehesten Fragen nach ihrer Selbsterkenntnis, Einzigartigkeit, Selbstakzeptation, Stabilität, Zielstrebigkeit und nach ihren interpersonellen Beziehungen — dies H. Dignans Itemgruppen — beantworten können. Identität als das Problem, sich mit konfligierenden Identifikationen in Interaktionen zu behaupten, tritt hier nicht ins Blickfeld.

Diese empirischen Studien zeigen, daß allzuoft Identität bei den Psychoanalytikern schließlich doch an festen Identifikationen (Mahler 1958; auch Erikson 1950 a; 1956), stabilen Selbstbildern (Greenacre 1958), „eingedruckten Identitätsthemen" (Lichtenstein 1961; 1964) oder „reifizierten Rollen" (Levita 1965) festgemacht wird und nicht an Fähigkeiten kreativer, der Situation angemessener Selbstrepräsentation, die Diskrepanzen und Konflikte nicht verleugnen[5]. Diese die Identität des Individuums scheinbar stabilisierenden Ansätze erlauben fast nur noch, Anpassungsvorgänge zu untersuchen. Sie übersehen das Potential des Individuums, sich gegen Anforderungen der sozialen Umwelt zur Wehr zu setzen. Mehrere psychoanalytische Autoren, orthodoxe Freudia-

---

[5] H. Lichtenstein, der sehr anregende Ausführungen zum Identitätsproblem macht, mildert in seiner weiteren Darstellung den Ausdruck „Identitätsthema", der unkommentiert den hier vorgetragenen Vorstellungen eindeutig widerspricht, sehr ab. — Ausführlicher zu Erikson und Levita S. 89 ff.

ner und Ich-Psychologen, haben derartige Identitätsbildungen als entfremdete kritisiert (Schachtel 1961), entsprechende Identitätskonzepte als ideologisch bezeichnet (Keniston 1965) und der Psychoanalyse vorgeworfen, daß sie vor den Gefahren einseitiger Anpassung an äußere Verhältnisse nicht genügend gewarnt habe (White 1952; Wheelis 1958). Als weiterer Mangel ist festzustellen, daß die psychoanalytischen Ansätze auf die sozialen Beziehungen, innerhalb deren das Individuum Identität zu errichten versucht, nicht hinreichend eingehen.
Der soziologische Interaktionismus, der sich auf die sozialen Beziehungen des Individuums in einer symbolischen Umwelt konzentriert, scheint in besonderer Weise geeignet, die Anregungen der Psychoanalyse für ein Konzept der Identität, die dem Individuum biographische Organisation, subjektive Interpretation diskrepanter Erwartungen sowie Autonomie gegenüber Zwängen ermöglicht, aufzugreifen. Obgleich der Interaktionismus trotz zahlreicher Zusammenfassungen (zum Beispiel Lindesmith/Strauss 1956; Shibutani 1961; Rose 1962 a, b; Kuhn 1964) bislang noch keine vollständig ausformulierte, systematische Darstellung gefunden hat, lassen sich einige methodologische und inhaltliche Grundlagen dieser Theorie aufzeigen, die erläutern, in welcher Hinsicht der interaktionistische Ansatz bei der weiteren Klärung des Identitätsproblems helfen kann[6]:

1. Der Interaktionismus geht von der Analyse von Alltagserfahrungen aus, die jedermann zugänglich sind. So schildert etwa E. Goffman die ständigen Bemühungen des Individuums, sein Auftreten in Situationen mit Erwartungen abzustimmen, den Informationsfluß über sich zu kontrollieren und störende Einflüsse auszuschalten (Goffman 1959; 1961 a; 1963 a, b).

2. Der Interaktionismus bevorzugt daher die Beobachtung des Verhaltens, wie es unter „normalen" Umweltbedingungen abläuft, gegenüber der Beobachtung von Verhalten, das durch experimentelle Anordnungen provoziert wurde. Sein methodisches Vorgehen erinnert an die Phänomenologie, die die jüngeren Interaktionisten zum Teil mittelbar über den Husserl-Schüler A. Schütz beeinflußt hat (Schütz 1962; 1964; 1966).

3. Der Interaktionismus ist der Auffassung, daß das Individuum auf soziale Beziehungen zu anderen angewiesen ist, weil es nur in diesen Beziehungen ein „Selbst" aufbauen beziehungsweise „Identität" gewinnen kann. Diese Beziehungen zwischenmenschlicher Kommunikation und gemeinsamer Aktion werden jedoch als stets prekär betrachtet. Das Individuum benötigt Strategien, um sie zu erhalten.

---

[6] Diese Zusammenfassung lehnt sich vor allem an Rose (1962 a, b) an.

4. Der Interaktionismus behauptet folglich, daß die Gesellschaft, das Geflecht interagierender Individuen mit ihren Werten und Normen, genetisch dem Individuum vorausgeht. Im Sozialisationsprozeß werden dem Kind die Fähigkeiten vermittelt, sich erfolgreich an Interaktionen zu beteiligen, und zwar in einer Weise, die nicht nur passive Anpassung, sondern aktive Einflußnahme ist. Dies wird in G. H. Meads Gegenspiel von spontanem „I" und von den anderen übernommenem „me" deutlich (Mead 1934). Leider verliert dieses dialektisch begriffene Verhältnis von „I" und „me" bei den jüngeren Interaktionisten — wohl aufgrund mancher Unklarheiten bei G. H. Mead — oft seine zentrale Stellung.

5. Der Interaktionismus betrachtet das soziale Geschehen als einen offenen, dynamischen Prozeß. Jedes Interaktionssystem muß folglich immer wieder neu Integration suchen. Jedes Individuum muß sich ständig bemühen, seine Beteiligung an Interaktionen und somit zugleich auch sein „Selbst" beziehungsweise seine „Identität" neu zu stabilisieren.

6. Der Interaktionismus erklärt Verhalten nicht im Schema von „Stimulus" und „Response". Er weist vielmehr nach, daß der Mensch in einer symbolischen Umwelt lebt. Alle Gegenstände, Strukturen, Personen und Verhaltensweisen erhalten durch gemeinsame Interpretationen soziale Bedeutungen („meanings"). Auf dieser Grundlage begreift der Interaktionismus soziales Handeln — zum Beispiel Rollenhandeln — stets als intentional, nämlich als Bemühung, einen Sinngehalt zu verwirklichen[7].

Ohne Zweifel ist der derzeitige Entwicklungsstand des Interaktionismus noch unbefriedigend: Es mangelt ihm an begrifflicher Systematik. Das methodische Vorgehen ist oft unreflektiert. Seine kausalgenetischen Erklärungsmodelle sind noch weithin unzulänglich. Empirische Belege aufgrund kontrollierter Meßverfahren sind bislang nur vergleichsweise spärlich vorhanden. Die wenigen Ausnahmen widmen sich überwiegend dem noch zu erläuternden Konzept des „role taking" (Brown 1952; Miyamoto/Dornbusch 1965; Reeder u. a. 1960/61; Rosengren 1960/61; Sherwood 1965; Stryker 1956; 1957).
Aber auch im Hinblick auf unser Identitätsthema läßt der Interaktionismus entscheidende Fragen offen. Es wird letztlich nicht geklärt, worauf die Fähigkeit des G. H. Meadschen „I" beruht, sich gegen die im „me" übernommenen Erwartungen durchzusetzen. G. H. Meads Formulierun-

[7] Man beachte, daß diese Grundannahmen bis auf ihre genuin soziologischen Implikationen denen sehr ähnlich sind, die für den psychoanalytischen Ansatz formuliert werden können. Es geht auch dort um die Bewältigung von Konflikten, die sich allen Menschen stellen. Die Psychoanalyse beobachtet und versucht zu deuten. Sie ist an der Entwicklung von „Objektbeziehungen" interessiert. Sie unterstellt menschlichem Verhalten einen Sinn.

gen sind nicht frei von biologistischen Anklängen (vgl. 1934, S. 175 f. und S. 371 ff.). Dies folgt daraus, daß er das „I“ nicht deutlich in seiner Funktion für die Beteiligung des Individuums am sozialen Prozeß herausstellt. Oft dient es ihm vor allem dazu, die Unvorhersehbarkeit im Verhalten des Individuums zu erklären. Daher läßt sich eine soziale Genese des Ich vom Meadschen Ansatz aus schwer fassen. Der nicht voll geklärte Status des „I“ hängt damit zusammen, daß auch G. H. Mead die Integration des Individuums — nicht viel anders als T. Parsons — durch die Einheit des sozialen Prozesses, vermittelt über die Verinnerlichung des „generalized other“, verbürgt sieht (1934, S. 144) und nicht durch die interpretatorische Kraft eines Ich, das sich gegen divergente Anforderungen eines inhomogenen sozialen Prozesses behauptet. Ferner geht G. H. Mead und den anderen Interaktionisten vielfach die biographische Perspektive verloren. Dies liegt vor allem daran, daß sie sich zu ausschließlich den Implikationen der aktuellen Interaktionssituation zuwenden:

"More than to any family or club, more than to any class or sex, more than to any nation, the individual belongs to gatherings, and he had best show that he is a member in good standing." (Goffman 1963 b, S. 248)

Sehr klar hebt allerdings A. Strauss (1959) die jeweils neue Interpretation biographischer Daten angesichts aktueller Interaktionssituationen hervor. Trotz dieser Schwierigkeiten benutzt diese Arbeit das Vorgehen des Interaktionismus und seine Konzepte, um die bereits skizzierten Ansätze zu einem Identitätsbegriff weiter zu verfolgen. An Erfahrungen von Interaktionen anknüpfend, die nachvollziehbar sind, sollen die Notwendigkeit und die Bedingungen der Möglichkeit von Identität im System sozialer Interaktion dargestellt werden. Es geht dabei sowohl um eine umfassendere Beschreibung des Problembereichs als auch um weitere begriffliche Klärungen und um Hinweise auf mögliche Operationalisierungen, die den empirischen Gehalt des Konzepts verdeutlichen können. Im nächsten Kapitel soll dieses Identitätskonzept ausführlicher dargestellt werden. Dies schafft die Grundlage, einige notwendig erscheinende Revisionen und Erweiterungen der herkömmlichen Rollentheorie vorzutragen. In Kapitel 4 wird auf Fähigkeiten eingegangen, die mit der Aufrechterhaltung von Identität einhergehen. Hier wird die empirische Relevanz des Konzepts am deutlichsten werden. Einige Belege für das vorzutragende Identitätskonzept bieten die soziologischen Untersuchungen zur Schizophreniegenese, die in Kapitel 5 referiert werden. Im letzten Kapitel wird ein Vorschlag erläutert, das Konzept balancierender Ich-Identität durch die Verknüpfung kontrollierter Beobachtungen mit experimentähnlichen Versuchsanordnungen empirisch zu überprüfen.

Die Darstellung stützt sich ganz überwiegend auf amerikanische soziologische und sozialpsychologische Literatur, denn der Interaktionismus hat seine Vertreter fast ausschließlich in den Vereinigten Staaten. Diese Literatur zu sichten, einzuordnen und begrifflich zu erschließen, haben vor allem die Arbeiten J. Habermas' (1966; 1967 a, c; 1968) und K. Heinrichs (1964) geholfen.

Es wäre ohne Zweifel auch möglich gewesen, zentrale Thesen dieser Arbeit anhand einer Auseinandersetzung mit der deutschen Diskussion über den Rollenbegriff, die R. Dahrendorf mit seinem „Homo sociologicus" (1958) eröffnet hatte, zu entwickeln. Vielleicht hätten sich einige der Konzepte auf dem Hintergrund von Beiträgen wie denen H. Plessners (1960), H. P. Bahrdts (1961), J. Janoska-Bendls (1962), F. H. Tenbrucks (1962) und R. Popitz' (1967) sogar in mancher Hinsicht leichter explizieren lassen, weil sie sich alle die Frage nach dem Bild des Menschen, das in diesen theoretischen Ansätzen enthalten ist, und nach dem ihm eingeräumten Potential, sich kritisch und kreativ gegenüber den vorgegebenen sozialen Verhältnissen zu verhalten, stellen[8].

Es sprechen jedoch einige gewichtige Argumente dafür, sich in dieser Abhandlung auf die Arbeiten des amerikanischen Interaktionismus zu konzentrieren. Ihr Vorgehen bietet zum ersten einen erwägenswerten Ansatz, Bereiche des menschlichen Verhaltens, die immer wieder voreilig psychologisiert wurden, einer soziologischen Erklärungsweise zu erschließen. Sie bemühen sich nämlich, Begriffe, die psychische Qualitäten beschreiben, in eine Terminologie zu übersetzen, mit der Eigenschaften eines dynamischen, nach der Verwirklichung bestimmter Gleichgewichtsbedingungen trachtenden sozialen Systems erfaßt werden können. Gelingen diese Gleichsetzungen, dann läßt sich die psychische Struktur eines Individuums als die innere Reproduktion eines sozialen Systems begreifen. Sodann ist es besonders verlockend zu prüfen, ob auch den Fähigkeiten, die das Individuum instand setzen, die normativen Anforderungen des sozialen Systems zu transzendieren, ein Strukturproblem auf seiten des sozialen Systems entspricht. Der interaktionistische Ansatz eröffnet drittens auch einen Zugang zu einer Theorie der Sozialisation, die analysiert, welche sozialen „Mechanismen" die Genese bestimmter psychischer Strukturen bewirken. Den Konsequenzen eines interaktionistischen Identitätskonzeptes

---

[8] Als das Konzept dieser Arbeit schon festlag, erschien H. P. Dreitzels „Die gesellschaftlichen Leiden und das Leiden an der Gesellschaft. Vorstudien zu einer Pathologie des Rollenverhaltens" (1968). Dreitzel vertritt einige Thesen, die von den hier vorgetragenen abweichen, zum Beispiel im Hinblick auf Goffmans Kategorie der Rollendistanz. Obwohl eine Diskussion dieser Arbeit besonders interessant gewesen wäre, wurde darauf verzichtet, sie nachträglich in die Arbeit einzuschieben.

für die Theorie der Sozialisation soll allerdings in dieser Arbeit nicht nachgegangen werden.

Da in dieser Arbeit die Erläuterungen eines Konzepts im Vordergrund stehen, wird weitgehend darauf verzichtet, sich mit den Autoren, auf die Bezug genommen wird, explizit und ausführlich kritisch auseinanderzusetzen. Dies geschieht nur an einigen Stellen, an denen der hier vorgelegte Identitätsbegriff um seiner größeren Klarheit willen von anderen Vorstellungen ausdrücklich abgehoben werden soll.

Für das Thema wichtige Beiträge stammen auch von Autoren, die eine andere Terminologie als die hier gewählte zugrunde legen. Vor allem der Begriff des „Selbst", aber auch der Begriff des „Ego" werden — manchmal sogar untereinander austauschbar — benutzt[9]. Es ist schwierig, den Gebrauch dieser Begriffe bei den verschiedenen Autoren auf einen Nenner zu bringen (vgl. die Übersichten bei Hall und Lindzey 1957; Lowe 1961; Lynd 1958).

In dieser Arbeit soll weder der Begriff des „Ego" noch der des „Selbst" für das, was das Individuum in Interaktionen von sich zeigt, benutzt werden. Gegen „Ego" spricht, daß es in der psychoanalytischen Theorie eine festumrissene Bedeutung hat. „Ego" ist jene Instanz im psychischen Apparat, die in den Konflikten zwischen Es, Über-Ich und Außenwelt vermittelt. Identität ist zwar eine Ich-Leistung, aber deswegen darf sie nicht mit dieser psychischen Instanz gleichgesetzt werden. „Ego" würde nicht hinreichend deutlich machen, daß das Phänomen, das beschrieben werden soll, zugleich ein Bestandteil sozialer Interaktion ist. Gerade als Element sozialer Interaktion soll aber Identität hier erfaßt werden und nicht als innerpsychisches Organisationsprinzip.

„Selbst" wird überwiegend im Sinne von „self concept" verstanden (zum Beispiel Brownfain 1952; Carlson 1965; Engel 1959; Hatfield 1961; Rogers/Dymond 1954; Wylie 1961): Es ist die Vorstellung, die jemand von sich selbst hat („self-as-object")[10]. Dieses Konzept erfaßt nicht die für das Individuum bestehende Problematik, im Rahmen von sozialen Erwartungen seine verschiedenen Auftretensweisen interpretierend zu verknüpfen und in ihrer Widersprüchlichkeit auszudrücken. Nicht die Fähigkeit des Individuums, eine Identität über strukturell erzwungene Inkonsistenzen

[9] Auch E. Goffman (1959; 1961 a) spricht in seinen älteren Arbeiten nicht von Identität, sondern vom „Selbst", mit dem sich die Person in sozialen Beziehungen präsentiert. Viele Ich-Psychologen gebrauchen den von S. Freud übernommenen Begriff des „Ego" in ähnlichem Sinne (etwa Hartmann 1939; Federn 1952). T. R. Sarbin (1952) unterscheidet die beiden Begriffe gar nicht.

[10] Es gibt auch Vorstellungen vom Selbst im Sinne eines „self-as-process" (Bertocci 1945; Frondizi 1953). Dieses „Selbst" entspricht also wieder mehr dem psychoanalytischen „Ego".

hinweg zu behaupten, wird untersucht, sondern das Interesse gilt der Stabilität und Konsistenz des „Selbstbildes“. W. James (1890), C. H. Cooley (1902) und G. H. Mead (1934) haben dargelegt, daß das Individuum sein „Selbst“ nur im Spiegel der Interaktionen mit anderen wahrnehme. G. H. Mead hat konsequenterweise angenommen, daß das Individuum entsprechend seiner Beteiligung an verschiedenen Interaktionsprozessen mehrere „me“s besitzt. Identität zu wahren bedeutet, diese „me“s trotz ihrer Verschiedenartigkeit in ihrer jeweiligen Bedeutung für die Beteiligung des Individuums in einer Interaktionssituation präsent zu machen.

Die beschreibende Analyse von Interaktionsprozessen beginnt mit Situationen, für die unterstellt wird, daß jedes der beteiligten Individuen die gleiche Möglichkeit hat, Erwartungen zu akzeptieren beziehungsweise zurückzuweisen und Berücksichtigung für seine Bedürfnisse zu finden. Der Konsens über die Basis für gemeinsames Handeln entsteht also aufgrund gleichberechtigter Diskussion. Keiner wendet gegen Interaktionspartner Zwangsmittel an, um sein Identitätsproblem auf Kosten der Identitätsbalance der anderen zu lösen.

Es liegt nahe, diesen Zustand eines Interaktionssystems als „repressionsfrei“ zu beschreiben. Dennoch führt dieser Begriff leicht zu Fehlinterpretationen, denn die Beteiligten haben, obwohl der Wahrung der Identität keine Einschränkungen durch Machtausübung auferlegt werden, eine Reihe von Forderungen zu berücksichtigen, deren Mißachtung für sie negative Konsequenzen haben würde. Erstens haben die Interaktionspartner die Erwartungen anderer aufzugreifen. Sie müssen sich in einem vorgegebenen kategorialen Sprachsystem, in dem ihre Besonderheiten nie völlig adäquat zum Ausdruck zu bringen sind, miteinander verständigen. Zum zweiten müssen sie dennoch zeigen, in welchen Erwartungen sich ihre jeweiligen Beteiligungen an verschiedenen Interaktionssystemen widerspiegeln. Sie gefährden ihre Interaktionsbeteiligung, wenn sie nicht hinreichend verdeutlichen, welche Prioritäten sie ihren verschiedenen Verpflichtungen einräumen. Drittens nötigt der zu formulierende „working consensus“ alle Beteiligten zu Kompromissen. Dies bedeutet, daß ihre Bedürfnisse in dieser Interaktion ebensowenig wie in einer anderen vollständig befriedigt werden können. Sodann kann viertens das Individuum zwar einzelne Interaktionen verlassen, wenn sie seine Bemühungen um Identität überbelasten; es kann sich aber nicht aus aller Interaktion zurückziehen. Jedes Individuum bedarf anderer schon zum bloßen Überleben, vor allem aber, um sich selbst zu erfahren. Außerdem ist ein Verzicht auf jegliche Interaktion deshalb unmöglich, weil es — wie P. Watzlawick u. a. (1967, S. 48) formulieren — kein „nonbehavior“, kein Nichtverhalten gibt. Auch Schweigen hat Bedeutung und ruft Reaktionen hervor.

Angesichts dieser vier vom Individuum zu beachtenden Auflagen wäre es in der Tat mißverständlich, herrschaftsfreie Interaktion auch „repressionsfrei“ zu nennen, denn sie ist nicht frei von normativen Implikationen. Zudem handelt es sich um Normen, die mit der Struktur des Interaktionsprozesses selbst gegeben sind und daher nicht „abgeschafft“ werden können, wie es für andere Gesetze und Verhaltensweisen, die als „repressiv“ bezeichnet werden, mindestens vorstellbar ist.
Es bleibt die Frage zu beantworten, ob die Analyse „herrschaftsfreier“ Interaktionsstrukturen ein geeigneter Ausgangspunkt für eine Darstellung der Identitätsproblematik ist. Dagegen scheint zu sprechen, daß es in der gesellschaftlichen Realität so gut wie keine Interaktionssituation gibt, die völlig frei von Machtkomponenten ist. Die Beteiligten haben aufgrund ihrer Position im System sozialer Ungleichheit verschieden starke Chancen, ihre Absichten durchzusetzen. Den Einfluß der unterschiedlichen Machtpositionen zu vernachlässigen scheint nur dann gerechtfertigt, wenn die Interaktionen entweder im Rahmen unverbindlicher und biographisch wenig folgenreicher Zusammenkünfte stattfinden, also zum Beispiel bei Party-Geplauder oder Urlaubsbekanntschaften, oder wenn sich Menschen begegnen, die sich sehr nahestehen, also zum Beispiel bei Freundschaften oder Liebesbeziehungen. Jedoch spielen selbst in diesen Interaktionen allgemeine Konventionen, die auch als Ausdruck durch Herrschaft gestalteter sozialer Verhältnisse betrachtet werden müssen, sowie persönliche Einflußchancen, die sich in den analytischen Dimensionen der Ungleichheit von Macht, ökonomischer Lage und Prestige beschreiben lassen, eine nicht zu unterschätzende Rolle. Noch viel deutlicher treten diese repressiven Faktoren hervor, wenn Interaktionen im Bereich der Berufssphäre untersucht werden.
H. Marcuse hat darauf hingewiesen, daß ein Teil der gegenwärtig erlebten Repression unter den derzeitigen Reproduktionsbedingungen der Gesellschaft gar nicht aufhebbar sei. Er hat immer wieder die Unterscheidung zwischen einer angesichts des Entwicklungsstandes von Produktivkräften und Produktionsverhältnissen zum Überleben der Gesellschaft notwendigen Repression und einer angesichts der historischen Situation nicht mehr zu rechtfertigenden und daher „überschüssigen“ Repression hervorgehoben (zum Beispiel Marcuse 1955). Auch J. Habermas folgt ihm. Er weist in einer kritischen Würdigung der Freudschen Theorie insbesondere darauf hin, daß nicht abzusehen sei, in welchem Ausmaß die weitere Entwicklung der Technologie und neue soziale Organisationsformen Herrschaftsstrukturen abzubauen vermögen.

„Unter den Voraussetzungen der Freudschen Theorie gibt die Naturbasis weder ein Versprechen, daß durch die Entfaltung der Produktivkräfte je die objektive Möglichkeit geschaffen wird, den institutionellen Rahmen vollends von Repressivität zu befreien, noch kann sie eine solche Hoffnung im Prinzip entmutigen." (Habermas 1968 a, S. 343 f.)

Desto dringlicher ist zu fragen, warum es sich dennoch empfehlen soll, kommunikative Handlungsprozesse stets auf der Folie „herrschaftsfreier" Interaktionsstrukturen zu analysieren.
Das idealtypische Modell „herrschaftsfreier" Interaktion stellt eine Utopie dar, die die Analyse sozialen Handelns überhaupt erst möglich macht, und zwar unbeeinträchtigt von der Ungewißheit, ob „herrschaftsfreie" Interaktion jemals realisiert werden kann. Die Strategien kommunikativen Handelns lassen sich nämlich — wie J. Habermas (1968 a) überzeugend nachgewiesen hat — nicht im Bezugsrahmen, der instrumentalem Handeln vorgegeben ist, adäquat explizieren, denn:

„Jede Kommunikation, die nicht bloß Subsumption der einzelnen unter ein abstrakt Allgemeines, nämlich die prinzipiell stumme Unterwerfung unter einen öffentlichen, von allen nachvollziehbaren Monolog meint, jeder Dialog also entfaltet sich auf der ganz anderen Grundlage reziproker Anerkennung von Subjekten, die einander unter der Kategorie der Ichheit identifizieren und sich zugleich in ihrer Nicht-Identität festhalten." (Habermas, 1968 a, S. 177)

Die reziproke Anerkennung im Dialog ist aber an eine Kommunikations- und Interaktionssituation gebunden, die auf die Beteiligten keinen Zwang ausübt. Tatsächlich kann von „Intentionen" der Beteiligten überhaupt nur gesprochen werden, wenn für den Interaktionszusammenhang unterstellt werden kann, daß in ihm die Möglichkeit größerer Freiheit mitgesetzt ist. Kommunikatives Handeln instrumentalem gegenüberzustellen, setzt nämlich voraus, daß die Intentionen der Interaktionspartner sich darauf richten, das vorgegebene Normensystem in der Weise zu transzendieren, daß ein „vernünftigerer" Ausgleich von Erwartungen und Bedürfnissen der Beteiligten herbeigeführt werden kann. Dann aber ist der in dieser Einleitung vorläufig umschriebene Problembereich von Identität und Nichtidentität als Thema nur aufgreifbar, wenn ein Bezugsrahmen, der die Möglichkeit der Abwesenheit von Zwang einschließt, als analytisches Modell an die tatsächlich anzutreffenden, von Herrschaft verstümmelten Kommunikationsmuster herangetragen wird.
In die Analyse der Identitätsbalance des Individuums die Dimension „herrschaftsfreier" Interaktion von vornherein einzubeziehen, bewahrt vor einigen Fehleinschätzungen. Es zeigt sich, daß auch in diesen Interaktionen die Behauptung einer Identität nicht unproblematisch ist, weil die Erwartungen der Interaktionspartner sich nicht decken und Übereinstim-

mung auch nicht erzielt werden kann, solange jeder Interaktionspartner repräsentiert, welche Position er in einem umfassenden Netzwerk sozialer Beziehungen einnimmt. Folglich müssen die an dieser Interaktion Beteiligten ihre Identität durch Vermittlung widersprüchlicher Erwartungen behaupten. Die Untersuchung dieser Prozesse läßt erkennen, was sich ändert, wenn die Beteiligten ungleiche Chancen haben, angesichts rigider Verpflichtungen in anderen Interaktionssystemen Erwartungen zu übernehmen oder gegen den Widerstand der anderen eigene Erwartungen zur Geltung zu bringen. In diesem Fall ist es dem Individuum sehr erschwert, eine der Aufrechterhaltung seiner Identität günstige Interpretation der ihm entgegengebrachten Erwartungen als gemeinsame Basis kommunikativen Handelns durchzusetzen. Andererseits ist die Behauptung von Identität auch in Interaktionssystemen, in denen die Struktur gleichberechtigter Kommunikation über die Erwartungen der Partner durch die Ausübung von Herrschaft „verzerrt" wurde, nicht unmöglich. Im Gegenteil: Seiner Struktur nach — nämlich in sich wandelnden und konfligierenden Normen- und Erwartungssystemen sich als identisches Subjekt festzuhalten — ändert sich das Identitätsproblem nicht. Was sich ändert, ist der Grad der Rigidität des Normensystems und das Ausmaß der Bedürfnisbefriedigung, die die Erfüllung der vorgegebenen Normen gewährt. Je mächtiger sich Herrschaftsinteressen durchsetzen, desto weniger sind die vorgegebenen Normen einer Interpretation noch zugänglich und desto geringer sind die Chancen, daß Erwartungen aus der Perspektive der weiteren Interaktionsbeteiligungen des Individuums berücksichtigt werden.

Mit der Analyse „herrschaftsfreier" Interaktion zu beginnen, schützt daher vor der unzutreffenden Vorstellung, daß die Mühen des Individuums, gegen rigide Normen, institutionelle Zwänge und autoritäre Persönlichkeiten Identität zu behaupten, enden würden, wenn es gelänge, alle Herrschaftsstrukturen aufzulösen. Zwar wird es vielleicht weniger Anstrengung kosten, flexibleren Interpretationen von Normen Anerkennung zu verschaffen. Andererseits dürfte sich die Vielfalt und die Diskrepanz der gegenseitigen Erwartungen eher noch steigern, weil die Individuen weit weniger gehindert werden, nicht vorgeformte Erfahrungen zu sammeln und ihre Besonderheit auszuprägen.

Im übrigen hat ein Gesellschaftszustand ohne Herrschaft für die Behauptung von Identität vielleicht auch besondere Gefahren: Während der derzeitige — vor allem bei seinen wohlintegrierten Mitgliedern — eher neurotische Störungen produziert, in denen Bedürfnisse zugunsten der Erfüllung von Normen verdrängt werden, bewirkt der „herrschaftsfreie" Zustand möglicherweise in hohem Maße psychotische Verhaltensweisen. Da den Individuen nämlich kein äußerer, sondern nur noch der interak-

tionsimmanente Zwang auferlegt ist, sich an den Erwartungen der anderen abzuarbeiten, wird es ihnen näherliegen als den Mitgliedern gesellschaftlicher Zwangssysteme, der Anstrengung einer Identitätsbalance dadurch zu entweichen, daß sie autistisch auf ihre eigenen, nicht mehr übersetzten Erwartungen zurückfallen. Ihre Kommunikation mit anderen wird in diesem Fall nach und nach abbrechen und ihre Identität erlöschen.
Sodann zeigt die Analyse „herrschaftsfreier" Interaktion, daß ein Individuum ohnehin keine Chance hat, seine Identität zu wahren, wenn es andere zwingt, seinen Erwartungen zu entsprechen. Zwar kann sich das Individuum, das eine Machtstellung besitzt und ausnutzt, viele Vorteile und Annehmlichkeiten verschaffen. Jedoch eine Identität zu entfalten und aufrechtzuerhalten vermag es auf diesem Wege nicht, weil die Anerkennung seiner Erwartungen, die es einholt, leer ist. Sie bedeutet keine Zustimmung, sondern lediglich Unterwerfung. Auseinandersetzungen über Erwartungen bei ungleicher Chance, sich durchzusetzen, bleiben bloße Pseudo-Diskussionen; gemeinsamem Handeln unter diktierten Bedingungen fehlt die Reziprozität. Verläßlich kann Identität nur gewahrt werden, wenn sie durch freie Anerkennung der anderen legitimiert wurde, denn dann sind die Aussichten des Individuums größer, auch unter veränderten Verhältnissen wieder einen Platz für seine mit den anderen „ausgehandelte" Balance zwischen den verschiedenen Anforderungen zu finden. Außerdem gefährdet jeglicher Zwang die Fortdauer von Interaktion überhaupt. Die anderen werden sich zurückzuziehen suchen, solange ihre Erwartungen übergangen werden. Ist ihnen verwehrt, sich zu entfernen, werden sie „innerlich abschalten". Müssen sie sich sogar an mehreren, noch dazu inkongruenten „Zwangssystemen" beteiligen, könnte eine völlige Dissoziation der Persönlichkeit folgen.
Die Anstrengung des Individuums, auch in Verhältnissen, die mit einer Mißachtung seiner Erwartungen verbunden sind, Identität noch soweit wie möglich zu wahren, hat einen doppelten Charakter. Einerseits paßt sich das Individuum an, denn es kann sich nicht anders als im Rahmen der vorgegebenen Erwartungen artikulieren. Dies bedeutet, daß das Individuum auch unbeugsame Normen übernimmt, die sich seinen Interpretationsbemühungen widersetzen. Hierauf stützt Th. W. Adorno seine Kritik des Identitätsbegriffs:

„Das Ziel der gut ‚integrierten Persönlichkeit' ist verwerflich, weil es dem Individuum jene Balance der Kräfte zumutet, die in der bestehenden Gesellschaft nicht besteht und auch gar nicht bestehen sollte, weil jene Kräfte nicht gleichen Rechts sind ... Seine Integration wäre die falsche Versöhnung mit der unversöhnten Welt, und sie liefe vermutlich auf die ‚Identifikation mit dem Angreifer' hinaus, bloße Charaktermaske der Unterwerfung." (Adorno 1955, S. 29)

„In der antagonistischen Gesellschaft sind die Menschen, jeder einzelne, unidentisch mit sich, Sozialcharakter und psychologischer in einem, und kraft solcher Spaltung a priori beschädigt ... Was dem Subjekt als sein eigenes Wesen erscheint, und worin es gegenüber den entfremdeten gesellschaftlichen Notwendigkeiten sich selbst zu besitzen meint, ist gemessen an jenen Notwendigkeiten bloße Illusion ... Weil es der objektiven Möglichkeit nach der Anpassung nicht mehr bedürfte, genügt einfache Anpassung nicht mehr, um es im Bestehenden auszuhalten. Die Selbsterhaltung glückt den Individuen nur noch, soweit ihnen die Bildung ihrer Selbst mißglückt, durch selbstverordnete Regression." (Adorno 1955, S. 32)

Auf ein Integrationsideal, das Harmonie stiften und der Person feste innere Strukturen zur Handlungsorientierung anbieten zu können meint, trifft dieser Vorwurf gewiß zu. Die hier entwickelte Vorstellung von balancierender Identität unterstellt jedoch nicht Harmonie, sondern die Struktur der Interaktionsprozesse verlangt gerade, divergierende und widersprüchliche Erwartungen, unzureichende Bedürfnisbefriedigung und nicht voll gelingende Versuche der Übersetzung subjektiver Interpretationen und Intentionen auszuhalten und nicht zu verdrängen. Dies ist nicht erforderlich, weil der Mensch sich mit den Verhältnissen abfinden müßte, sondern weil nur auf diese Weise ein Handlungsspielraum geschaffen wird. Der strukturelle Zwang, Diskrepanzen zu überbrücken, führt zugleich zur Kritik unzufriedenstellender Verhältnisse. Völlige Übereinstimmung von Normen, Interpretationen und Bedürfnissen aller Interaktionspartner sowie eine gemeinsame Sprache ohne Übersetzungsprobleme entzöge der Konstitution des hier vertretenen Identitätskonzeptes die Grundlage. Während also die Bemühung um Wahrung einer Identität einerseits das Individuum auf die Übernahme vorgegebener Normen, Verhaltensmuster und Sprachen verweist, zwingt andererseits dieselbe Aufgabe das Individuum, angesichts der konfligierenden Erwartungen den vorgegebenen Bezugsrahmen in Frage zu stellen und in der Weise zu verändern, daß es eine dem Gesamt seiner Interaktionsbeteiligungen entgegenkommende Position einnehmen kann.
Obwohl die Bemühungen um Identität gerade aus der Widersprüchlichkeit der Normen und der Begrenztheit der Sprachen ihre „Macht der Negation" erwerben, könnte diesem Konzept vorgehalten werden, daß in ihm die Bedeutung von Konflikten und die grundlegend antagonistische Struktur der sozialen Umwelt nicht ernst genommen wird. Das ist jedoch nicht der Fall. Dieses Identitätskonzept behauptet nicht, daß das Individuum, wenn es sich nur genügend anstrengt, in jedem Fall die Synthese einer auf Inkompatibilität balancierenden Identität zustande bringen wird. Es gibt in der Tat gesellschaftliche Verhältnisse, in denen das Individuum in seinem Bestreben, Identität zu finden, „um den Preis von seelischen und

Gemütskrankheiten ... sich verausgabt" (Marcuse 1963, S. 94). Es spricht sogar für dieses Konzept, daß es zur Erklärung der Genese jener Gemüts- und Geisteskrankheiten beitragen kann, die offenbar mit den gescheiterten Bemühungen des Individuums, Identitätsbalance zu halten, in einer Beziehung stehen.

Erst in einer Gesellschaft, die ganz und gar eine „totale Institution" wäre und nicht nur tendenziell, wie die von E. Goffman (1961 a) beschriebenen, wäre Identität zu gewinnen und aufrechtzuerhalten in jeder Hinsicht unmöglich. Nicht nur müßte in dieser Gesellschaft die völlige Übereinstimmung von Normen, Interpretationen und Bedürfnissen in jedem ihrer Mitglieder erreicht werden; es müßten auch Biographien verhindert werden, die dem Individuum besondere, von denen anderer Individuen abweichende Erfahrungen vermitteln. Am weitesten auf diesem Weg fortgeschritten sind jene Gesellschaften, in denen zwar die Diskrepanzen zwischen den Normen, Interpretationen und Bedürfnissen ihrer Mitglieder nicht vollständig beseitigt werden, jedoch die Kommunikation über diese Diskrepanzen weitgehend unterbunden wird. Entweder werden Diskussionen überhaupt nicht zugelassen, oder es wird eine Sprache vorgeschrieben, in der subjektive Erfahrungen nicht ausdrückbar sind[11].

Solange gesellschaftliche Verhältnisse trotz Zwang und Manipulation noch nicht den Charakter „totaler Institutionen" annehmen, gibt es noch Chancen zur Wahrung einer Identität, und sei es nur in beschädigten und verstümmelten Ansätzen. Es gibt Gründe anzunehmen, daß eine totale Gesellschaft in einer Welt mit Raum und Zeit und daher mit letztlich doch begrenztem Terror niemals erreichbar sein wird, so verheerend das erreichbare Maß an Repressionen auf menschliches Denken und Handeln sich bereits auswirken kann und sich ausgewirkt hat. Optimismus ist gewiß fehl am Platz, denn je totaler die Gesellschaft, desto weniger Möglichkeiten bestehen für Identität. Aber in jeder Gesellschaft, die noch nicht total ist, finden sich Widersprüche, an denen sich ansetzen läßt, um das System der Repression in Frage zu stellen. Schon der Versuch einer Identitätsbalance ist wegen des kritischen Potentials, das er enthält, ein Angriff auf bestehende Verhältnisse.

[11] Die beste Darstellung einer totalen Gesellschaft dürfte nach wie vor G. Orwells „1984" sein. Er räumt auch mit der Vorstellung auf, daß die Menschen in einer derartigen Gesellschaft leiden. Das Gegenteil ist der Fall: Sie lieben den „Großen Bruder". Leiden der Menschen ist ein Anzeichen für das Mißlingen totaler Steuerung.

2. Interaktion und Identität

2.1. Identität und Beteiligung an Interaktionsprozessen

Menschen, die einander treffen — sei es aus Zufall oder vorbereitet und mit Absicht; sei es, daß sie schon lange miteinander bekannt sind oder daß sie sich zum ersten Mal in ihrem Leben sehen —, haben im allgemeinen nicht voll übereinstimmende Vorstellungen über die Situation, in der sie sich begegnen, und über das Verhalten, das in ihr verlangt wird. Wenn ein Prozeß kommunikativen Handelns entstehen soll, ist entscheidend, daß die Beteiligten sehr schnell feststellen, wer ihre Gegenüber sind und welche Erwartungen sie an diese Situation knüpfen.

Zwei Episoden können verdeutlichen, welche Vorgänge gemeint sind. Was geschieht beispielsweise, wenn ein unternehmungslustiger Mann ein ihm noch unbekanntes Mädchen auf einer Party trifft? Das verwirrende Spiel gegenseitiger Einschätzungen und Rücksichtnahmen, vorgegebener Normen und angestrebter Ziele sowie zunächst entworfener Pläne und später revidierter Absichten zeigt etwa folgende Grundlinien: Nachdem die beiden jungen Leute miteinander bekannt gemacht worden sind, spricht er sie an, um sich zunächst über allgemeine Themen zu unterhalten, über die jeder etwas sagen kann. Dabei versucht er, herauszufinden, „wie sie ist", und auch sie bemüht sich, einen Eindruck von ihm zu gewinnen. Im allgemeinen ist er darauf bedacht, sich selbst in gutem Licht erscheinen zu lassen. Möchte sie gern über ein Konzert plaudern, wird er darauf — wenigstens zu Beginn — eingehen, sofern er dazu überhaupt etwas zu sagen weiß. Ist er hierzu nicht imstande, wird er ein gleichwertiges Thema anschneiden, um nicht als geistlos und ungebildet eingestuft zu werden. Hält er selbst nichts von Politik, wird er mit politischen Argumenten so lange vorsichtig sein, als er nicht weiß, was seine Partnerin denkt. Nehmen wir an, der junge Mann möchte die Bekanntschaft über diesen Abend hinaus fortsetzen. Er wird dann herausfinden müssen, ob das Mädchen bereit ist, sich mit ihm zu verabreden. Fordert er sie unvermittelt auf, am nächsten Wochenende allein mit ihm wegzufahren, riskiert er eine Absage und den Abbruch der Beziehung überhaupt. Lädt er sie hingegen ein, sich einer größeren Gruppe von Freunden und Bekannten anzuschließen, die jeden Samstagnachmittag gemeinsam zum Schwimmen gehen, hat er größere Aussichten auf Erfolg. Sie wiederum hat sicher schon bald gemerkt, daß er „Absichten“ hat. Vielleicht ermuntert sie ihn. Ist er ihr jedoch unsympathisch oder fühlt sie sich schon an jemand anderen gebunden, wird sie ihm zu erkennen geben, daß er sich keine Hoffnungen machen sollte, bei ihr etwas zu erreichen. Entweder lenkt sie das Gespräch beharrlich auf harmlose Themen oder sie erwähnt beiläufig ihren Freund. Will sie vielleicht doch diesen Abend mit ihm verbringen, da die anderen Gäste sie langweilen, ist es für sie wichtig, einerseits zu verhindern, daß sie feste Einladungen und konkrete Aufforderungen ausdrücklich zurückweisen muß, und andererseits nicht so zurückhaltend aufzutreten, daß ihr Gegenüber sein Interesse ganz verliert.

Diese Skizze genügt, um Elemente und Strategien von Interaktionen sichtbar zu machen, die sich immer wieder aufzeigen lassen. Wer der andere ist und wie er die Situation interpretiert, ist nicht nur bei der Begegnung zweier einander fremden Menschen ungewiß, wie ein zweites von Anselm Strauß vorgetragenes Beispiel zeigt (Strauss 1959, S. 46): Ein Ehemann kommt wie üblich von der Arbeit nach Hause und bemerkt, daß seine Frau ihn etwas weniger herzlich begrüßt als sonst und sich sehr schnell, ohne weitere Erklärungen, wieder zurückzieht. Der Mann wird versuchen, sich den Vorgang zu erklären. Er kennt zwar seine Frau, aber er muß sich jetzt bemühen, ihr Auftreten in dieser Situation mit vielen möglicherweise relevanten Umständen in Beziehung zu setzen. Läuft irgendwo das Wasser über oder brennt ein Essen an? Fühlt sie sich nicht wohl, oder hat sie einen Grund zu Vorwürfen? Er wird gut daran tun, verschiedene Hypothesen vorsichtig zu testen, denn falls sie krank ist, wäre es wenig liebevoll, wenn er sich über den Empfang beschweren würde. Ist sie jedoch ernsthaft über ihn verärgert, wäre sie wahrscheinlich erst recht böse, wenn er sich erkundigte, ob ihr die Milch übergekocht sei.

Die Erwartungen der sich in einer Situation begegnenden Interaktionspartner können desto weiter auseinanderklaffen, je weniger die Situation vorstrukturiert ist. Sowohl der Fall, daß die Interpretationen vollständig übereinstimmen, als auch die gegenteilige Alternative, daß die Interpretationen überhaupt keine Gemeinsamkeit aufweisen, sind in dem Modell von Interaktion, das den hier zu entwickelnden Analysen zugrunde gelegt wird, nicht „normal“.

„Normal“ beziehungsweise „nicht normal“ soll sich hier wohlgemerkt nicht auf tatsächliche statistische Häufigkeiten beziehen. Es ist durchaus möglich, daß in sehr vielen Interaktionsprozessen annähernd deckungsgleiche, weil stereotype Situationsinterpretationen oder aufgrund von Blockierungen total unübersetzbare Situationsinterpretationen vorherrschen. Aber gerade dies soll kein Kriterium für „Normalität“ sein. Gemeint ist vielmehr: Unter Bedingungen einer Kommunikation, in der die

Interaktionspartner überhaupt die Chance haben, eigene Erwartungen vorzutragen, ist anzunehmen, daß jeder von ihnen aufgrund seiner persönlichen Biographie und der besonderen Kombination von Rollen, die er in anderen Interaktionssystemen innehat, eine von der seiner Partner in mancher Hinsicht unterschiedene Situationsdefinition in die Interaktion mitbringt. Die Interaktion wird jedoch erst dann ablaufen können, wenn die Interaktionspartner plausible Vorstellungen entwickelt haben, wer ihre Gegenüber sind und in welcher Situation sie sich befinden. Darüber hinaus wird es in einem gewissen Ausmaß nötig sein, Einverständnis über die Interpretation der Partner und der Situation zu erzielen. Die vorhin angeführten Beispiele zeigen, daß jeder Interaktionspartner sowohl selber Erwartungen zum Ausdruck bringt als auch die Interpretationen des anderen in seinem Auftreten berücksichtigt.

Eine Übereinstimmung über die Identität der Beteiligten und die Interpretation der Situation ist das Ergebnis eines Prozesses, in dem Erwartungen ausgetauscht und nach und nach einander angeglichen werden.

Interaktionspartner A versucht zu erkunden, wer Interaktionspartner B ist. Nun hängt jedoch nicht zuletzt auch von A ab, wer sein Gegenüber B ist, denn B wird in diesem Interaktionsprozeß nur in einer Identität auftreten vermögen, die sein Partner A ihm zuzugestehen bereit ist. Kommt keine ausreichende Einigung zustande, wird die Interaktion abgebrochen, weil die Partner nicht mit einem befriedigenden Verlauf rechnen können. A kann allerdings B die Anerkennung der von diesem gewünschten Identität auch nicht um jeden Preis vorenthalten, denn er selbst benötigt hinwiederum Anerkennung für die Identität, die er selbst in die Interaktion einbringen möchte. So haben alle Interaktionspartner Gründe, die Erwartungen der anderen zu berücksichtigen, wenn sie ihr Auftreten und Verhalten in einem beginnenden Interaktionsprozeß bestimmen.

George J. McCall und J. L. Simmons beschreiben diese Vorgänge als einen „Handel um Identität“:

"The moves of each party are motivated by cost-reward considerations but take the form of insinuations about identities. At base, that is, the negotiation is a process of bargaining or haggling over the terms of exchange of social rewards, yet it does not assume the outward appearance of a crude naming of prices. Rather, it takes the form of an argument or debate over who each person is; the tactics of rhetorical persuasion or dramatic arts are more evident in the process than are those of the market place." (McCall/Simmons 1966, S. 141)[1]

---

[1] Die Autoren gehen leider an keiner Stelle darauf ein, daß die Analogien zum Handel auf einem Markt für ökonomische Güter sich in vielen und zwar besonders in wichtigen Interaktionen schon deswegen aufdrängen, weil Menschen darin tatsächlich um ihre ökonomische Existenz zu handeln haben. Eine genauere Analyse würde sogar ergeben, daß hier

Eine Einigung wird nicht immer möglich sein. Vielleicht können es sich beide Interaktionspartner leisten, auf die bevorstehende Interaktion zu verzichten, und sehen daher keinen hinreichenden Grund, ihre Erwartungen so zu verändern, daß ein tragfähiger Konsens über Identitäten und Situation zu entstehen vermag. Einer, beide oder alle Interaktionspartner werden folglich beschließen, sich zurückzuziehen. Allerdings ist davon auszugehen, daß niemand auf jegliche Interaktion verzichten kann, falls er eine Identität aufbauen möchte. Wie schon ausgeführt, besitzt man Identität immer nur in bestimmten Situationen und unter anderen, die sie anerkennen.

Es muß betont werden, daß in dieser Aussage mehr enthalten ist als zunächst auffallen mag. Es ist banal, daß jeder andere braucht, um zu überleben. Hier wird aber darüber hinaus behauptet, daß jeder, um dem strukturellen Erfordernis nach Identität nachkommen zu können, auf eine bestimmte Art sozialer Beziehungen angewiesen ist, nämlich auf Beziehungen, in denen Erwartungen übernommen oder auch abgelehnt werden können und in denen es daher möglich ist, über die Anerkennung eines Identitätsentwurfs zu verhandeln. Denn nicht jedes wechselseitige Handeln hilft, Identität zu etablieren, weil nicht in jedem Prozeß wechselseitigen Handelns jeder Partner zur Definition der Situation und der Identität der in ihr interagierenden Personen beitragen kann. Zum mindesten können die Möglichkeiten bestimmter Beteiligter erheblich eingeschränkt sein. Zum Beispiel ist dies in typischen Ausbeutungsverhältnissen der Fall, in denen einer oder eine Gruppe andere zwingen, ihren Erwartungen zu entsprechen. Der Ausbeuter kann vom Ausgebeuteten nicht verläßlich erfahren, wer er ist, weil der Ausgebeutete ihm keine spontane Antwort geben kann. Da der eine dem anderen ohnehin willfährig sein muß, kann dieser von seinem „Partner" keine eindeutig interpretierbare Bestätigung für eine Identität, in der er auftreten möchte, erhalten. Die Anerkennung, die Identität braucht, gibt es nur in Interaktionen, in denen sie auch verweigert werden kann. Das bedeutet nicht, daß nur in vollständig herrschaftsfreier Interaktion Identität gewonnen und erhalten werden kann. Auch in asymmetrischen Beziehungen besitzt der Unterprivilegierte noch Möglichkeiten, seine Definition der Situation zu signalisieren, wenn auch oft in verkleideter und verzerrter Form. Allerdings muß er dabei ein größeres Risiko tragen als das der Fall ist, wenn sich gleichberechtigte Partner auseinandersetzen.

(Noch Anm. 1)
Interaktion im Sinne von kommunikativer Gegenseitigkeit oft überhaupt nicht mehr zustande kommt, weil ein Partner in der Lage ist, seine Definition der Situation — also seine Festsetzung der Marktpreise — den anderen aufzuzwingen.

Wie die geschilderten Beispiele zeigen, stehen am Beginn der Interaktion zugleich das Hinhören auf die Erwartungen des anderen und die Darstellung der eigenen Identität. Es ist müßig zu fragen, was bei der Begegnung zweier möglicher Interaktionspartner zuerst kommt, denn die Unterscheidung ist eine analytische. Auf der einen Seite muß jeder Interaktionspartner auch von Anfang an seine Erwartungen vortragen, weil die anderen sie gleichfalls als Orientierung für den Fortgang des Interaktionsprozesses benötigen. Würde das Individuum zunächst nur auf die Erwartungen der anderen achten, fehlte sein eigener Beitrag; würde es sich ohne Rücksicht auf die Erwartungen der anderen präsentieren, so riskierte es eine völlige Fehleinschätzung der Situation.
Zunächst ist etwas eingehender zu untersuchen, was vorgeht, wenn jemand sich seinem möglichen Interaktionspartner vorstellt. Dem Individuum stehen verbale Äußerungen und zahlreiche Zeichen zur Verfügung, um sich zu erkennen zu geben. Vielfach erlaubt die Erscheinung eines Individuums in Kleidung, Auftreten und Sprechweise besser, es einzuordnen, als der Inhalt seiner Äußerungen über Identität, Erwartungen und Absichten:

"Appearance (eines Individuums — L. K.), then, is that phase of the social transaction which establishes identifications of the participants. As such, it may be distinguished from discourse, which we conceptualize as the text of the transaction — what the parties are discussing. Appearance and discourse are two distinct dimensions of the social transaction. The former seems the more basic. It sets the stage for, permits, sustains, and delimits the possibilities of discourse by underwriting the possibilities of meaningful discussion." (Stone 1962, S. 90)[2]

Ein Individuum beteiligt sich an einer langen Diskussion möglicherweise nur, um zu zeigen, wer es ist. Wer präzis und zuverlässig darstellen kann, wer er ist, wird sich und anderen die Beteiligung an Interaktion erleichtern. Allerdings gibt es auch eine Präzision, die gefährlich werden kann. Eindeutige Symbole wie Uniformen, Abzeichen, Gesten oder auch sprachliche Hinweise, die nur auf eine bestimmte Weise verstanden werden können, helfen dann, wenn das Individuum sich in einer klar vorstrukturierten Situation befindet, in der nach einem Interaktionspartner ganz bestimmter Art gesucht wird. In diesem Fall kann die Interaktion schnell zustande kommen. Ist die Situation jedoch offener, kann es für das Individuum gerade von Schaden sein, seine Identität und Erwartungen mit eindeutigen Symbolen aufzuzeigen. Die anderen scheiden den Betreffenden in diesem Falle vielleicht sehr schnell aus dem Kreis möglicher Interaktionspartner aus, obwohl er bereit gewesen wäre, auf die Interaktion einzugehen. „Präzise" Identifikationssymbole der genannten Art sind of-

[2] Vgl. auch Goffman 1951; 1959.

fenbar immer dann für mögliche Interaktion von Nachteil, wenn Individuen mit besonderer Erscheinungsweise von vornherein stereotypen Kategorien zugerechnet werden, sich in ihren Interaktionswünschen jedoch von den üblicherweise diesen Kategorien unterstellten Verhaltensweisen unterscheiden. Folglich wird ein Individuum in Situationen, in denen sich Auftreten unter charakterisierenden Symbolen und subjektive Intentionen nicht decken oder nicht zu voller Übereinstimmung bringen lassen, stets versuchen müssen, den begrenzten Rahmen von Erwartungen, in dem es voraussichtlich beurteilt werden wird, zu sprengen und sich „präzis" in anderer Art darzustellen. Es muß über die im Grunde immer begrenzenden Identifikationssymbole hinaus verdeutlichen, mit welchen Erwartungen und Bedürfnissen, mit welchem Spielraum und welchen Rücksichtnahmen es sich an Interaktionen beteiligen möchte.

Die Notwendigkeit einer subjektiven Selbstdarstellung besteht immer, wenn Interaktion — also kommunikatives Handeln zwischen Partnern, die einander den Anspruch auf zu wahrende Identität zugestehen — gesichert werden soll; denn solange sich ein Individuum von allen anderen unterscheidet, wird es auch nicht voll unter die üblichen Kategorisierungen subsumierbar sein. Es wird folglich gut daran tun, über die Verwendung von allgemein benutzten Symbolen hinaus, die soziale Positionen, Kategorien von Personen und Interaktionsbereiche bezeichnen, möglichst umfassend seine besonderen Absichten und Wünsche sichtbar zu machen, um die Möglichkeit zu ihm entsprechender Interaktion zu wahren. Allerdings darf es sich auch nicht so sehr als einmaliges Individuum präsentieren, daß die anderen es überhaupt keiner Kategorie mehr zuordnen können, weil auch dann seine Möglichkeiten zur Beteiligung an Interaktion gemindert werden.

Beim Hinhören auf die Erwartungen der anderen sind die Probleme nicht geringer. Was er ist und als was er sich versteht, erschwert es dem einzelnen, die möglichen Interaktionspartner zu identifizieren. Er hat bestimmte Kategorien für andere Personen zur Verfügung, in die er seine Gegenüber mit Hilfe bestimmter Kennzeichen, die er an ihnen entdeckt, einordnet. Er unterliegt dabei immer wieder der Gefahr, subjektive Interpretationen, die die anderen ihrem Auftreten geben, zu übersehen. Während das Individuum seine eigene Identifikation durch andere und damit seine Beteiligung an Interaktion förderte, wenn es möglichst subjektiv die allgemein verwandten Symbole für seinen Status und seine Intentionen interpretierte, wird nun umgekehrt von ihm verlangt, sich selbst und seine bisherigen Erfahrungen zunächst möglichst weit zurückzustellen, um aufnehmen zu können, was der Partner über sich selbst aussagen will.

Falls also das Individuum sich in einer bereits — wenigstens teilweise —

vorstrukturierten Interaktionssituation beteiligen will, wird zunächst von ihm gefordert, sich aufzugeben, sich seiner selbst zu entäußern. Der nächste Schritt besteht dann darin, daß das Individuum die Erwartungen, die es aus der möglichst adäquat erkannten Identität des Interaktionspartners ableitet, als der eigenen Identität nicht voll entsprechend darstellt. Das bedeutet, daß es nun die Kategorien, die an es herangetragen werden, auf der Grundlage seiner eigenen Interaktionsverpflichtungen interpretiert — das heißt teilweise negiert — und diese Interpretation in den Interaktionsprozeß wieder einzubringen versucht.

Zweimal tritt folglich eine Negation auf: zuerst dort, wo das Individuum sich davon lösen muß, wer es nach seiner bisherigen Biographie ist, um für angesonnene Erwartungen offen zu sein. Ist es dazu in der Eingangsphase von Interaktion nicht imstande, dann versagt es an der Aufgabe, sich auf mögliche Interaktionspartner einzustellen. Diese werden es dann als einen wenig anpassungsfähigen Menschen einstufen, der voller „Vorurteile" steckt. Aus der Sicht beider Seiten erscheint Interaktion nicht möglich. Zum zweiten Mal muß das Individuum negieren, wenn es zeigt, daß der Rahmen vorgegebener Erwartungen, die es zunächst aufgenommen hat, seinen eigenen Intentionen nicht genügt. Mit Rückgriff auf das, was es durch seine Biographie geworden ist, lehnt es den gegebenen Erwartungsrahmen als nicht ausreichend ab. Gelingt ihm dies nicht, erschöpft es sich in den an es herangetragenen Erwartungen. Es geht in ihnen auf. Die möglichen Interaktionspartner können in diesem Falle nicht feststellen, ob das Individuum und in welcher Weise es „mehr" ist, als die angenommenen Kategorien ihm zuschreiben. Wie noch zu zeigen sein wird, gefährdet nicht nur ungenügendes Eingehen auf die Erwartungen der anderen, sondern auch die fehlende subjektive Interpretation dieser Erwartungen die Interaktion. Diese Vorgänge von Ablehnung und subjektiver Interpretation haben eine unmittelbare Rückwirkung auf die Interaktionspartner, die vor demselben Problem von Negation und Affirmation stehen.

Da jedes Individuum tagtäglich in Interaktionen mit anderen steht, in denen Erwartungen übernommen und in die im Medium dieser Erwartungen eigene Interpretationen hineinprojiziert werden, erscheint die Identität der Person schließlich nur noch als Bündel von Reflexen in einem Spiegelkabinett, an das uns A. Strauss in der Einleitung von „Mirrors and Masks" erinnert:

"Identity is connected with the fateful appraisals made of oneself — by oneself and by others. Everyone presents himself to the others and to himself, and sees himself in the mirrors of their judgements. The others present themselves too; they wear their own brands of mask and they get appraised in turn." (Strauss 1959, S. 9)

Offenbar ist die Identität des Individuums beides zugleich: antizipierte Erwartungen der anderen und eigene Antwort des Individuums. G. H. Mead hat diesen doppelten Aspekt der Identität in seinem Begriff des „Selbst" berücksichtigt, der ein „me", die von den anderen übernommenen Einstellungen, und ein „I", die individuelle Antwort auf die Erwartungen der anderen, enthält (Mead 1934). Nach seiner Analyse beginnt ein Interaktionsvorgang damit, daß die Interaktionspartner die Erwartungen der anderen zu erkennen versuchen und sie dann in die Planung ihres Verhaltens aufnehmen, um eine gemeinsame Interaktionsbasis zu schaffen. Diese Antizipation geschieht nach G. H. Mead dadurch, daß ein Interaktionspartner sich an die Stelle seines Gegenübers versetzt und die Situation aus dessen Perspektive betrachtet. Auch sich selbst sieht er folglich dann mit den Augen und aus dem Blickfeld des anderen.

G. H. Mead nannte diesen Weg, die Einstellung eines Interaktionspartners zu antizipieren, „taking the role of the other" — „Übernahme der Rolle des anderen" (Mead 1934, passim). „Role-taking" erlaubt dem Individuum, sich auf den Interaktionspartner einzustellen. Es ist nach G. H. Mead die Voraussetzung für Handlungskontrolle und somit für kooperatives Handeln:

"This taking of the role of the other, an expression I have so often used, is not simply of passing importance. It is not something that just happens as an incidental result of the gesture, but it is of importance in the development of co-operative activity. The immediate effect of such role-taking lies in the control which the individual is able to exercise over his own response. The control of the action of the individual in a co-operative process can take place in the conduct of the individual himself if he can take the role of the other." (Mead 1934, S. 254)

Wichtigste Voraussetzung für „role-taking" ist nach G. H. Mead, daß ein System von Symbolen zur Verfügung steht, über deren Bedeutung sich die Interaktionspartner hinreichend einig sind. Bei diesen Symbolen kann es sich um signifikante Gesten handeln, die Intentionen und Erwartungen ausdrücken. Vor allem aber denkt G. H. Mead an „vokale Gesten", nämlich an die Sprache, die dadurch Interaktion erst ermöglicht, daß ihre Zeichen in Symbole verwandelte Bedeutungen darstellen, die sich an als intentional begriffenes Rollenhandeln knüpfen[3]. Mit Hilfe sprachlicher Symbole, die im Sprechenden und Hörenden dieselbe Reaktion hervorzurufen vermögen, kann jeder Interaktionspartner die Erwartungen der anderen antizipieren, und diese wiederum können seine Einstellungen vorwegnehmen.

---

[3] Über Rolle und Sprache bei G. H. Mead vgl. Habermas 1967 a, S. 69 f.

Die Folgerungen für den Prozeß der Identitätsformung sind unschwer zu ziehen. Teilnahme an Interaktionen verlangt, sich auf die Erwartungen der anderen einzustellen. Dies gelingt über die Teilhabe an gemeinsamen Symbolsystemen, deren verschlüsselter Gehalt an Verhaltenserwartungen zugleich Interaktionsregeln darstellt. Den Interaktionspartnern ist es keineswegs möglich, nach Belieben zu verfahren, sondern sie sind gezwungen, Erwartungen der anderen und vorab definierte Interaktionsregeln in ihre Selbst- und Situationsdefinition aufzunehmen. Aus G. H. Meads Beschreibung des „role-taking" geht hervor, daß der Aufbau einer Identität innerhalb eines Interaktionssystems, obwohl Sprache und Denken die Verlagerung der Handlungskontrolle ins Individuum selber ermöglichen, ein sozialer Prozeß ist. Wer man ist, kann immer nur mit Hilfe sozial anerkannter Symbole dargestellt werden und verlangt stets nach der Ratifizierung durch andere. Dies gilt nicht nur für Interaktion in bürokratisch strukturierten Organisationen oder in durch eingefahrene Gewohnheiten geprägten Familien, also in Rolleninteraktionen, die die Verhaltenserwartungen an ihre Mitglieder weitgehend definieren und deren Einhaltung durch Sanktionen garantieren, sondern auch für die zufällige, spontane Interaktion. Auch in ihr kann sich niemand ohne Anerkennung durch die anderen in irgendeiner Identität präsentieren.

Was aber ist persönlich an einer Identität, die nur vielfach gebrochener Reflex der Erwartungen der anderen zu sein scheint? Eine genauere Analyse ergibt, daß diese Beschreibung nicht ausreicht. E. Goffman verfolgt den Weg von Menschen, die in ein Krankenhaus, ein Kloster oder eine militärische Ausbildungsstätte aufgenommen werden. Er nennt Einrichtungen dieser Art „totale Institutionen". In diesen Institutionen wird nicht zugelassen, daß die „Insassen" irgendwelche Bereiche ihres Lebens der Regelung durch die leitenden Instanzen entziehen. Sie setzen sich ausdrücklich die Aufgabe oder bewirken, wenn sie ihre deklarierten Ziele verfolgen, daß ihre „Insassen" ihr altes „Selbst" aufgeben und ein neues aufbauen (Goffman 1961 a). Obwohl aus den Darstellungen E. Goffmans nicht ganz eindeutig hervorgeht, was er unter „Selbst" verstanden wissen will, ist das Ergebnis seiner Beobachtungen aufschlußreich:

> "The self, then, can be seen as something that resides in the arrangements prevailing in a social system for its members. The self in this sense is not a property of the person to whom it is attributed, but dwells rather in the pattern of social control that is exerted in connection with the person by himself and those around him. This special kind of institutional arrangement does not so much support the self as constitute it." (Goffman 1961 a, S. 168)[4]

---

[4] Goffmans wenig eindeutige Begriffe kritisiert zum Beispiel W. Caudill 1962/63.

E. Goffman stellt jedoch darüber hinaus fest, daß die Menschen sich gegen die Wegnahme ihrer „Identitätsausstattung" wehren und sich bemühen, ein bestimmtes „Selbst" durch entsprechendes Auftreten zu wahren (Goffman 1961 a). Er stößt ferner darauf, daß immer dann, wenn Institutionen ihren Mitgliedern zu rigide Vorstellungen über ein aufzubauendes „Selbst" auferlegen, sich ein Leben unterhalb des Zugriffs der Institutionen („underlife") entwickelt. Die Beobachtung, daß die Insassen von Gefängnissen oder Psychiatrischen Kliniken immer wieder versuchen, irgend etwas von sich selbst als Privates der Anstalt vorzuenthalten, führt ihn zu der Annahme, daß dieser „hartnäckige Widerstand nicht ein zufälliger Verteidigungsmechanismus ist, sondern vielmehr ein wesentliches Konstituens des Selbst" (Goffman 1961 a, S. 319). Vor hier aus läßt sich das Bild modifizieren, das bisher von der aus der Anerkennung der anderen entstehenden Identität gezeichnet wurde. E. Goffman führt aus:

"When we closely observe what goes on in a social role, a spate of sociable interaction, a social establishment — or in any other unit of social organization — embracement of the unit is not all that we see. We always find the individual employing methods to keep some distance, some elbow room, between himself and that with which others assume he should be identified." (Goffman 1961 a, S. 319)

Für soziologische Zwecke müsse das Individuum als eine „stance-taking-entity" (Goffman 1961 a, S. 320) definiert werden, als ein „Stellung beziehendes Wesen", als

"a something that takes up a position somewhere between identification with an organization and opposition to it, and is ready at the slightest pressure to regain its balance by shifting its involvement in either direction. It is thus against something that the self can emerge ... Without something to belong to, we have no stable self, and yet total commitment and attachment to any social unit implies a kind of selflessness. Our sense of being a person can come from being drawn into a wider social unit; our sense of selfhood can arise through the little ways in which we resist the pull." (Goffman 1961 a, S. 320)

Aus den Beobachtungen E. Goffmans geht hervor, daß das Individuum sich tatsächlich nicht voll unter die an es herangetragenen Kategorien subsumieren läßt. E. Goffman glaubt nicht, dies liege allein oder vor allem an angeborenen oder anerzogenen Bedürfnissen. Gründe für die Reserven, die das Individuum gegen die Anforderungen der Interaktionspartner mobilisiert, sind auch nach seiner Ansicht nicht in einer letztlich nur metaphysisch begründbaren Einmaligkeit des Individuums zu suchen. Er verweist vielmehr auf den sozialen Prozeß selbst, der subjektive Interpretationen des Individuums hervorbringt.

Diesem Hinweis folgend soll versucht werden, durch genauere Analyse des Interaktionsablaufes zu belegen, daß die Übernahme von Erwartungen nicht ausreicht, um an Interaktionen teilzunehmen. Vielmehr ist zu zeigen, daß soziale Interaktion nicht fortgeführt werden kann, wenn die Beteiligten die ihnen angesonnenen Erwartungen nicht in einer ihrer besonderen Situation entsprechenden Weise, also subjektiv, durch die Aufrechterhaltung einer Identität interpretieren. Um die Erklärungskette noch einmal darzustellen, bevor auf die einzelnen Aspekte des Interaktionsprozesses eingegangen wird: Aus letztlich anthropologischen Gründen können Menschen nur als Mitglieder sozialer Systeme leben und sind daher auf Interaktion angewiesen. Soziale Interaktion aber verlangt — das soll jedenfalls plausibel gemacht werden — subjektive Interpretation, und zwar nicht nur als entbehrliches ornamentales Füllsel in Prozessen kommunikativen Handelns, sondern als Bedingung ihrer Möglichkeit. Das Argument lautet wohlgemerkt nicht, daß subjektive Interpretationen im eigentlichen Sinne gar nicht als individuelle Leistung, sondern lediglich als Produkte eines sozialen Systems, die dem Individuum zur Verfügung gestellt werden, aufzufassen seien. Wie bereits zu zeigen versucht wurde, reichen diese zur Verfügung gestellten Interpretationen gerade *nicht* aus, um den Interaktionsprozeß zu erhalten, weil die divergierenden Interaktionsbeteiligungen und die soziale Biographie des einzelnen nie voll in ihnen ausgedrückt werden können. Tatsächlich kann das Individuum keine eigenen Interpretationen in die Interaktion einbringen, ohne die vorgegebenen sozialen Interpretationsmuster zu berücksichtigen. Dennoch muß es — wenn die Analyse zutrifft — ein Element zur Interpretation beisteuern, das nicht nur übernommen ist, sondern die ihm allein eigene Interaktionssituation aufarbeitet. Die soziale Interaktion stimuliert Subjektivität, liefert sie aber dem Individuum nicht gleichsam „vorgefertigt". Die Genese dieser Fähigkeit zur subjektiven Interpretation angebotener Situationsdefinitionen und Erwartungen muß mit Hilfe des bereits im frühkindlichen Sozialisationsprozeß auftretenden Erfordernisses, sich im sozialen System der Familie mit teilweise diskrepanten Anforderungen der Eltern auseinanderzusetzen, erklärt werden.

Im folgenden sollen nun die verschiedenen Probleme im Interaktionsprozeß betrachtet werden, die durch die provozierte subjektive Interpretation „gelöst" werden können. Zunächst also müssen die Beteiligten, falls sie Wert auf die Interaktion legen, einen Arbeitskonsens herstellen, der als Basis für den weiteren Ablauf der Interaktion dienen kann. Aber sowenig zu Beginn der Interaktion mit vollständig kongruenten Interpretationen zu rechnen war, sowenig kann der „working consensus" als volle Übereinstimmung verstanden werden. Im Verlauf der Interaktion werden im-

mer neue Informationen bekannt, die zur Revision des vorläufigen Arbeitskonsens führen. Sollte diese nicht möglich sein, wird der Fortgang des Interaktionsprozesses erneut bedroht. E. Goffman schildert umfassend die im täglichen Leben angewandten Techniken zur Sicherung und Aufrechterhaltung von Interaktionen (Goffman 1959; 1961 b; 1963 a; b). Aber selbst bei großer Voraussicht aller Interaktionspartner ist nicht zu erreichen, daß die Definitionen für Interaktionssituationen alle künftigen Wandlungen der Situation und alle vielleicht noch geäußerten Erwartungen bereits antizipieren. Darauf müssen die Interaktionspartner vorbereitet sein. Dies ist der erste Grund für einen Vorbehalt, den das Individuum um der Erhaltung von Interaktion willen gegenüber den Erwartungen der anderen leisten muß. Es kann sie nicht so übernehmen, als ob ihre Gültigkeit für alle Zukunft gesichert wäre. Die Offenheit der Situation muß sich daher in seinen Definitionen und Erwartungen widerspiegeln.
Ralph H. Turner unterstreicht dies besonders in seiner Darstellung des Meadschen „role-taking“:

"Interaction is always a tentative process, a process of continuously testing the conception one has of the role of the other. The response of the other serves to reinforce or to challenge this conception. The product of the testing process is the stabilization or the modification of one's own role. The idea of role-taking shifts emphasis away from the simple process of enacting a prescribed role to devising a performance on the basis of an imputed other-role. The actor is not the occupant of a position for which there is a neat set of rules — a culture or set of norms — but a person who must act in the perspective supplied in part by his realationship to others whose actions reflect roles that he must identify. Since the role of alter can only be inferred rather than directly known by ego, testing inferences about the role of alter is a continuing element in interaction. Hence the tentative character of the individual's own role definition and performance is never wholly suspended." (Turner 1962, S. 23)[5]

Die Offenheit des Interaktionsprozesses färbt darauf ab, als was die Beteiligten sich zu präsentieren vermögen. Sie müssen berücksichtigen, daß sich im Verlauf der Interaktion veränderte Erwartungen ergeben und daß ihre eigenen Antizipationen sich zum Teil als falsch herausstellen werden. Auch die Selbstdarstellung des Individuums in jedem Zeitpunkt eines Interaktionsprozesses muß folglich offen und revidierbar sein. Das bedeutet nicht, daß sie verschwommen oder unklar zu sein hat. Sie muß jedoch zum Ausdruck bringen, daß sie auch veränderten Verhältnissen angepaßt werden kann. Ist das Individuum nicht in der Lage zu zeigen, daß es auch

[5] Der Rollenbegriff weist in der Meadschen Tradition wesentliche Unterschiede zum kulturanthropologischen (R. Linton) und zum strukturell-funktionalen Rollenkonzept (T. Parsons) auf.

noch anderes sein und tun kann, als es im Augenblick ist und tut, wird für die Partner jede Interaktion sinnlos, die nicht nur den gegenwärtigen Zustand reproduzieren will.
Offenheit wird vom Individuum jedoch nicht nur im Hinblick auf den ungewissen Ablauf der einzelnen Interaktion verlangt, sondern auch angesichts der Notwendigkeit, das ganze Leben hindurch ständig von Interaktionssystem zu Interaktionssystem zu wechseln. Die immer wieder anderen Interaktionspartner und ihre Erwartungen erfordern stets neue Identitätskonstruktionen, die auf wieder andere zukünftige Entwicklungen vorbereitet sein müssen. Wer sich auf eine Identitätspräsentation verläßt, die eben noch zu erfolgreicher Interaktion verhalf, kann schnell enttäuscht werden, weil er verabsäumt, die neuen Erwartungen aufzunehmen.
A. Strauss zeigt, daß bei den „Identitätstransformationen", die das gesamte Leben durchziehen, die Individuen ihre jeweilige Identität nicht vollständig neu entwerfen (Strauss 1959). Zunächst negierte Erfahrungen aus früheren Interaktionen fließen schließlich doch in die neue Selbstdarstellung ein. Früher bewährte und neuübernommene Identitätszüge amalgamieren zu neuer Identität. Viele Identitätstransformationen werden durch institutionalisierte Vorkehrungen unterstützt: Schulen, Probezeiten, Beratungen und vieles mehr sollen helfen, die Erwartungen der anderen zu erkennen und zutreffend zu antizipieren. A. Strauss betont im Hinblick auf die das ganze Leben begleitenden Identitätstransformationen ebenso wie R. H. Turner für den einzelnen Interaktionsprozeß, daß Interaktionen und Identitäten als grundsätzlich offen begriffen werden müssen. A. Strauss vergleicht sein Konzept von Identitätstransformation mit anderen Vorstellungen von Persönlichkeitswandel. Er wirft diesen Auffassungen, die Persönlichkeitswandel als zielgerichtete Entwicklung oder als Variation über ein Grundthema ansehen, vor, daß sie „den offenen, versuchsweisen, exploratorischen, hypothetischen, problematischen, gewundenen, veränderlichen und nur teilweise einheitlichen Charakter menschlicher Handlungsabläufe" nicht erfassen (Strauss 1959, S. 91). Der offene und hypothetische Charakter von Identität wird hier wohlgemerkt nicht aus allgemeinen Betrachtungen über den ständigen Wandel der Welt im technologischen Zeitalter gefolgert, sondern er geht aus einer Analyse von Interaktion hervor, die als ein Prozeß gemeinsamer Bemühungen um die Explikation des Sinns, den die Interaktionspartner ihrem Auftreten und Handeln geben, verstanden wird.
In Anlehnung an G. H. Mead hebt A. Strauss besonders die Rolle der Sprache bei der Konstruktion und Revision von Identität hervor. Identitätstranformationen vollziehen sich im Medium wandlungsfähiger

Sprache, die neue Terminologien zur Verfügung stellt. A. Strauss' Beschreibung der Entwicklung von Begriffssystemen bei Kindern bietet das Muster für jegliche Identitätstransformation:

"When children begin to learn a classificatory terminology — say, distinctions having to do with numbers or money — their initial conceptions are crude and inaccurate; but since classifications are always related to other classifications, never standing in isolation, even a very young child's classifications cohere, hang together. As he 'advances', his earlier concepts are systematically superseded by increasingly complex ones. The earlier ones are necessary for the later; each advance depends upon the child's understanding a number of prerequisite notions. As the newer classifications are grasped, the old ones become revised or qualified, or even drop out entirely from memory. These changes in conceptual level involve, of course, changes in behavior, since behaving is not separate from classifying. Shifts in concept connote shifts in perceiving, remembering and valuing — in short, radical changes of action and person." (Strauss 1959, S. 91f.)[6]

Der Lebenslauf eines Individuums besteht also aus dem Erlernen immer neuer Klassifikationsregeln, die es erlauben, mit relevanten Bezugsgruppen zu kommunizieren und deren Erwartungen zu antizipieren. Einerseits ermöglichen die Klassifikationssysteme, da sie allgemein anerkannte Terminologien enthalten, die Übermittlung von Sinngehalten. Andererseits müssen sie, wenn sie in Prozessen kommunikativen Handelns hilfreich sein sollen, ebenso offen und exploratorisch wie die interagierenden Identitäten sein — sonst könnten sie nicht als Medium der Interaktion und der Konstitution von Identität dienen. Im Gegensatz zu den Zeichensystemen einer formalisierten Sprache erfüllt die Umgangssprache diese Bedingungen, denn ihre Symbole sind — wie schon früher erwähnt — nicht ein für allemal starr definiert. Zwar sind sie keineswegs leer, doch bieten sie Spielraum für die Interpretation. Dies hat zur Folge, daß die Umgangssprache einerseits in der Lage ist, Elemente einer veränderten Situation aufzunehmen, daß sie sich aber andererseits auch nicht voll mit dieser Situation deckt, sondern sie nur so weit widerspiegelt, wie die Sprechenden die Situation einzufangen vermochten oder die Terminologien nicht überfordert waren. So ist von den sich sprachlich Verständigenden verlangt, den situativen Sinngehalt der Umgangssprache von Interaktion zu Interaktion je neu und möglichst genau zu bestimmen. Zugleich aber haben sie zu berücksichtigen, daß die angewandten sprachlichen Klassifikationen nur einen Versuch darstellen, die Elemente dieses Interaktionsprozesses der Kommunikation zu erschließen.
Der Weg von Interaktion zu Interaktion ist nun keineswegs immer so problemlos, wie es nach der Darstellung der Identitätstransformation im

[6] Siehe auch Kapitel 1, „Language and Identity", S. 15—30.

Lebenslauf, die A. Strauss bietet, erscheinen mag. Seine Schilderung erweckt den Eindruck, daß das Individuum unter Entwicklung stets neuer adäquater Terminologien alle Situationen eines Lebenslaufes zu bewältigen vermag. Sprache versagt nur in bestimmten Übergangsphasen vor der Aufgabe, die Wirklichkeit wiederzugeben. Entfremdete und nicht integrierte Gruppen können sich ihre Erfahrungen in den alten Terminologien nicht mehr erklären und müssen sich daher neue Klassifikationsregeln und damit zugleich eine neue Interpretation der Welt schaffen. A. Strauss bestreitet nicht, daß die Sprachschöpfung des Individuums mißlingen kann. Er läßt jedoch außer acht, daß nicht nur in besonderen Fällen, sondern bei jedem Wechsel von Interaktionssituation zu Interaktionssituation die Regeln der Klassifikation eine Wirklichkeit zu erfassen sich bemühen, die sich grundsätzlich nicht vollständig einer sprachlichen Klassifikation unterwirft. Kategoriensysteme und Interpretationen des jeweiligen Interaktionsprozesses durch die Beteiligten decken sich nicht und werden — außer unter total repressiven oder pathologischen Verhältnissen — auch nicht voll zur Deckung gebracht werden können. Dabei ist in diesem Zusammenhang nicht wichtig, ob die Sprache die Wahrnehmung von Wirklichkeit determiniert oder vorgefundene Strukturen der Wirklichkeit abbildet oder ob beides in bestimmter Hinsicht zutrifft. Wesentlich ist hier, daß jede Situation zahlreiche widersprüchliche Elemente enthält, die nicht problemlos auf einen Nenner gebracht werden können und auch in „gelungenen" sprachlichen Klassifikationen niemals voll aufgehen.
Die widersprüchlichen Elemente, die sich in fast jeder Interaktionssituation nachweisen lassen, müssen auf strukturelle Eigenschaften des sozialen Systems, dem die Interaktionsbeteiligten angehören, zurückgeführt werden. Es ist ungenügend, diese Diskrepanzen aus dem Bestreben einzelner Individuen abzuleiten, sich aus Gründen subjektiver Beliebigkeit von anderen abheben zu wollen. Wenn der Versuch, subjektive Interpretationen als Antwort auf strukturelle Erfordernisse zu erklären, durchgehalten werden soll, ist vielmehr zu zeigen, daß sich jeder Interaktionspartner in dem sozialen System, dem er angehört, Normen anzueignen hat, die in Gegensatz zu denen treten, die andere zu übernehmen haben. Behauptet wird also, daß die widersprüchlichen Elemente in jeder Interaktionssituation als eine Widerspieglung der Divergenzen und Diskrepanzen zwischen den Normen, die an die verschiedenen Positionen des sozialen Systems geknüpft sind, aufzufassen sind. Warum treten Erwartungen in einem sozialen System zueinander in Gegensatz?
In jedem sozialen System können die Systemprobleme ihrem Umfang und ihrer Art nach nur gelöst werden, wenn die Ausführung der anstehenden Aufgaben auf eine Vielzahl von Positionen verteilt wird. Diese Po-

sitionen sind jeweils an bestimmten Stellen eines sozialen Beziehungsgeflechtes verankert, so daß bestimmte Positionen näher bei bestimmten anderen liegen und wieder andere ihnen ferner stehen. Dies äußert sich darin, daß die Inhaber einiger Positionen häufiger miteinander interagieren als mit Inhabern von Positionen aus einem anderen Aufgabenbereich. Von den verschiedenen Positionen aus eröffnet sich auch in unterschiedlicher Weise der Zugang zu den Gütern, die in einem sozialen System produziert und verteilt werden. Außerdem bieten sie verschieden günstige Chancen, konform mit den Werten, die in einem sozialen System oder in Teilgruppen dieses Systems hoch eingeschätzt werden, zu leben. Diese Verteilung von Aufgaben auf Positionen führt dazu, daß Normen, die für einen Positionsinhaber vorgeschrieben sind, für andere nicht gelten, daß sogar oft das in einer Position geforderte Verhalten in einer anderen verboten ist. Um gewisse Positionszusammenhänge herum bilden sich darüber hinaus Einstellungen und Interpretationsmuster aus, die in Widerspruch zu denen geraten können, die in anderen Gruppen von Positionen entstehen[7].
Wenn folglich die Inhaber verschiedener Positionen einander begegnen, werden die Beteiligten von jeweils für sie selbstverständlichen, aber von anderen nicht immer geteilten Erwartungen und Situationsdeutungen ausgehen. Hinzu kommt, daß von jeder Position aus andersartige Erfahrungen erschlossen werden, so daß im Verlauf eines Lebens, das durch bestimmte Abfolgen kombinierter Positionen im Familien-, Berufs- und Herrschaftssystem zu beschreiben ist, jedem besondere Definitionen der Realität vermittelt werden. Diese Erfahrungen bringt er in die aktuelle Interaktion ein, ebenso wie die anderen auf den ihren aufbauend sich präsentieren. Es scheint aus dieser Perspektive kaum vorstellbar, daß in einem sozialen System, selbst wenn höchster Zwang angewandt wird, volle Normenübereinstimmung aller garantiert werden könnte. Erreichbar scheint allenfalls, daß die Verschiedenheit oder gar Widersprüchlichkeit der Normen für verschiedene Positionen nicht aufgedeckt wird.
Aus dieser Perspektive reicht auch nicht aus, die Normendiskrepanz zwischen Interaktionspartnern mit einem Hinweis auf unzureichende Sozialisation zu erklären. Selbst die perfektesten Sozialisationsagenturen können nämlich ein Individuum nicht in der Weise auf bestimmte Interaktionssituationen vorbereiten, daß es nur auf früher gelernte Verhaltensregeln zurückzugreifen braucht. Wenn im gesamten sozialen System Diskrepanzen zwischen Interpretationen und Erwartungen die Regel sind, können nur allgemeine, nicht an bestimmte Situationen gebundene Fähigkei-

[7] R. M. Lepsius (1961) hat aus entsprechenden Überlegungen Ansätze zu einer Schichtungstheorie entwickelt.

ten dem Individuum helfen, zur Strukturierung der Interaktionssituation beizutragen.
Die Folgerungen für den Versuch des Individuums, Identität zu wahren, sind nicht schwer zu ziehen. Da die Erwartungen der verschiedenen Interaktionspartner und von Interaktionssituation zu Interaktionssituation im allgemeinen sich nicht decken, können auf die im Horizont dieser Erwartungen zu formulierenden Darstellungen, mit denen das Individuum sich in diesen Situationen jeweils präsentiert, nicht miteinander übereinstimmen. Will der einzelne dennoch Identität gegen den Erwartungsdruck aus den verschiedenen Interaktionssystemen behaupten, so muß er in der Lage sein, deutlich zu machen, daß er je nach Interaktion verschieden auftreten kann und daß seine Identität widersprüchliche, logisch oft nicht miteinander zu vereinbarende Elemente enthält. Diese Leistung, die die Struktur des Systems sozialer Beziehungen dem Individuum aufbürdet, bedeutet gleichzeitig die Chance, mit Hilfe der Diskrepanz zwischen Anforderungen und Selbstinterpretationen die Einmaligkeit und Unwiederholbarkeit seiner Identität zu manifestieren. Die Sprache, in der sich eine in dieser Weise charakterisierte Identität mitteilt, muß eine Sprache sein, die Inkompatibles in sich aufnehmen kann.
Aber belastet die Diskrepanz in den Selbstdarstellungen das Individuum tatsächlich? Man könnte einwenden, daß das dem Individuum hier unterstellte Streben nach Identität nur ein Postulat idealistischer Vorstellungen ist, die Harmonie beziehungsweise mögliche Harmonie der sozialen Verhältnisse unterstellen und daher auch vom Individuum verlangen, daß es diese Harmonie in seinem Leben abbilde. Das hier zu explizierende Identitätskonzept beruft sich jedoch nicht auf Ideale dieser Art. Dennoch ist zu fragen, ob das Individuum nicht darauf verzichten kann, angesichts unaufheblich diskrepanter Erwartungen Identität zu suchen.
Es scheint tatsächlich eine solche Möglichkeit zu geben. Die Diskrepanz zwischen vielen Erwartungen und die nahezu unmögliche gleichzeitige Übernahme in die Selbstpräsentation des Individuums fällt nämlich erst auf, wenn die verschiedenen Interaktionssysteme miteinander in Verbindung treten. Solange die Interaktionssysteme getrennt bleiben, könnte das Individuum versuchen, Unvereinbares durch Fragmentierung seines Lebens in verschiedene Bereiche nebeneinander bestehen zu lassen. G. H. Mead hat darauf hingewiesen, daß in vielen Fällen von mehreren „me"s — internalisierten Erwartungskomplexen — in einer Person gesprochen werden könne, weil der Betreffende an sehr verschiedenen Interaktionssystemen teilnimmt. G. H. Mead hält die Einheit des Selbst nur in dem Maße für möglich, in dem von einer Einheit des sozialen Prozesses, in den das Individuum eingegliedert ist, gesprochen werden kann.

"The structure of the complete self is thus a reflection of the complete social process ... The phenomenon of dissociation of personality is caused by a breaking up of the complete selves of which it is composes, and which respectively correspond to different aspects of the social process in which the person is involved, and within which his complete or unitary self has arisen; these aspects being the different social groups to which he belongs within that process." (Mead 1934, S. 144)

Es ist hinlänglich deutlich geworden, daß der soziale Prozeß, von der Beteiligung des Individuums her gesehen, nicht als Einheit erscheinen kann. Er zerfällt in sehr unterschiedliche Interaktionssituationen; er ist ein offener Prozeß, der von Menschen mit verschiedenen Biographien und entsprechend unterschiedlichen Interpretationen der einzelnen Situation getragen wird. Aus demselben Grund ist nicht zu erwarten, daß die Identität, die ein Individuum aufrechterhalten möchte, aus der Einheitlichkeit der Erwartungen an sein Handeln während des gesamten Verlaufs seines Lebens abzuleiten ist. Dies gilt sowohl für Gesellschaften, in denen das Individuum gezwungen ist, sich in Interaktionen sehr weitgehend den Erwartungen anderer zu unterwerfen, als auch für Gesellschaften, die in weit höherem Maße freistellen, bestimmte Erwartungen zu übernehmen oder sich ihnen zu verweigern, weil dann die Interaktionen eher sogar noch vielfältiger gestaltet sein werden.
Daraus könnte gefolgert werden, daß die Menschen grundsätzlich in gewissem Maße zu Persönlichkeitsspaltungen verurteilt sind, da sie an verschiedenartigen Interaktionssystemen nacheinander und nebeneinander teilnehmen müssen. Zumindest hat es den Anschein, als ob die Spaltung der Persönlichkeit beziehungsweise die Verdrängung der doch mit der Gegenwart nicht in Übereinstimmung zu bringenden Vergangenheit in einer Welt divergierender Normsysteme Interaktion erleichtern würde. Denn das Individuum wäre dann weder durch seine Vergangenheit noch durch seine gleichzeitig bestehende Zugehörigkeit zu mehreren Interaktionssystemen mit möglicherweise gegensätzlichen Anforderungen daran gehindert, sich auf die Erwartungen der im Augenblick relevanten Interaktionspartner einzustellen.
Tatsächlich mag Verzicht auf Identität unter bestimmten, in höchstem Maße repressiven gesellschaftlichen Verhältnissen der allein mögliche Ausweg sein, weil nur der Verzicht auf Protest gegen die Widersprüche physisches Überleben sichert. Aber auch wenn kein extremer Zwang herrscht, bietet das soziale System im Interesse seines möglichst reibungslosen Funktionierens dem Individuum zahlreiche Hilfen, die es erleichtern, die verschiedenen Interaktionsbereiche gegeneinander abzuschirmen. Es gilt jedoch zu zeigen, daß weder Persönlichkeitsspaltung noch Unterdrückung vergangener Selbstinterpretationen dem Fortgang von Interaktion nützt.

Dafür gibt es mehrere Gründe. Die nur auf die jeweils aktuelle Interaktion bezogene und nur im Rahmen ihrer Erwartungen etablierte Identität ist unsicher, da sie jederzeit durch Informationen aus anderen Interaktionsprozessen diskreditiert werden kann, in denen das Individuum sich folgerichtig anders, nämlich ausschließlich auf die dort relevanten Erwartungen eingestellt, präsentiert. Der einzelne tut gut daran, doch mit einem Austausch von Informationen zwischen den verschiedenen Interaktionssystemen zu rechnen. Er dürfte daher sich und den Interaktionsprozeß am besten vor Schwierigkeiten schützen, wenn er von vornherein zu erkennen gibt, wer er in anderen Interaktionssystemen ist und war. Damit sind die Interaktionspartner in der Lage, umfassender ihr Gegenüber einzuschätzen. Erwartungen und Antizipationen werden für alle Beteiligten erleichtert.

Aber es ist nicht nur eine Frage geschickter Interaktionstaktik, beim Aufbau einer Identität in der aktuellen Situation nach Möglichkeit Elemente aus anderen vergangenen oder weiterbestehenden Interaktionssystemen zu berücksichtigen. In Übereinstimmung mit A. Strauss ist davon auszugehen, daß die früheren Interpretationen von Identitäten, Ereignissen, Handlungen und Objekten nicht verlorengehen, sondern in neue Klassifikationssysteme aufgenommen werden (Strauss 1959, S. 91 ff.). Ebenso ist zu unterstellen, daß die Beteiligung an anderen Interaktionssystemen auch den Interpretationsspielraum im aktuellen Interaktionsprozeß beeinflußt. Folglich würde der Versuch, sich in der Handlungsorientierung ausschließlich auf den gegenwärtigen Prozeß zu beschränken, die Chancen zum Verständnis dessen, was in dieser Interaktion selbst vorgeht, vermindern, denn für alle Beteiligten ist die Situation in je besonderer Weise mit dem Lebenslauf und mit anderen Interaktionsbeziehungen verknüpft. Es dient dem für die Interaktion nötigen Arbeitskonsens, wenn Elemente, die über die individuelle Sprache und Art der Wahrnehmung von Erwartungen doch in die Interpretation einfließen, möglichst umfassend von vornherein expliziert werden. Das bedeutet nicht, daß alle möglicherweise relevanten Erfahrungen verbal ausgeführt werden müssen. E. Goffman und G. P. Stone haben darauf hingewiesen, daß es zahllose Möglichkeiten gibt, im Auftreten transparent zu machen, wer man außerhalb der augenblicklichen Interaktion auch noch ist und war[8].

Da es folglich für das Individuum ratsam und für die Interaktion förderlich ist, vergangene und weiterbestehende Beteiligungen an anderen Interaktionen im Augenblick mit zum Ausdruck zu bringen, sieht sich der einzelne also vor das Problem gestellt, mehr oder weniger unvereinbare

---

[8] E. Goffman vor allem in 1959; Stone 1962.

Darstellungen seiner selbst gleichzeitig zu präsentieren. Indem er sich seine Handlungen in den verschiedensten Bereichen und Lebensphasen zurechnet, stellt er Konsistenz und Kontinuität her. Beides ist nicht aus dem bisherigen Verhalten so eindeutig ablesbar, daß es unter Interaktionspartnern darüber keine Mißverständnisse geben könnte. Konsistenz und Kontinuität beruhen vielmehr auf erklärenden Deutungen des Individuums, die seine Partner akzeptieren oder zurückweisen können.

An Biographien ist dies besonders gut zu zeigen. Jede Biographie ist eine Konstruktion aus Ereignissen, an die das Individuum sich erinnert und an die es durch Personen und Dinge erinnert wird. Ihr Fundament ist die gegenwärtige Interaktion, von der aus das Individuum diese Ereignisse beurteilt:

"Each person's account of his life, as he writes or thinks about it, is a symbolic ordering of events. The sense that you make of your own life rests upon what concepts, what interpretations, you bring to bear upon the multitudinous and disorderly crowd of past acts. If your interpretations are convincing to yourself, if you trust your terminology, then there is some kind of continuous meaning assigned to your life as-a-whole. Different motives may be seen to have driven you at different periods, but the overriding purpose of your life may yet seem to retain a certain unity and coherence." (Strauss 1959, S. 145)[9]

Eine Biographie wird dann die Beteiligung der Person an der gegenwärtigen Interaktion unterstützen, wenn sie vergangene Ereignisse, die ohne erklärende Interpretation das Individuum bei seinen augenblicklichen Partnern diskreditieren könnten, in einer Weise integriert, die sie als nicht störend, ja vielleicht sogar als nützlich für die Interaktion erscheinen läßt. Verlangt ist also interpretatorische Kraft (die nicht mit der Fähigkeit zu bewußter Verfälschung gleichzusetzen ist). Aber sogar wenn gewisse Phasen des Lebenslaufes überhaupt nicht zu integrieren sind, wird es die Interaktion vor unliebsamen Zwischenfällen bewahren und den Horizont der in ihr zu antizipierenden Erwartungen klarer abgrenzen, wenn das Individuum diese Bereiche seines Handelns nicht vor anderen verbirgt und auch für sich nicht verdrängt, sondern sich zurechnet, und sei es als „Jugendsünde", „menschliches Versagen" oder einfach als heute unverständliches Ereignis. Welche Strategie das Individuum im einzelnen wählt, hängt von der Struktur des jeweiligen Interaktionsprozesses ab. Sie bestimmt die Form, in der ein vergangenes Ereignis plausibel gemacht werden kann, weil die Interpretation der Übersetzung bedarf, um die Anerkennung der Partner zu erlangen.

Gerade an den nicht-integrierbaren Fällen wird deutlich, daß das Indivi-

---

[9] Vgl. auch Berger 1963, S. 64 ff.

duum viele vergangene Handlungen zwar in seine Biographie aufnimmt, sich aber nicht voll mit ihnen identifiziert. Es braucht Spielraum für Umdeutungen. Ein vergangenes Ereignis wird einmal als Argument dafür benutzt, daß das Individuum tatsächlich nur so handeln kann, wie es jetzt auftritt; ein anderes Mal aber wird dasselbe Ereignis als unwesentlich abgetan, um die Interaktion mit dem Gegenüber zu sichern. Zwischen diesen Selbstinterpretationen eine Balance zu halten und dem Interaktionspartner verständlich zu machen, ist das schwierigste Problem des Individuums. Es schließt ein, daß sich das Individuum bedrückenden Ereignissen stellen muß. Sich nicht mehr erklären zu können, wie etwas geschehen konnte, ist unangenehm, weil die Unmöglichkeit, Entscheidungsprozesse zu rekonstruieren, an der Überlegtheit des eigenen Handelns überhaupt zweifeln läßt. Die Interaktionspartner wiederum könnte ein ambivalenter Lebenslauf mißtrauisch stimmen. Sie müssen somit überzeugt werden, daß ihr Gegenüber diesen Ablauf von Ereignissen zwar nicht konsequent erklären kann, aber doch verantwortlich anerkennt und ihnen damit die Einschätzung der Situation erleichtert. Letztlich wird also von allen an Interaktion Beteiligten verlangt, ein gewisses Maß an Ungewißheit und Belastung durch ambivalente Selbstpräsentationen zu tolerieren, denn die angebotene Kontinuität und Konsistenz erweist sich am Ende doch stets als eine Behauptung, die bestenfalls überzeugt, aber grundsätzlich immer anfechtbar ist.

Was verlangt wird, mutet widersprüchlich an: In der Identität, in der es sich darstellt, muß das Individuum auf der einen Seite möglichst viel Information über seine vergangenen oder anderweitig eingenommenen Positionen bieten und auf der anderen Seite zugleich ausdrücken, daß all das es nicht hindern wird, in zukünftigen Interaktionen in wiederum veränderter Weise aufzutreten. Es muß also gleichzeitig die Wichtigkeit und die Unwichtigkeit dieser Informationen ausgedrückt werden. Das Individuum muß, um seine Identität und seine Beteiligung an Interaktionen zu sichern, in gewisser Hinsicht balancieren. Es kann sich nur behaupten, wenn es gerade die labilste Position einnimmt. Sich zu spalten, Teile seines Lebens zu verleugnen, scheint viel einfacher. Aber das trügt; statt Konflikte zu lösen, zerstört ein solches Verhalten letztlich die Beteiligung an Interaktion. Die Balance ist riskant, aber ein anderer Weg ist nicht möglich.

Sicherlich gibt es Fälle, in denen das Individuum Informationen über sich selbst gerade nicht preisgeben darf, weil die anderen diese zum Anlaß nehmen würden, es aus allen Handlungszusammenhängen auszuschließen oder — wie im Fall des Konzentrationslagers — sogar zu vernichten. Wahrt das Individuum, das angesichts einer derartigen Situation möglichst alle Informationen über sich zurückhält, nicht auch Identität, indem es durch Verweigerung aller Aussagen wenigstens sein Überleben sichert? So verständlich das Schweigen des Individuums ist: Identität im dargestellten Sinne kann das Individuum in Situationen nicht aufrechterhalten, in denen ihm verwehrt ist, interpretativ zwischen sich und angesonnenen Erwartungen eine Distanz herzustellen, die ihm eigene Intentionen zu verdeutlichen erlaubt. Vielmehr soll das Individuum mit Machtmitteln gerade zur Preisgabe aller Identitätsansprüche gezwungen werden. Es soll damit zugleich aufgeben, die Situation durch die Äußerung eigener Erwartungen zu beeinflussen.

Dennoch ist dieses Schweigen über alle eigenen Erwartungen in extrem repressiven Situationen vom Verhalten desjenigen zu unterscheiden, der, um der scheinbaren Erleichterung einer gerade ablaufenden Interaktion willen, Aussagen über sich zurückhält, auch wenn die Struktur der Interaktion ihm die Möglichkeit dazu eröffnete. Hier würde die Interaktion durch klarere Angaben über die Intentionen der Beteiligten erleichtert, weil alle darauf angewiesen sind, sich entgegenzukommen, um den jedem der Beteiligten grundsätzlich möglichen Interaktionsabbruch zu vermeiden. Unter diesen Voraussetzungen schadet die unzulängliche Präsentation der Identität dem Fortgang der Interaktion. Im anderen Fall aber findet — jedenfalls bei dem extremen Beispiel der Verhältnisse zwischen KZ-Wächter und Häftling — überhaupt keine Interaktion statt. Es fehlt die strukturelle Voraussetzung, Identität zu zeigen. Dennoch ist der Identitätsverzicht in dieser Situation eine bewußte Strategie. Das Individuum unterläßt eine Anstrengung, die ihm nur Nachteile einbringen würde. Mehr noch: Es ist darauf bedacht, jegliche Überbleibsel früherer Identitätsbemühungen in Verhalten und Sprache zu verbergen, weil sie ihm als Protest gegen die jetzige Situation angerechnet werden könnten. Daher weist die Strategie, „niemand“ sein zu wollen, immer noch auf den Anspruch hin, in Situationen minderer Repressivität wieder als jemand, der Identität behaupten will, aufzutreten[10]. Es ist auch darauf hinzuweisen, daß dieses Verhalten des Individuums ebenfalls jene Fähigkeiten der Rollendistanz und Ambiguitätstoleranz verlangt, die — wie noch zu belegen sein wird — auch Voraussetzung für die Wahrung der Identität sind.

Allerdings scheint es notwendig, von der Informationsverweigerung, die angesichts der Struktur repressiver Verhältnisse geplant und auf ihre Wirksamkeit hin geprüft wurde, ein Unterlassen von Mitteilungen zu unterscheiden, daß das Individuum aufgegeben hat, mehr als ein „Ding“ zu sein. Nur die überlegte Strategie des Zurückhaltens von Informationen

[10] Vgl. auch M. Horkheimer und Th. W. Adorno in der „Dialektik der Aufklärung“. Odysseus gibt sich gegenüber Polyphem den Namen „Niemand“, um seine Identität zu retten (Horkheimer/Adorno 1944, S. 50—87).

weist über den Zustand untersagter Identitätsbehauptung hinaus auf Verhältnisse, in denen das Individuum wieder zeigen kann, wer es ist. Zwar wird eine Identität nicht positiv dargestellt, denn das Individuum kann nicht zu erkennen geben, daß es sich als der und der versteht. Jedoch bekundet das Schweigen über sich selbst — fast wie die Negativkopie eines Bildes —, daß dieses malträtierte und niedergeworfene Individuum sich immer noch daran klammert, ein anderer sein zu können als diese Situation zu zeigen erlaubt. Es ist ein Schweigen, das diese Situation transzendiert; es ist nicht stumm wie das Schweigen dessen, der nur noch ein Ding ist, das herumgestoßen wird. Anhand von Berichten über die Verhältnisse in Konzentrationslagern müßte überprüft werden können, ob die Unterscheidung zwischen geplanter Informationsverweigerung und völliger Zerstörung menschlicher Selbstbehauptung auch im äußeren Verhalten sichtbar wurde (und dort, wo die Wächter die Verweigerungsstrategie bemerkten, Anlaß zu besonderen Schikanen gab).

Nun scheint es auch noch andere Situationen zu geben, in denen es offenbar geboten ist, mit Informationen über sich selbst sehr zurückhaltend zu sein. E. Goffman (1963 a) schildert Vorsichtsmaßregeln, die „diskreditierbare" Personen, also zum Beispiel ehemalige Strafgefangene, Prostituierte oder Patienten von Nervenkliniken, in sozialen Beziehungen zu beachten haben, damit ihr Interaktionsnetz nicht dadurch zusammenbricht, daß die „Wahrheit" über sie bekannt wird. Aber auch den Mitarbeitern von Bürokratien ist auferlegt, in der Erfüllung ihrer Aufgaben jeglichen Anschein persönlicher Beteiligtheit zu vermeiden. Sehr strikte Vorschriften sollen ausschließen, daß es Kollisionen zwischen der amtlichen Tätigkeit und privaten Verpflichtungen gibt.

Beide Beispiele weisen ebenfalls auf soziale Strukturen hin, die den Individuen die Behauptung einer Identität sehr erschweren, vielleicht sogar unmöglich machen. Freilich liegen die Gründe in verschiedener Richtung. Während im Falle der diskreditierbaren Personen Handlungen oder Eigenschaften vorliegen, die den allgemeinen Vorstellungen über eine im Grunde „gute" und „lebenswerte" Welt widersprechen und daher abgelehnt werden, wird im Falle der Bürokratien der Identitätsverzicht als Bedingung rationaler Verwaltung betrachtet. Inwieweit von Menschen erwartet werden kann, sich auch unter widrigen Umständen einen Anspruch auf Identität nicht völlig abhandeln zu lassen, hängt von dem Spielraum ab, der für subjektive Interpretation unter den gegebenen Verhältnissen überhaupt vorhanden ist. Irgendwann wird der Vorbestrafte seiner Verlobten über seinen früheren Gefängnisaufenthalt etwas sagen müssen. Er wird es jedoch erst dann versuchen, wenn eine Basis gegenseitigen Vertrauens vorhanden ist, die eine derartige Mitteilung erträgt und nicht zerbrochen ist, ehe erklärt werden konnte, was das vergangene Ereignis jetzt bedeutet. Diese Zurückhaltung in der Informationsweitergabe soll sicherstellen, daß das diskreditierende Ereignis in Situationen nicht eingeführt wird, in denen es die Interaktion nur zerstören würde. Die Informationskontrolle dient somit der Wahrung eines Anspruchs auf Identität, wenngleich das Individuum seine Identität nicht offenbaren kann. Sie bleibt gleichsam unter der Oberfläche, beeinflußt aber dennoch die Handlungsstrategien des Individuums. Es gibt erst dann seinen Anspruch auf Identität auf, wenn es durch sein Verhalten die mögliche Präsentation dessen, was es ist und war, selbst verhindert. Zu zweifeln ist an der Identität des Vorsitzenden eines Disziplinargerichtes, der Beamte unnachgiebig wegen „moralischer Fehltritte" verfolgt, obwohl er selbst gegen dieselben moralischen Vorschriften verstößt. Dagegen könnte das Schweigen desjenigen, der still dabeisitzt, wenn die anderen Handlungen verurteilen, die auch er beging, bedeuten, daß er versucht, sich die Darstellung eigener Identität noch offenzuhalten. Es gibt eine Reihe von Möglichkeiten, auch in Situationen, in denen es sehr schwierig oder gar nicht erlaubt ist, sich hinreichend zu präsentieren, wenigstens noch anzuzeigen, daß man nicht voll aus seinem Verhalten in dieser Situation erkannt werden kann. In bürokratischen Institutionen kann zum Beispiel ein offen zur Schau getragenes „geschäftsmäßiges Gebahren" ein deutliches Zeichen dafür sein, daß man den Fall selbstverständlich anders behandeln würde, wenn er von Mensch zu Mensch gelöst werden dürfte. Aus dieser Sicht kann „instrumentelles Rollenhandeln", das eigentlich die Preisgabe eines Identitätsanspruches bekundet, dennoch zum Identitätssignal werden, dann nämlich, wenn der Rückzug der Person aus der Rolle demonstrativ eingesetzt wird.

Darüber hinaus allerdings fragt es sich, ob die bürokratischen Institutionen tatsächlich ohne Identitätsleistungen ihrer Angehörigen auskommen. Eine genauere Untersuchung könnte ergeben, daß Bürokratien — entgegen ihren eigenen Überzeugungen von der Effektivität der Reduktion ihrer Mitglieder auf „selbstlose", ausführende Organe, die spezifisch definierte Aufgaben nach universell anwendbaren Kriterien durchführen — gerade dadurch funktionsfähig erhalten werden, daß die Mitglieder der Bürokratie ständig Arbeitskonsens und Konfliktbefriedung untereinander und mit der Außenwelt aufgrund außerbürokratischer Mittel herbeiführen. Es sind Identitätsleistungen, die die den Arbeitsablauf gefährdenden Spannungen überbrücken. Erst die Mitteilung des Steuerinspektors: „Ich verstehe Sie ja völlig, aber . . ." macht dem über seinen Steuerbescheid Zornigen klar, daß er besser daran tut, die getroffene Verfügung anzuerkennen. Dieser Steuerinspektor wird seiner Behörde desto mehr Anfechtungen und Prozesse, die Arbeitskraft und Kosten verursachen, ersparen, je besser er seinem Gegenüber von „Mann zu Mann" verdeutlichen kann, wie die Entscheidungen zustande gekommen sind. Dabei nützt im übrigen auf die Dauer auch nicht, dem anderen in nur scheinbarem Mitgefühl die Begründung der amtlichen Entscheidung unrichtig darzustellen. Die Klienten, Geschäftspartner oder Bittsteller wissen sehr bald, wo man nur schöne Worte macht. Es hat noch nie lange gedauert, bis der Wohnungssuchende trotz seiner Verzweiflung den „verständnisvollen" Worten der Makler keinen Glauben mehr schenkte.

Daß die Identität des Individuums eine über den aktuellen Interaktionsprozeß hinausreichende Orientierung voraussetzt, muß noch unter einem weiteren Gesichtspunkt gesehen werden. Eine Selbstdarstellung, die nicht nur die im Augenblick an sie herangetragenen Erwartungen berücksichtigt, sondern auch Erwartungen aus anderen Interaktionszusammenhängen, ist immer in gewisser Hinsicht an den gerade ablaufenden Interaktionsprozeß fehlangepaßt. Je nachdem, wie weit die Erwartungen der derzeitigen Interaktionspartner von denjenigen abweichen, denen das Individuum in anderen Interaktionen entspricht, wird die Identität auch zu Aussagen führen müssen, die den jetzigen Erwartungen widersprechen. Eine Selbstdarstellung, die die Identität eines Individuums wahren soll, wird also im Regelfall nicht nur offen sein und in sich Widersprüche aushalten müssen, sondern wird auch teilweise im Gegensatz zu der Interaktion stehen, in der sie gerade formuliert wird.

Den Eindruck, den das Individuum in seinen Anstrengungen, Identität zu behaupten, vermittelt, ist der eines ständig jonglierenden und balancierenden Artisten, eines Schauspielers, der in einem Augenblick das gesamte Geschehen auf der Bühne beherrscht und sich dann leise wieder davonstiehlt, eines geschickten Händlers, der seine Verträge mit Vorbehaltsklauseln in jeder Hinsicht absichert und dann doch alles auf eine Karte setzt, fast eines Scharlatans, der sich in seinen vieldeutigen Äußerungen letztlich auf nichts festlegen läßt. Noch einmal sei wiederholt, was von einem Individuum, das sich an Interaktionen erfolgreich beteiligen will, verlangt wird: Es soll divergierende Erwartungen in seinem Auftreten berücksichtigen und dennoch Konsistenz und Kontinuität behaupten. Es soll einem vorläufigen Konsens über Interpretation der Situation zustimmen, aber seine Vorbehalte gleichfalls deutlich machen. Es soll sich um gemeinsame eindeutige Handlungsorientierung durch identifizierbare Präsentation seiner eigenen Erwartungen bemühen und zugleich anzeigen, daß vollständige Übereinstimmung gar nicht denkbar ist. Es soll sich an der jeweiligen Interaktion beteiligen, aber in seiner Mitwirkung zugleich zum Ausdruck bringen, daß es auch an anderen partizipiert. Es soll als Interaktionspartner zuverlässig erscheinen und zugleich sichtbar machen, daß es auch anders handeln kann, anders schon gehandelt hat und anders auch wieder handeln wird. Dies alles soll Platz in der Identität finden, mit der das Individuum an Interaktionen teilnimmt und die es für jede Interaktion neu formuliert.

Wozu dieser Aufwand? Woher die Kraft, dies alles durchzuhalten? All diese Anstrengungen nimmt das Individuum nicht aus überschäumender Vitalität oder einer Art Drang nach immer wieder neuer Selbstdarstellung auf sich. Das Individuum ist vielmehr gezwungen, sich in dieser Weise zu verhalten, um sich überhaupt die Beteiligung an Interaktionsprozessen und über sie die Teilhabe an den Gütern und Werten seiner sozialen Umwelt zu sichern. Die Mitwirkung in Interaktionen verlangt, daß Identität in dieser komplexen, innere Widersprüche tolerierenden Weise dargeboten wird. Ein Individuum, das seine eigene Perspektive nicht in Interaktionen einbringen kann und sich nur an den Erwartungen der anderen orientiert, fällt als Partner für seine Gegenüber aus, weil es ihnen keinen neuen Blick auf ein Problem, keine Lösung für einen Konflikt, keine Bestätigung ihrer eigenen Identität, auf die sie angewiesen sind, zu bieten hat. Das Individuum ist als Interaktionspartner auch nicht attraktiv, wenn es sich nicht den Diskrepanzen stellt, die zwischen den Erwartungen der verschiedenen Beteiligten an der augenblicklichen, an vergangenen und anderweitig aufrechterhaltenen Interaktionen bestehen. Entweder klärt es durch Interpretation für die anderen erkenntlich, wie es sich ihnen gegenüber verhält, oder es verzichtet auf eine Auseinandersetzung und wird damit mangels eigener Position und eigener Interpretationsschemata im Geflecht der Interaktionen unkenntlich, beziehungsweise es zerbricht in der Interaktion mit anderen an den unaufgeklärten Gegensätzen der Erwartungen, denen es sämtlich zu entsprechen sucht. Das Individuum ist in Gefahr, den Anschluß an die sich fortentwickelnde Interaktion überhaupt zu verlieren, wenn es den jeweils vorläufigen Konsens für eine tatsächliche Übereinstimmung, wenn es sich derzeit anbietende Interpretationen für wahre Beschreibungen der Verhältnisse und gerade relevante Erwartungen für die der Handlungsorientierung wirklich gesteckten Grenzen hält.

Von einer anderen Seite betrachtet: Das Individuum würde keine balancierende Identität benötigen, wenn es sich mit anderen nur zu Handlungen träfe, in denen es einen in nichts zweifelhaften und unter den Beteiligten in keiner Hinsicht umstrittenen normativen Rahmen gibt und die Situation als völlig isoliert gegenüber Einflüssen von außen angesehen werden kann. Keine Erfahrungen und keine Rücksichtnahmen müßten dann das Auftreten der Handelnden modifizieren. Da in diesem System nichts ungewiß sein soll, kann es allerdings auch nicht den Zweck haben, irgend

etwas Neues herbeizuführen, sondern darf nur der Reproduktion bereits bekannter Verhältnisse dienen. Ein Fahrkartenkauf am Bahnhofsschalter ist ein gutes Beispiel für Handlungszusammenhänge, die nicht Interaktionen genannt werden und die ohne balancierende Identitätsartikulationen durchaus „erfolgreich" ablaufen können. Die Gemeinsamkeit des Handelns besteht hier im allgemeinen nur in einer äußerlichen Reziprozität von verbalen Äußerungen und Handreichungen. In jenen Interaktionen jedoch, in denen komplementär und kommunikativ gehandelt wird, um irgendein Problem zu verfolgen, eine Frage zu klären oder eine Unstimmigkeit zu erläutern, gibt es keine ausreichende Handlungsorientierung ohne eigenen Beitrag der Beteiligten. Dieser muß mindestens klären, welche Stellung gegenüber den vorgegebenen Normen und gegenseitigen Erwartungen mit ihrer Unvollständigkeit und mangelhaften Übereinstimmung eingenommen wird. Vielleicht wird aber sogar das Problem aufgrund der besonderen Erfahrungen des Individuums völlig umdefiniert. An Interaktionen dieser Art kann niemand mitwirken, der nicht über ein Mindestmaß an Fähigkeit zu kreativer Interpretation der Situation und seiner selbst verfügt. Die Kreativität, die hier verlangt wird, ist ebenso wie die Identitätsbalance selber kein Ideal, dem der einzelne nach Belieben nacheifern mag, falls er sich angesprochen fühlt, sondern ein Postulat, das aus der unverzichtbaren Beteiligung an Interaktionen abzuleiten ist. Die geschilderte balancierende Identität gewinnt somit ihre Kraft nicht aus biologischen Anlagen oder aus Sehnsüchten nach einer heilen Welt, sondern aus der Nichtübereinstimmung der Erwartungen, der Diskrepanz von Normen und der Offenheit von Interaktionsprozessen.
Dieser Gedankengang knüpft an das bereits erwähnte Zusammenspiel von „I" und „me" bei G. H. Mead an. „I" und „me" sind in seinem Begriffssystem Elemente des Selbst. G. H. Mead nennt das Selbst, insofern es die Einstellungen und Verhaltensweisen der anderen widerspiegelt, „me", und stellt dem „me" das „I" gegenüber. Als „I" bezeichnet er das Selbst, insofern es spontanes und kreatives Subjekt ist:

> "The 'I' is the response of the organism to the attitudes of the others; the 'me' is the organized set of attitudes of others which one himself assumes. The attitudes of the others constitute the organized 'me', and then one reacts toward that as an 'I' ... It is the presence of those organized sets of attitudes that constitutes that 'me' to which he as an 'I' is responding. But what that response will be he does not know and nobody else knows ... The response to that situation as it appears in his immediate experience is uncertain, and it is that which constitutes the 'I'." (Mead 1934, S. 175)

G. H. Mead versteht die Unvorhersehbarkeit der Reaktion des „I" nicht im Sinne von Zufälligkeit. Obwohl das „I" immer etwas von dem Verschiedenes ist, was die Situation als Antwort verlangt, entspricht dem „me" doch eine bestimmte Art von „I". Zwar stellt G. H. Mead dar, daß in manchen Fällen der Beitrag des „I" zum Verhalten größer als der des „me" und in anderen Fällen der des „me" größer als der des „I" ist. Er will das aber nicht so verstanden wissen, als ob das „I" sich gegen das „me" durchsetzen muß, sondern ist der Auffassung, daß das „me" gerade die besonderen Möglichkeiten eröffnet, sich als „I" auszudrücken. Dies wird in seiner Verwendung des Begriffs der Institution deutlich, den er auch auf Strukturen der Person überträgt:

"An institution is ... nothing but an organization of attitudes which we all carry in us, the organized attitudes of the others that control and determine conduct. Now, this institutionalized individual is, or should be, the means by which the individual expresses himself in his own way." (Mead 1934, S. 211)

G. H. Meads Beispiel: Am brillantesten ist der Baseball-Spieler, der so spielt, wie es die anderen Mitglieder seiner Mannschaft erwarten. Durch das „me" wird das Individuum Mitglied einer Gruppe oder einer Gesellschaft. Durch das „I" gibt es mit den konventionellen Mitteln, die seine Gruppe oder Gesellschaft anbieten, zu erkennen, daß es eine eigene, einmalige Identität aufrechtzuerhalten versucht. Das „me", die Erwartungen der anderen, erlegt also einerseits dem „I" Einschränkungen auf, andererseits gibt es jedoch für das „I" keinen anderen Weg als über dieses „me", um sich in seiner Besonderheit verständlich zu machen. G. H. Mead räumt ein, daß die Antwort des „I" Anpassung einschließe. Dadurch aber, daß das „I" stets auch ein neues Moment in die Interaktion trägt, verändert es zugleich den gesamten Prozeß, da sein Beitrag zu dem Material zählt, das über „role-taking" ins „me" der anderen aufgenommen wird.
Die jeweils neu zu entwerfende Struktur, in die — nach der Terminologie G. H. Meads — das „I" durch interpretierende Organisation die „me"s bringt, wird hier als Identität bezeichnet. Sie ist die kreative Antwort des Individuums auf angesonnene Erwartungen.
Der Begriff der Identität tritt bei G. H. Mead nicht auf. Trotz mancher Ähnlichkeit entspricht er nicht voll seinem „Selbst", weil dieses auch zu existieren vermag, ohne daß es dem „I" gelingt, die „me"s für eine Interaktion so zu artikulieren, daß die Biographie des Individuums und seine Engagements sichtbar werden. Dies aber ist Voraussetzung für eine Identität im hier vorgetragenen Sinne.
Was bislang über Selbstdarstellungen und Identität ausgeführt wurde, könnte so verstanden werden, als ob es nur die kognitive Ebene beträfe: es ist vor allem von Präsentation und Wahrnehmung, von Antizipation und Orientierung gesprochen worden. Bereits aus den gewählten Beispie-

len dürfte jedoch deutlich geworden sein, daß in dem hier vorgetragenen Konzept der Identität auch Raum für die motivationale Seite des Handelns sein muß.
Für die Darstellung des Zusammenhangs von Identität und Handlungsmotivationen können Erörterungen von N. N. Foote, der an die Meadschen interaktionistischen Ansätze anknüpft, herangezogen werden. N. N. Foote weist zunächst darauf hin, daß das Individuum sich identifizieren und die Identifikation anderer ratifizieren muß:

"We mean by identification appropriation of and commitment to a particular identity or series of identities. As a process, it proceeds by naming; its products are everevolving self-conceptions — with the emphasis on the con —, that is, upon ratification by significant others." (Foote 1951, S. 17)

N. N. Foote erinnert an G. H. Meads Baseballbeispiel. Er betont, daß diese Spieler sich erst dann sinnvoll zueinander verhalten, wenn sie sich gegenseitig in ihrer „besonderen Identität" als Baseballspieler anerkennen. Erst dann nämlich erhalten Handlungen Bedeutungen, und erst dann gibt es Motive, sie auszuführen. Bevor sich die Interaktionspartner über die Situation und die in ihr ihnen möglichen Rollen verständigt haben, ist ihnen kommunikatives und intentionales Handeln nicht möglich. Es ist zum Beispiel vorstellbar, daß die Baseballspieler in einer Situation zusammentreffen, die sie veranlaßt, einander als Mitglieder einer Touristengruppe, die gerade den Petersdom besichtigt, zu identifizieren. Für das gegenseitige Verhalten wäre damit eine ganz andere motivationale Basis gegeben.

Die Motivation von Handlungen ist also mit dem Prozeß der Identitätsbildung und -erhaltung verflochten. Was über die in die Identitätsdarstellung aufzunehmenden kognitiven Orientierungen gesagt wurde, betrifft zugleich die motivationalen Strukturen: sie sind offen und veränderbar und im Regelfall der Situation nicht voll angemessen. Denn sie sind auch noch von Anforderungen aus anderen Interaktionsbeteiligungen und vor allem von Erfahrungen aus der Lebensgeschichte des Individuums beeinflußt. Zwar gibt es nach der hier vertretenen Auffassung keine Triebe oder Bedürfnisse, die das Individuum zu einer vorbestimmten Handlungsweise veranlassen, sondern das Individuum gewinnt erst Handlungsmotive, indem es sich in seinem Bestreben, Identität zu wahren, auf die ihm eigene Weise in der Situation etabliert. Doch muß die Art der Integration von Antriebspotentialen in kommunikatives Handeln, die Identität sichert, noch genauer verfolgt werden.

G. H. Meads Vorstellung des „me" zeigt in seiner Funktion, Handlung zu

kontrollieren, Ähnlichkeit mit Freuds Über-Ich, so groß die Unterschiede vor allem hinsichtlich der Genese und Wirkungsweise dieser Instanzen im einzelnen nach den Vorstellungen Meads und Freuds auch sein mögen. Immerhin beruhen beide auf einer Übernahme von Interpretationen, Bedeutungen und Normen, mit denen die wichtigsten Interaktionspartner, die das Kind im Sozialisationsprozeß hatte, die Interaktionszusammenhänge betrachten: bei S. Freud der Vater, bei G. H. Mead das abstraktere Gebilde des „generalized other". Dieses Reservoir von Deutungen enthält nicht nur Interpretationen für äußere, in der Situation vorgefundene Elemente, sondern auch für die inneren Antriebspotentiale des Individuums. Das ist bei S. Freud deutlicher als bei G. H. Mead, weil Freud ausdrücklich im psychischen Apparat dem Über-Ich das Es gegenüberstellt, das sogar das ursprüngliche ist, da aus ihm Ich und Über-Ich erst entstanden (S. Freud 1923). S. Freud ist einerseits der Auffassung, daß Über-Ich und Es in der Lage sind, sich zu einer bedrohlichen Koalition gegen das Ich zusammenzuschließen, andererseits ist er jedoch von einem grundlegenden Gegensatz zwischen den Anforderungen des Über-Ich und Es an das Ich überzeugt, in dem zu vermitteln er dem Ich als Aufgabe stellt.
Diese widersprüchlich erscheinenden Aussagen lassen sich in die Begriffe unserer Interaktionsanalyse übersetzen. Die Interpretationen, die dem Individuum durch seine Beteiligung an Interaktionsprozessen auch für seine Antriebspotentiale zur Verfügung stehen, weisen diesen einen bestimmten Platz zu und machen ihre Energien für Handlungsprozesse verfügbar. Gleichzeitig verlangen sie von den Handlungen einen gewissen Raum für die Befriedigung der interpretierten Bedürfnisse. Dies schränkt die Möglichkeit der Interaktion für alle Beteiligten in mancher Hinsicht ein.
Das Individuum kann im Erleben seiner selbst zwar mit Triebenergien konfrontiert werden, die es nicht versteht. Es kann von ihnen sogar völlig überschwemmt werden, und die Wahrscheinlichkeit hierfür ist gerade dann am größten, wenn es diese Bedürfnisse nicht einordnen kann. In die Konstruktion einer ohne Anerkennung durch andere nicht etablierbaren Identität und in Systeme kommunikativen Handelns können Antriebspotentiale jedoch nicht uninterpretiert eingehen. Sie werden benannt, klassifiziert und eingeordnet; sie werden mit Bedeutungen versehen und in Zusammenhänge gestellt. Diese Interpretation ist ein Vorgang der Integration. In allen sozialen Systemen müssen die Sozialisationsprozesse gewährleisten, daß die Individuen sich eine hinreichende Fähigkeit zur Interpretation ihrer Antriebsenergien aneignen. Mit der Vorgabe dieser Interpretationen wird versucht, das soziale System vor der potentiell zerstörerischen Kraft freier Energien zu schützen und die Triebenergien darüber hinaus verfügbar zu machen.

Ebenso jedoch wie auf der kognitiven Ebene die Interpretationen des Individuums die äußere Situation im Regelfall nicht adäquat erfaßten, so gelingt es dem Individuum auch gegenüber seinen Antrieben nicht, diese mit den zur Verfügung stehenden Interpretationen voll auszuschöpfen und zu integrieren. Das liegt nicht nur daran, daß die gesellschaftlich sanktionierten Interpretationsschemata die aufgrund der plastischen biologischen Ausstattung des Individuums durchaus variablen Bedürfnisse nicht individuell genug zu erfassen vermögen. Der einmalige Lebenslauf eines Individuums führt auch zur Individuierung auf der Ebene der Antriebe und Bedürfnisse. Nach allem, was bekannt ist, sind die Antriebspotentiale des Individuums zu Beginn des Lebens nur in sehr geringem Maße spezifisch organisiert. Welche Interaktionen in der Lage sind, seine zunächst unspezifisch nach Befriedigung strebenden Bedürfnisse mit großer Sicherheit zu stillen, lernt das Individuum erst durch Beteiligung an Interaktionen. Das Antriebspotential erhält also Strukturen erst durch die jeweils besonderen Erfahrungen, die das Individuum bei Versuchen der Bedürfnisbefriedigung sammelt. Folglich werden sich die Bedürfnisstrukturen des Individuums im Regelfall von denen seiner Interaktionspartner unterscheiden. Es ist daher auch kaum anzunehmen, daß der Kompromiß zwischen geltend gemachten Bedürfnissen, auf den sich die Interaktionspartner einigen, der besonderen Eigenart der motivationalen Struktur dieses Individuums voll entspricht. Die Folge aber ist, daß es im Antriebspotential des Individuums Bedürfnisbereiche gibt, die durch anerkannte Interpretationen nicht adäquat bezeichnet und befriedigt werden können, sei es — vermutlich der seltenere Fall —, weil gar keine Interpretationen angeboten werden, sei es, weil die allgemeinen Interpretationen besondere Fälle nicht im einzelnen berücksichtigen und daher die Bedürfnisse des einzelnen Individuums nur unangemessen erfassen.

Der einzelne wird daher in den Interaktionen, an denen er beteiligt ist, nur einen Teil der interpretierten — vielleicht darüber hinaus auch einen Teil der möglicherweise nicht interpretierten — Bedürfnisse seines Antriebspotentials befriedigen können. Selbst wenn sich das Individuum die Interaktionen, in denen es mitwirken möchte, weitgehend frei auszusuchen vermag und daher recht günstige Möglichkeiten hat, an Interaktionen teilzunehmen, die seinen Bedürfnisstrukturen entsprechen, wird jede einzelne Interaktion sogar hinsichtlich der Bedürfnisse, derenthalben sie zustande kommt, keine volle Befriedigung gestatten. Dies wird durch die Notwendigkeit verhindert, einen allseits annehmbaren Konsens für gemeinsames Handeln zu formulieren. Gerade insofern sie individuell sind, können die Ansprüche des Individuums dabei nicht voll befriedigt werden. Je repressiver die Verhältnisse strukturiert sind, desto geringer dürfte die Bedürfnisbefriedigung sein, weil das Individuum in der Wahl seiner Interaktionsbeziehungen weniger frei ist und auch zu sehr unbefriedigenden Interaktionsbeziehungen gezwungen ist. Repressive soziale Systeme lassen vielfach Interaktionen, die bestimmte Bedürfnisse befriedigen könnten, gar nicht zu oder interpretieren sie um.

Das Individuum steht also nicht nur im kognitiven Bereich von Wahrnehmung und Selbstdarstellung vor dem Problem, in einem Medium, das gegen die Explikation individueller Besonderheit Widerstand leistet, Interaktionssituationen zu interpretieren und sich zu präsentieren. Auch seine Antriebsenergien sind nicht voll interpretierbar und integrierbar, so daß es gezwungen ist, sich im Hinblick auf seine Bedürfnisse und ihre Befriedigung ebenfalls als offen und tentativ zu definieren. Es könnte versuchen, die Unzulänglichkeit der angebotenen Interpretationen für seine Bedürfnisse oder deren unvollständige Befriedigung zu leugnen. Die Behauptung aber, es gäbe nur die Bedürfnisse, für die Namen und Befriedigungsmöglichkeiten zur Verfügung stehen, bedeutet die Verdrängung derjenigen Ansprüche, für die das derzeitige Interaktionssystem oder das soziale System als Ganzes keine Interpretation und keine Befriedigungsmöglichkeit anbietet. Gründe für eine solche Verdrängung können sowohl auf der Seite des Individuums als auch in gesellschaftlichen Verhältnissen vorliegen. Das Individuum mag unfähig sein, nicht interpretierbare und nicht in Interaktionen stillbare Bedürfnisse zu ertragen. Eine repressive Gesellschaft könnte Verdrängungen verlangen, um die Interaktionen gegen unkontrollierbare Einflüsse abzuschirmen.

Es ist zu erwarten, daß das höchste Maß an Bedürfnisbefriedigung gerade jenen Individuen gelingt, die nicht zu verdrängen brauchen, daß ihre individuellen Ansprüche weder vollständig interpretierbar noch voll zu befriedigen sind. Sie sind nämlich in der Lage, in Interaktionen zu signalisieren, daß ihre Bedürfnisse über den Rahmen der Situationsdefinition, auf die man sich als Interaktionsgrundlage geeinigt hat, hinausreichen. So haben sie Chancen, auch für Bedürfnisse Befriedigung zu finden, für die zunächst in dieser Interaktion kein Raum zu sein schien. Denn auch den Interaktionspartnern ist in diesem Falle möglich, ihr Handeln breiter zu orientieren als ursprünglich vorgesehen.

Identität wahren zu müssen, stellt dem Individuum also auch im Hinblick auf die Integration von Bedürfnissen Aufgaben: Die Bedürfnisse müssen zwar in der Identitätsbildung berücksichtigt werden, jedoch nicht so als ob sie feststehende Strukturen wären, die in bestimmten Interaktionen voll befriedigt werden könnten. Sie müssen ebenso wie die antizipierten Erwartungen der anderen auf der kognitiven Ebene als gleichfalls nicht voll integrierbare Potentiale erfaßt werden. Ferner muß das Individuum von vornherein berücksichtigen, daß seine Bedürfnisse nicht voll befriedigt werden können. Gerade dann, wenn das Individuum sich nicht darauf verläßt, daß seine Motivationsbasis genau die in diesem Interaktionszusammenhang vorgesehene ist, wenn es mit unvollständiger Bedürfnisbefriedigung rechnet, wird es weniger leicht in Gefahr geraten, sein Bild von sich selbst zu verlieren oder gar psychisch auseinanderzubrechen, wenn es entdeckt, daß neben den offen artikulierten auch noch andere Antriebe wirksam sind. Nur in diesem Falle wird es, ohne Angst zu haben, die Selbstkontrolle zu verlieren, diese anderen Bedürfnisse nicht zu verdrängen brauchen, sondern kann auf sie eingehen. Sodann wird das Individuum nur, wenn es eine über den gegenwärtigen Interaktionsprozeß hinausreichende Orientierung besitzt, die in allen Interaktionen nur teilweise mögliche Bedürfnisbefriedigung ertragen können. Dies nicht, weil das Individuum etwa auf volle Befriedigung in der nächsten Interaktion hoffen würde, sondern weil es in seiner Selbstdefinition nicht auf volle Bedürfnisbefriedigung in einem bestimmten Interaktionsvorgang angewiesen ist.

Ein Individuum, das volle Bedürfnisbefriedigung, und zwar ausschließlich für das in der jeweiligen Interaktion angesprochene Bedürfnis verlangt, wird im Regelfall nur eine geringe Bedürfnisbefriedigung erzielen können, weil es die Möglichkeiten von Interaktionen unter Partnern mit je eigenen Erwartungen und Bedürfnissen verkennt. Es wird nicht versuchen, sie zu Handlungen zu zwingen, die ihr Bestreben, Identität zu wahren, nicht zuläßt. Wenn das Individuum andererseits mit voller Bedürfnisbefriedigung nicht rechnet, bedeutet dies nicht, daß es auf Bedürfnisbefriedigung überhaupt zu verzichten vermag. Es geht auch hier um eine Balance des Individuums: Es sucht und erreicht ein Höchstmaß an Bedürfnisbefriedigung, wenn es eine teilweise Nichtbefriedigung zu ertragen vermag. Das befreit es zu einer umfassenderen Orientierung und macht ihm möglich, sich gegenüber den Erwartungen dieses Interaktionsprozesses mit einer gewissen Distanz zu verhalten, anstatt sich an sie in vergeblicher Suche nach voller Bedürfnisbefriedigung zu klammern.

K. Keniston diskutiert das Problem kognitiver und motivationaler Integration in einer Weise, die diesen Vorstellungen balancierender Identität sehr nahe kommt. Er lehnt sich an die orthodoxe psychoanalytische Tradition an. Ihr folgend hebt er besonders hervor, daß – in der Terminologie dieser Arbeit gesprochen – die Stabilität der Identität eines Menschen sehr weitgehend von seiner Fähigkeit abhängt, repressive Kontrollfunktionen der Ich-Instanz zeitweise soweit aufzuheben, daß das Individuum sonst zensierten, verdrängten oder abgelenkten Bedürfnissen des Es nachgeben und ihnen Befriedigung verschaffen kann[11]. Die

Anforderungen der technisch-industriellen Gesellschaften lassen dies im allgemeinen nicht zu, weil ihre Art gesellschaftlicher Reproduktion vor allem kognitive und kontrollierende Ich-Funktionen verlangt: Rationalität, Effizienz, Anpassungsfähigkeit, schnelle Auffassungsgabe, Geschicklichkeit, Unabhängigkeit, Toleranz, Fairness und Unparteilichkeit. Andere Ich-Funktionen lassen diese Gesellschaften jedoch weithin verkümmern:

"Central among the neglected potentials of the ego in our society are the capacities sometimes termed 'regression in the service of the ego' — that is, the ability of the ego to, as it were, 'shut itself off' and thereby to remain open to the childish, the sexual, the creative, and the dreamlike. The highest creativity, be it biological procreativity or artistic innovation, presupposes an ego that can abandon control of instinct and temporarily renounce a cognitive orientation so as to permit fantasy, orgasm, child-birth, or even sleep. In each case, the ego permits and encourages the gratification of instinctual needs, allows expression to the basic biological drives on which much of human behavior is ultimately based. Then, too, the ego has a 'synthetic' or integrative role in harmonizing and coordinating personal motivations with social demands and objective opportunities so as to produce behavior that serves the individual's basic needs as well as his higher purposes and the needs of society." (Keniston 1965, S. 365)

Ein derartiges Persönlichkeitssystem ist nicht einer „Ich-Diktatur“ unterworfen, sondern das Ich kann sich zurückziehen, um den anderen Teilen des psychischen Apparates das Feld zu überlassen. Als den Idealfall sieht K. Keniston an, daß das Individuum in seinem Verhalten sowohl die motivierenden Antriebspotentiale der Person als auch die gelernten Normen seines Gewissens zu berücksichtigen vermag. Hierin erblickt K. Keniston „Ich-Stärke“:

"One of the prime characteristics of genuine 'ego strength' is a flexible lack of 'self-interest' on the part of the ego: it shows its strength by self-denial." (Keniston 1965, S. 366)

Wenn K. Keniston auch dem Identitätsbegriff, wie er ihn von der Ich-Psychologie geprägt sieht, sehr kritisch gegenübersteht, so behandelt er doch dieselbe Problemstellung, die dieser Arbeit zugrunde liegt. Das von

[11] K. Keniston verwendet selbst den Identitätsbegriff nicht und lehnt ihn in der Form, wie er ihm als Bestandteil des Vokabulars der Ich-Psychologie gegenübertritt, sogar ausdrücklich ab. Die Ich-Psychologie spiegele in ihrer Sprache unkritisch die herrschenden Anforderungen der amerikanischen Gesellschaft wider. Ebenso wie die Ich-Psychologie das Freudsche Ich — mit seiner Bedeutung eines abhängigen Vermittlers zwischen Es, Über-Ich und Außenwelt — in eine mit eigenen Energien ausgestattete, unabhängige Steuerungsinstanz verwandelt habe, entziehe sie auch die Ich-Identität den Konflikten und verlange Integration, ohne Repression zu analysieren (vgl. vor allem Keniston 1965, S. 361—365).

ihm „technologisches Ich" genannte Organ der Handlungskontrolle unterdrückt in diktatorischer Weise die nicht kognitiven und in Industriegesellschaften nicht auswertbaren Triebe und Impulse. Es versucht – übertragen in die hier verwandten Kategorien –, eine balancierende Identität zu umgehen und sich rigide an bestimmten kognitiven Orientierungsmustern und an den Erwartungen technologischer Gesellschaften auszurichten. Menschen, deren Verhalten durch ein ausschließlich in kognitiv-technologische Dimensionen eingefügtes „Ich" gesteuert wird, könnten auf dem Hintergrund der hier entwickelten Gedankengänge als „entfremdet" bezeichnet werden – allerdings im Gegensatz zur Verwendung dieses Begriffes bei K. Keniston selbst[12]. Diese Menschen stehen in Gefahr, keine Identität im hier explizierten Sinne wahren zu können, weil der stets vorhandene Konfliktstoff – sowohl an der Grenze des Ichs zur Außenwelt als auch an der Grenze zum Es – unterdrückt wird: Sie reduzieren das Problem ungewisser Handlungsorientierung, indem sie sich an gesellschaftlich vorgeschriebenen Rollen mit ihren Situationsdefinitionen und Handlungsanweisungen anlehnen, und vermeiden die prekäre Integration von divergierenden Antriebspotentialen, indem sie Denk- und Handlungstabus der Gesellschaft übernehmen. Menschen dieser Art sehen gefestigt aus. Aber es wird ihnen schwerfallen, sich in unklar definierten Situationen zu bewegen, kreativ Schöpfungen hervorzubringen, die die Maßstäbe ihrer sozialen Umwelt überschreiten, und Bedürfnisbefriedigungen auch zu genießen. Einigen kreativen und lustvollen Bedürfnissen, die man nicht vollständig abwehren kann, wird ein Platz in der „Freizeit" eingeräumt, um die „Rationalität" der Arbeitswelt gefährdende Energien an einen ungefährlichen Ort abzuleiten. Ventile werden zugelassen, um das Maß an empfundener und sichtbarer Repression zu mildern.

Menschen mit einem „technologischen Ich" scheinen freilich in mancher Hinsicht gerade die hier vorgetragenen Identitätsvorstellungen zu erfüllen. Eine ihrer hervorragendsten Eigenschaften ist die Fähigkeit, Probleme zu lösen und Konflikte, die festgefahren scheinen, zu beseitigen, zu umgehen oder sonstwie so erträglich zu gestalten, daß sie nicht jegliches

---

[12] K. Keniston nennt gerade jene Jugendlichen, die sich weigern, eine kognitiv-technologisch orientierte Ich-Diktatur in sich aufzurichten, „entfremdet". Es kann hier nicht weiter untersucht werden, inwieweit sich unter diesen Jugendlichen auch Entfremdete im Sinne von Personen mit mangelnder Identität, wie der Begriff in dieser Arbeit verstanden wird, befinden. Einzuräumen ist, daß Distanzierung von gesellschaftlichen Verhältnissen und Weigerung, ein technologisches Ich aufzubauen, noch keine hinreichenden Voraussetzungen darstellen, um Identität zu gewinnen und zu wahren, so wichtig es zweifellos ist, in gesellschaftlichen Anforderungen nicht voll aufzugehen und nicht allein kognitiv das Handeln orientieren zu wollen. Im übrigen bestehen einige Vorbehalte gegen die Verwendung des Entfremdungsbegriffs im vorliegenden Zusammenhang.

Handeln unmöglich machen. In den bisherigen Erörterungen ist gezeigt worden, daß derartige Fähigkeiten Bedingungen für die Möglichkeit sind, Identität zu wahren. Die Menschen mit „technologischem Ich" haben diese Fähigkeiten indessen ausschließlich für die Lösung spezieller kognitiver Probleme und Konflikte erworben. Ihr „problem-solving" qualifiziert sie zur Arbeit in den Institutionen, Apparaturen und Bürokratien der industriellen und technischen Gesellschaft. Diese spezialisierte Fähigkeit fördert nicht die Bewältigung vieler fundamentaler Konflikte menschlicher Existenz, nicht die Lösung des Problems: wie wahre ich meine Identität angesichts der Bedrohungen durch Diskrepanzen von Erwartungen und Bedürfnissen? Das Individuum mit „technologischem Ich" kann nur versuchen, Schutzwälle gegen nicht lizenzierte Bedürfnisse zu errichten, ist aber nicht in der Lage, sie in einer Weise aufzunehmen, daß sie ihre disruptive Kraft verlieren.

In ähnlicher Weise könnte man auch hinsichtlich der Kreativität Unterscheidungen treffen. Einerseits wird in der technologischen Gesellschaft Erfindungsgabe in höchstem Maße prämiiert. Ingenieure, Naturwissenschaftler oder Wirtschaftler, die für den „Fortschritt" Wichtiges entdecken, erhalten große Vergünstigungen. Andererseits werden nur Innovationen anerkannt, die die für wichtig gehaltenen gesellschaftlichen Reproduktionsprozesse verbessern. Neue Ideen, die die Grundlagen dieser Gesellschaft – ihr Leistungsprinzip, ihre Realitätsdefinitionen, ihre Werte und Prioritätskataloge – in Frage stellen, werden massiv abgewehrt. Auch hier gibt es Ventile: einen verwalteten Musikbetrieb, Pop in allen Varianten, modische Kunstmärkte.

Das Identitätskonzept, das diese Arbeit vorlegt, berücksichtigt nicht nur die kognitive Dimension, sondern auch die motivationalen Strukturen. Es versucht, die Antriebspotentiale eines Individuums möglichst umfassend einzubeziehen. Einseitige Anforderungen an das Individuum, wie sie K. Keniston für die technologischen Gesellschaften schildert, kennzeichnen im Grunde jede Interaktion, weil sie stets nur einen Teil der motivationalen Bedürfnisse des Individuums erfassen kann. Zu den wichtigsten Voraussetzungen einer umfassenderen Bedürfnisbefriedigung gehört daher die Fähigkeit des Ich, sich aus einseitigen Interaktionen zeitweilig zurückzuziehen oder sie für sich umzudefinieren. Vor allem der zweite Weg ist wichtig, weil bloßer Rückzug oft nicht ohne große Nachteile möglich ist. Das Individuum „macht mit", als ob es die allgemeinen Erwartungen akzeptiere, bemüht sich aber tatsächlich, die Interaktionssituation soweit möglich den eigenen Bedürfnissen entsprechend auszunutzen. Der Widerspruch zwischen gesellschaftlicher Norm und individuellen Bedürfnissen führt, in Analogie zu dem früher für die kognitive

Ebene Ausgeführten, wiederum zu dem Ergebnis: Das Individuum balanciert zwischen Übernahme der vorgeschriebenen Bedürfnis-Befriedigungs-Relationen und dem Versuch, seine eigenen Wünsche mit in den Interaktionsprozeß einzubringen.

Die Analyse der Identität als einer Balance, um die sich das Individuum mit Hilfe vorläufiger und daher revidierbarer Positionen in einem gleichfalls unabgeschlossenen und nicht vollständig definierbaren Interaktionsprozeß bemüht, und der Sprache als eines ebenfalls offenen Mediums, in dem sich Identitätsbildung vollzieht, hat dazu geführt, dem Individuum doch wieder Spontaneität und Kreativität gegen einen — wie es zunächst scheinen mochte — allein wirksamen sozialen Druck zur Konformität zuzuerkennen. Liegt hier nicht ein Widerspruch vor? Schließlich wurde zu Beginn der Interaktionsanalyse aufgezeigt, daß das Individuum gezwungen ist, sich im Horizont antizipierter Situationsdefinitionen der anderen zu präsentieren. Es stellte sich jedoch heraus, daß die Orientierung an diesen Erwartungen nicht ausreicht, um die Beteiligung des Individuums an Interaktionen zu sichern. Indem das Individuum gezwungen ist zu negieren, daß die vorgegebenen Erwartungen es in seiner Orientierung und seinen Bedürfnissen erschöpfend bezeichnen, ist es zu einer eigenen Leistung genötigt. Das Individuum muß zwischen den noch nicht einmal ganz klaren Anforderungen der anderen und seinen ebenfalls nicht in jeder Hinsicht eindeutigen Bedürfnissen balancierend eine an allen seinen Beteiligungen — auch vergangenen und möglichen zukünftigen — orientierte Identität errichten, um nicht von den Anforderungen absorbiert oder zerrissen zu werden oder sich in Isolation treiben zu lassen. Diese Fähigkeit zur Balance ist nicht angeboren, sondern Produkt eines Sozialisationsprozesses, der schon das Kind mit Erwartungsdiskrepanzen konfrontierte, die es nicht überforderten, so daß es sich mit ihnen auseinandersetzen konnte.

Das Konzept scheint sich an dieser Stelle wieder der üblichen Auffassung eines dem Menschen innewohnenden Ich anzunähern, das sich in Anpassung und Widerstand mit gesellschaftlichen Mächten, die Einordnung verlangen, auseinandersetzt. Indessen führt die Analyse von Interaktionsprozessen doch einige Schritte weiter, indem dieses Ich, das sich um Entwurf und Revision einer den Fortgang kommunikativen Handelns sichernden Identität müht, hier in seiner Leistung für den Interaktionsprozeß beschrieben wird. Spontaneität und Kreativität werden aus strukturellen Notwendigkeiten des Interaktionsprozesses gefolgert, nämlich aus den Bedingungen, unter denen allein Prozesse kommunikativen Handelns ablaufen können. Ein spontanes und kreatives Ich wird also nicht sozialen Verhältnissen gegenübergestellt, sondern in seiner Funktion als Bestandteil dieser Verhältnisse beschrieben. Es ist zweifellos etwas anderes, Spontaneität und Kreativität als autonome persönliche Kräfte der Abwehr sozialer Determinierung zu postulieren oder sie als Ich-Leistungen zu interpretieren, die der soziale Prozeß selbst für seinen Fortbestand verlangt.

Der hier explizierte Identitätsbegriff hat in vielen Punkten Ähnlichkeit mit Vorstellungen, die R. W. White, ein Vertreter der psychoanalytischen Ich-Psychologie, entwickelt hat. Auch er beschreibt anhand von Einzelfallstudien Ich-Identität als Voraussetzung und Folge zwischenmenschlicher Beziehungen, die die Möglichkeit zur Selbstverwirklichung bieten (White 1952). Er bestreitet ausdrücklich, daß feste Interaktionsstrukturen wie soziale Rollen allein die Konsistenz und Stabilität einer Identität zu verbürgen vermögen, und führt aus, daß Versagen und Frustration Identität stärken könnten, weil das Individuum durch sie seine Fähigkeiten, erfolgreiche Beziehungen mit anderen zu unterhalten, einschätzen lerne. Ich-Identität erlaube, in persönlichen Beziehungen den Partnern ihre Eigenständigkeit zu belassen, insbesondere ihnen unerwartete Antworten auf veränderte Situationen zuzugestehen. Auf seine Identität zu vertrauen, bedeute für das Individuum, weniger ängstlich und defensiv, dafür spontaner, freundlicher und respektvoller zu sein. Sie befähige das Individuum in höherem Maße zur Hingabe an Aufgaben, die es interessieren. Ich-Identität führe zu einer Humanisierung der Wertvorstellungen, da das Individuum Bedeutung und Konsequenzen dieser Werte in sozialen Beziehungen entdecke. Seine größere Sicherheit gestatte dem Individuum, auch konfligierende Werte wahrzunehmen. R. W. White hebt die Notwendigkeit, befriedigende soziale Beziehungen zu unterhalten, sehr stark hervor, ohne jedoch einem Anpassungskonzept das Wort zu reden. Er wendet sich ausdrücklich gegen die Gleichsetzung von „geistiger Gesundheit“ und Anpassung, die eine ebenso große Tragödie für den Menschen sein könne wie der psychische Zusammenbruch.

In jüngeren Arbeiten benutzt R. W. White nicht mehr den Identitätsbegriff, vielleicht um jede Möglichkeit auszuschließen, daß das Gemeinte doch als eine statische, von aktuellen Sozialbeziehungen unabhängige Struktur mißverstanden werden könnte. Er greift jedoch dasselbe Thema in der Darstellung einer Fähigkeit auf, die er „interpersonelle Kompetenz“ nennt[13]:

"Competence means capacity, fitness, or ability. The competence of a living organism means its fitness or ability to carry on those transactions with the envi-

---

[13] Dieser Begriff steht im Rahmen einer allgemeinen Theorie des Selbsterhaltungsstrebens von Lebewesen, die R. W. White im Zusammenhang mit Ausarbeitungen zur Weiterentwicklung einiger Auffassungen der Ich-Psychologie vorträgt (White 1959; 1963 b).

ronment which result in its maintaining itself, growing, and flourishing." (White 1963 a, S. 74)

Er schildert die Wirksamkeit dieser Fähigkeit in den sozialen Beziehungen des täglichen Lebens. Interpersonelle Kompetenz ermöglicht es, Erfahrungen über sich selbst zu sammeln und Interaktionen zu beeinflussen. Sie wird durch Beteiligung an Interaktionen, zunächst vor allem in der Familie, gelernt und entfaltet sich entsprechend den dort angebotenen Möglichkeiten (White 1960)[14].

Aus der soziologischen Analyse einzelner Interaktionsvorgänge ist abzuleiten, welchen Platz Ich-Identität, die hier als Grundlage und Folge von Interaktionsbeteiligungen und somit ebenfalls als nicht existent außerhalb von Interaktionssituationen geschildert wurde, in Prozessen kommunikativen Handelns einnimmt. Im folgenden soll dies vor allem im Hinblick auf die Frage weitergeführt werden, welche Leistungen die Diskrepanz von Erwartungen und Bedürfnissen sowie die Offenheit jeglicher Interaktion vom Individuum in allen und nicht nur in besonders problematischen Interaktionssituationen verlangen. Auf dem Hintergrund der bisherigen Ausführungen ist es bereits möglich, R. W. Whites zu einem guten Teil mehr aufgeklärt-humanistische Aussagen über die Voraussetzungen befriedigender Sozialbeziehungen, die aus der Erfahrung eines Psychoanalytikers mit starkem Einfühlungsvermögen, aber nicht aus soziologischen Analysen von Handlungsprozessen stammen, an konkret aufweisbaren Erfordernissen sozialer Interaktion noch systematischer zu begründen.

2.2. Balancierende Identität: Weitere Klärung mit Hilfe einiger zusätzlicher Begriffe

Der hier entwickelte Begriff der Identität ist nicht nur ein terminologischer Versuch, mit Hilfe dialektischer Formulierungen allen recht zu geben — sowohl denen, die den konventionellen Charakter im Auftreten von Interaktionspartnern betonen, als auch denen, die den individuellen Beitrag unterstreichen wollen. Die Kategorie der Identität muß sich vielmehr bei der Analyse von Beobachtungen bewähren, indem sie beobachtetes Verhalten einer plausibleren Erklärung zuführt, als ohne sie möglich

[14] In ähnlicher Weise benutzten diesen Begriff schon vorher Foote und Cottrell (1955).

wäre. Eine Fundgrube problematischer Situationen für die Behauptung einer Identität bieten die Berichte E. Goffmans. Er lenkt die Aufmerksamkeit auf Menschen, die aus dem üblichen Rahmen sozialer Erwartungen in bestimmten Gesellschaften und sozialen Gruppen herausfallen: zum Beispiel Zuchthäusler, Prostituierte, Blinde, mißgebildete oder verkrüppelte Menschen. Alle diese Personen haben besondere Identitätsprobleme, weil sie – aus verschiedenen Gründen – Eigenschaften nicht abstreifen können, die sie in den Augen anderer, mit denen sie interagieren wollen oder müssen, diskreditieren.

Die soziale Umwelt lehnt Interaktion mit Mitgliedern dieser Personenkreise keineswegs grundsätzlich ab, sie fühlt sich sogar häufig aus christlicher Nächstenliebe, humanitären Geboten oder anderen Erwägungen dazu verpflichtet. Die Reaktion der Umwelt ist jedoch ambivalent, vermutlich vor allem, weil die auffällige Besonderheit dieser Menschen wenig gesicherte Identitäten „normaler" Personen in Frage zu stellen vermag. Zum einen erscheint „Normalität" plötzlich als eine besondere Vergünstigung, zum anderen wird deutlich, daß Leben offenbar auch in ganz anderen Formen möglich ist. Daher versuchen sich die „Normalen" sehr oft gegen diese Bedrohung ihrer Identität abzuschirmen. E. Goffman schildert zum Beispiel, daß die soziale Umwelt körperlich mißgebildeten Menschen ausdrücklich versichert, sie würden ebenso behandelt wie „normale" Leute, gleichzeitig jedoch unausgesprochen von ihnen verlangt, daß sie dieses Angebot nicht überstrapazieren, sondern sich von einer Reihe an und für sich allgemein zugänglicher Plätze, etwa Vergnügungsstätten, von sich aus fernhalten. Bei Interaktionen wird der „Stigmatisierte", wie E. Goffman diskreditierte und diskreditierbare Personen nennt, dann am erfolgreichsten sein, wenn er sich darüber im klaren ist, daß die ihm zugestandene Normalität nur eine Schein-Normalität („phantom normalcy") ist, weil sie auf einer nur bedingten Anerkennung durch die anderen („phantom acceptance") beruht. Der Stigmatisierte ist also darauf angewiesen, in Interaktionen auf einer „als ob"-Basis zu operieren:

"If ... he desires to live as much as possible 'like any other person', and be accepted 'for what he really is', then in many cases the shrewdest position for him to take is this one which has a false bottom; for in many cases the degree to which normals accept the stigmatized individual can be maximized by his acting with full spontaneity and naturalness as if the conditional acceptance of him, which he is careful not to overeach, is full acceptance." (Goffman 1963 a, S. 122 f.)

Während es zunächst so scheint, als ob E. Goffman nur die Probleme offensichtlich sozial benachteiligter Personengruppen erörtere, zeigt er schließlich auf, daß nicht der „Normale" „normal" ist, sondern der Stigmatisierte, und daß nicht die Identitätsprobleme des Stigmatisierten „pathologisch" sind, sondern die gegen Ambivalenz abgeschirmte Identität des „Normalen". Kaum jemand erfüllt zum Beispiel die soziale Norm für einen „wirklichen" Mann, der nach E. Goffmans Schilderung des amerikanischen Stereotyps weiß, verheiratet und protestantisch ist, in der Stadt wohnt, aus dem Norden stammt, eine Collegeausbildung besitzt, eine interessante Beschäftigung hat, über ein angenehmes Auftreten sowie die richtige Größe und das richtige Gewicht verfügt und eben eine sportliche Leistung vollbracht hat. Wer diesem Vorbild nicht entspricht, ist in einer dem Stigmatisierten sehr ähnlichen Lage. Ihm fehlen Eigenschaften, die erwünscht sind, und er besitzt andere, die als minderwertig angesehen werden. Somit ist auch seine Identität diskreditierbar, und er ist gut beraten, sich darauf einzustellen:

"The maintenance of phantom acceptance is what many, to some degree, are being asked to accept. Any mutual adjustment and mutual approval between two individuals can be fundamentally embarrassed if one of the partners accepts in full the offer that the other appears to make; every 'positive' relationship is conducted under implied promises of consideration and aid such that the relationship would be injured were these credits actually drawn on." (Goffman 1963 a, S. 123)

Was erwartet wird, ist also ein Balanceakt: eine Identität aufzubauen, die scheinbar den sozialen Erwartungen voll entspricht, aber in dem Bewußtsein, in Wahrheit die Erwartungen doch nicht erfüllen zu können.

Die Gründe dafür, daß die Teilnehmer an Interaktionsprozessen dessen Fortbestand nur sichern können, wenn sie seine „als ob"-Basis respektieren, werden hier noch einmal neu beleuchtet. E. Goffman hebt in „Stigma" hauptsächlich darauf ab, daß die an Interaktionen Beteiligten die erforderlichen Voraussetzungen nicht besitzen, um Erwartungen zu erfüllen, die sie aus der gesellschaftlichen Umwelt übernommen haben, obwohl diese Erwartungen ihren individuellen Eigenarten oder Fähigkeiten nicht entsprechen. Die Erwartungen können ferner — gemäß den oben vorgetragenen Überlegungen — der aktuellen Interaktionssituation nicht voll angepaßt sein, weil in sie auch die Erfahrungen des Partners aus früheren und aus neben dieser Interaktion stehenden Interaktionsprozessen einfließen. Außerdem ist noch einmal daran zu erinnern, daß die Erwartungen im Regelfall nicht in sich widerspruchsfrei und konsistent sind. Auch dies verhindert problemlose Anpassung und verlangt vom einzelnen, sich so zu verhalten, als ob er die Erwartungen ohne weiteres akzeptiere, obwohl sie nicht ohne Modifikation übernommen werden können. Vor allem aber ist zu betonen, daß das Individuum nicht nur durch unveränderliche Eigenarten — wie etwa Gebrechen — gehindert wird, Erwartungen der anderen zu entsprechen, sondern auch durch die notwendige Rücksichtnahme auf seine Teilnahme an anderen Interaktionsprozessen.

Mit einer von E. Goffman und in ähnlicher Weise schon früher bei E. H. Erikson, aber auch bei A. Strauss und D. J. de Levita benutzten Unterscheidung kann die Problematik doppelbödiger Identität begrifflich noch weiter geklärt werden. E. Goffman spricht von sozialer und persönlicher Identität und stellt diese beiden Begriffe der nur subjektiv erfahrbaren Ich-Identität gegenüber (Goffman 1963 a, S. 2 f., S. 51 ff., S. 105 ff.)[15]. Soziale und persönliche Identität sind Bestandteile der Definitionen, die die anderen für das Individuum aufstellen. Soziale Identität bezieht sich im Sprachgebrauch E. Goffmans auf die Erwartungen der anderen, die sie gegenüber einem Individuum im Interaktionsprozeß hegen:

"When a stranger comes into our presence, then, first appearances are likely to enable us to anticipate his category and attributes, his 'social identity' — to use a term that is better than 'social status' because personal attributes such as 'honesty' are involved, as well as structural ones, like 'occupation'." (Goffman 1963 a, S. 2)

Diese Antizipationen sind „Identitätsnormen". Oft wird interagierenden Individuen erst dann überhaupt bewußt, daß sie derartige Erwartungen besitzen, wenn sie bemerken, daß diese Erwartungen nicht erfüllt werden.

„Persönliche Identität" bezieht sich nach E. Goffman auf die Einzigartigkeit des Individuums. Aber er möchte den Begriff nicht verwenden wie manche „unerfahrenen Sozialwissenschaftler, die aus ihm etwas Warmes und Kreatives machen" (Goffman 1963 a, S. 56), sondern ihn nüchtern soziologisch fassen: Unter der Einzigartigkeit eines Individuums könnte verstanden werden, daß es nur ein Individuum gibt, das bestimmte besondere Kennzeichen aufweist. Einzigartigkeit könnte zum zweiten im Hinblick darauf bestehen, daß sich viele, durchaus nicht allein diesem Individuum eigene Fakten insgesamt zu einer einmaligen Kombination zusammenschließen, die es erlaubt, das Individuum von allen anderen zu unterscheiden. Nach einer dritten Auffassung sind die Individuen in

[15] E. H. Erikson spricht von Gruppenidentität und persönlicher Identität, die als subjektiv erfahrene dann Ich-Identität ist (Erikson 1946). A. Strauss zeigt, daß man wissen kann, wer jemand „ist" (Name, Alter, Beruf, Verwandtschaftsbeziehung), ohne deshalb auch seine Identität zu kennen (Strauss 1959, S. 46 f.). D. J. de Levita macht sich E. H. Eriksons Unterscheidung zu eigen (Levita 1965).

ihrem innersten Wesen und nicht nur auf der Ebene identifizierbarer Merkmale einzigartig.

"By personal identity, I have in mind only the first two ideas — positive marks or identity pegs, and the unique combination of life history items that comes to be attached to the individual with the help of these pegs for his identity." (Goffman 1963 a, S. 57)

Was leisten diese Begriffe?

"The concept of social identity allowed us to consider stigmatization. The concept of personal identity allowed us to consider the role of information control in stigma management. The idea of ego identity allows us to consider what the individual may feel about stigma and its management." (Goffman 1963 a, S. 106)

E. Goffman schöpft diese Begriffe jedoch nicht in dem Maße aus, wie es nach der Gedankenführung seiner Darstellung möglich erscheint. Am weitesten verfolgt er noch die Problematik der sozialen Identität. Durch die überraschende Wendung, die E. Goffman dem Verhältnis von „normal“ und „abweichend“ im Schlußkapitel von „Stigma“ gibt, werden seine Beobachtungen an Stigmatisierten für die Identität jedes Menschen relevant. Offenbar muß jede Identität im Hinblick auf die sozialen Erwartungen problematisch sein, weil diese prinzipiell unerfüllbar sind. Es ist schon darauf verwiesen worden, daß die Gründe hierfür sowohl in den bestehenden Mehrdeutigkeiten und Widersprüchlichkeiten der gerade ablaufenden Interaktion zu finden sind als auch in der Tatsache, daß jeder an mehreren Interaktionssystemen — gleichzusetzen mit: Rollensystemen — beteiligt ist, die ihn auf Bezugsgruppen mit zum Teil recht verschiedenen oder einander sogar ausschließenden Erwartungen verweisen.

Das Ergebnis der Bemühungen, den divergierenden Erwartungen im Hinblick auf eine soziale Identität in einer Weise zu entsprechen, die Interaktion sichert, ist E. Goffmans „phantom normalcy“, die Schein-Normalität. Die „phantom normalcy“ ist also die „Lösung“ des Identitätsproblems im Hinblick auf die gleichzeitig relevanten Erwartungen aus sämtlichen Interaktionssystemen, an denen ein Individuum zur Zeit beteiligt ist und die mehr verlangen als erfüllbar ist. Da „phantom normalcy“ darin besteht, daß das Individuum durch seine „als ob“-Übernahme angesonnener Erwartungen mehr von sich ausdrückt, als die gerade aktuelle Interaktionssituation verlangt, eröffnet sie dem Individuum die Chance, in den nebeneinander stehenden Interaktionsprozessen als dasselbe aufzutreten beziehungsweise wiedererkennbar zu sein. Es stellt nämlich durch die „als ob“-Übernahme der Normen in jeder Interaktionssituation auch einen Bezug zu seinen anderen Rollen her, um auf diese Weise zu erkennen zu geben, daß es den Anforderungen dieser Situation nicht voll entsprechen kann und darf.

„Phantom normalcy“ ist folglich ein Mittel, Individualität zu gewinnen. „Wirkliche Normalität“ — oder wie immer man den Gegensatz von „phantom normalcy“ bezeichnen will — besäße ein Individuum dann, wenn es sich alle Identitätsnormen voll zu eigen machen könnte, indem es sich selbst ohne Vorbehalte und unter Ausschaltung möglicher Doppeldeutigkeiten mit der Terminologie seiner Bezugsgruppen oder Interaktionspartner definiert. Abgesehen von der Frage, ob eine derartige „wirkliche Normalität“ tatsächlich möglich wäre, ist bereits aus der Beschreibung eines Individuums mit „wirklicher Normalität“ zu folgern, daß es in seiner Gruppe nicht mehr erkannt werden könnte, da es sich mit allen Erwartungen deckt. Man begegnet in ihm nur der Gruppe, nicht einem Individuum. Anders im Falle des Individuums mit „phantom normalcy“. Es bewahrt eine individuelle Identität, weil es die sozialen Identitätsnormen nicht voll übernimmt, sondern nur respektiert, und zwar indem es trotz Benutzung dieser Normen, ohne die es sich als Interaktionspartner nicht etablieren kann, zu erkennen gibt, daß es doch unter sie nicht gänzlich zu subsumieren ist.

Die Balance des Individuums zwischen Akzeptierung angesonnener sozialer Identität und gleichzeitigem Widerstand gegen sie ist aber nur ein Element im Aufbau einer Ich-Identität. Bis hierher wurde das Problem der Identität gleichsam nur in der horizontalen Ebene, nämlich im Hinblick auf die gleichzeitige Beteiligung des Individuums an mehreren Interaktionsprozessen, betrachtet. Das Identitätsproblem betrifft aber ebenso die vertikale, die Zeitdimension, also den Lebenslauf des Individuums, in dem dieses sich immer wieder mit neuen sozial definierten Identitäten konfrontiert sieht. Wie bereits dargestellt, zielt E. Goffman auf das Problem von Identitätsgewinnung und Identitätserhaltung im Zeitablauf mit dem Begriff der „personal identity“. Während der einzelne im Hinblick auf die verschiedenen gleichzeitigen Interaktionssysteme das Problem zu lösen hat, wie er als ein und derselbe auftreten kann, obwohl er sich in jeder Interaktion im Horizont verschiedener Erwartungen artikulieren muß, steht er im Hinblick auf die Zeitdimension vor der Frage, wie er seinen Lebenslauf als kontinuierlich zu interpretieren und darzustellen vermag, obwohl er in verschiedenen Lebensphasen auf sehr unterschiedliche Art versucht hat, die Balance einer Ich-Identität aufrechtzuerhalten.

Es ist sinnvoll, mit E. Goffman davon auszugehen, daß auch die „personal identity“ — ebenso wie die „social identity“ — ein Gegenstand der

Definition durch andere ist. Wie im Fall der „social identity“ wird sich auch in der Zeitdimension die Ich-Identität erst aus der Auseinandersetzung des Individuums mit der ihm angesonnenen „personal identity“ herausschälen. „Personal identity“ im Sinne Goffmans ist also nicht eine freie Leistung des Individuums, sondern der Begriff bezieht sich auf eine dem Individuum durch seine Interaktionspartner zugeschriebene Biographie[16]. Diese Biographie betont die Einzigartigkeit des Individuums, denn seine Lebensgeschichte wird als anders angesehen als die aller anderen Individuen. Zugleich wird in ihr Kontinuität unterstellt, da sie voraussetzt, daß die Ereignisse im Ablauf eines Lebens zu einer Lebensgeschichte integriert werden können, in der frühere Vorkommnisse und Erfahrungen spätere beeinflußt haben und beeinflussen werden. Einzigartigkeit und Kontinuität gehören insofern zusammen, als die Kontinuität des Individuums seine Einzigartigkeit voraussetzt, weil nur dann das Individuum zu verschiedenen Zeitpunkten als dasselbe identifizierbar ist. Einzigartigkeit hinwiederum verlangt Kontinuität, weil sie bedeutet, daß das Individuum seine Besonderheit gegen die ihm angetragenen Definitionen der anderen festzuhalten vermag.

Der Ort der Entstehung und Zuschreibung für „personal identity“ ist wiederum der jeweils aktuelle Interaktionsprozeß. Die Erwartungen der Interaktionspartner, denen das Individuum ausgesetzt ist, enthalten stets auch Implikationen für eine in ihrer Art einmalige Lebensgeschichte. Das Interesse der Interaktionspartner an einer Biographie dient folglich ebenfalls der Sicherung des Interaktionsprozesses, weil eine offengelegte Biographie Motive antizipierbar macht und damit Handlungskontrolle erlaubt. Das Individuum seinerseits steht vor der Notwendigkeit, seine Vergangenheit je nach den Erfordernissen des Interaktionsprozesses neu zu interpretieren, um ebenfalls zur Sicherung des Fortgangs der Interaktion beizutragen.

Allerdings würde die Beteiligung des Individuums am Interaktionsprozeß wiederum sowohl durch die volle Übernahme des von den anderen angesonnenen Lebenslaufes als auch durch vollständige Ablehnung gefährdet werden. Die Gründe sind denen sehr ähnlich, die das Individuum gehindert haben, sich die „social identity“ voll zu eigen zu machen oder sie gänzlich abzulehnen. Die ihm von den anderen zuerkannte Einzigartigkeit isoliert es von seinen Partnern, weil die angesonnene Biographie jedes Individuum zu einem besonderen macht, das sich von allen anderen

[16] Beispiele für zugeschriebene Biographien finden sich bei E. Goffman. In „Stigma“ spricht er von der „personal identity“ des ehemaligen Zuchthäuslers oder Geisteskranken, der Prostituierten und der unverheirateten Mutter.

unterscheidet. Die dem Individuum zugeschriebene Einzigartigkeit läßt nämlich für die Interaktionspartner fraglich werden, ob es überhaupt imstande ist, auf angesonnene Erwartungen einzugehen. In Anlehnung an E. Goffmans Terminologie ist folglich festzustellen, daß es gerade die dem Individuum auf Grundlage seiner Lebensgeschichte zugeschriebene Einzigartigkeit der „personal identity" ist, die es im Rahmen des Interaktionsprozesses „stigmatisiert".

Die zugeschriebene „personal identity" gehört daher zu den gewichtigsten Gründen, den Erwartungen, die mit der angetragenen „social identity" verknüpft sind, nicht voll entsprechen zu können. Aber auch hier steht das Individuum wieder vor Alternativen, zwischen denen es sich hindurchwinden muß, um seine Interaktionsbeteiligung zu erhalten. Behauptet das Individuum die ihm zugeschriebene Einzigartigkeit zu unnachgiebig, ist es möglicherweise nicht mehr in der Lage, den Balanceakt einer „phantom normalcy" in einer Form aufrechtzuerhalten, die kommunikatives Handeln über gemeinsame Symbolsysteme noch erlaubt. Andererseits führt auch die völlige Ablehnung der „personal identity" zu Problemen in der Beteiligung am Interaktionsprozeß. Das Individuum würde sich in diesem Falle weigern, eine einzigartige Lebensgeschichte zu besitzen, in der spätere Ereignisse durch frühere beeinflußt wurden und werden. Es scheint somit durch nichts mehr behindert zu sein, auf die Erwartungen der jeweiligen Interaktionspartner einzugehen, indem es sich voll den angebotenen Definitionen und Interpretationen unterwirft. Damit ist aber jener Grenzfall erreicht, in dem Interaktion deswegen zusammenbricht, weil ihre Grundvoraussetzung weggefallen ist, nämlich das Auftreten voneinander verschiedener und daher auf kommunikatives Handeln angewiesener Individuen, deren Definitionen und Interpretationen nicht übereinstimmen.

Die Lösung, die dem Individuum hilft, im Hinblick auf die ihm angetragene „personal identity" Interaktion zu erhalten, ist in Analogie zur Strategie gegenüber der angesonnenen „social identity" zu suchen. J. Habermas macht darauf aufmerksam, daß an dieser Stelle eine Lücke im Goffmanschen Begriffsapparat auftritt. Er schlägt daher vor, entsprechend dem Goffmanschen Begriffspaar von „social identity" und „phantom normalcy" der „personal identity" einen Begriff entgegenzusetzen, der die nur scheinbare Übernahme der zugeschriebenen Einzigartigkeit und Kontinuität zum Ausdruck bringt. J. Habermas spricht deshalb von einer „phantom uniqueness"[17]. Wie die „phantom normalcy"

[17] Dieser Begriff entstammt unveröffentlichten Notizen, die J. Habermas 1967 für sein Seminar über „Role Theory and the Problem of Identity" an der New School of Social Research, New York, niedergeschrieben hat.

das Individuum in die Lage versetzt, in den verschiedenartigen Interaktionssystemen jeweils als ein und dasselbe aufzutreten und doch auf die verschiedenen Erwartungen einzugehen, so ermöglicht die „phantom uniqueness", Einzigartigkeit und Kontinuität zu wahren und doch wandlungsfähig zu bleiben.

„Phantom uniqueness" bewegt sich wie „phantom normalcy" auf einer „als ob"-Basis, denn das Individuum agiert, als ob es einzigartig wäre, und hält doch die Gemeinsamkeit mit den Interaktionspartnern fest. Es verhält sich so, als ob es Kontinuität wahrte, und zeigt doch, daß es auf Anforderungen eingegangen ist und eingehen wird, die sich nicht in eine stetige Biographie einordnen lassen. Dieser „als ob"-Charakter der „phantom uniqueness" wird von allen an der Interaktion Beteiligten respektiert, denn er dient dem Individuum und seinen Partnern. So sehr die Andersartigkeit des anderen Voraussetzung für seine sinnvolle Interaktion ist, so wenig Nutzen haben die Interaktionspartner von einer Einzigartigkeit ihres Gegenübers, die sich nicht für den Fortgang kommunikativen Handelns in gemeinsame Symbole und identifizierbare Erwartungen übersetzen läßt und deshalb keine Antizipation von Einstellungen erlaubt. Das Individuum selbst ist darauf angewiesen, sich durch seine Besonderheit nicht in Isolation bringen zu lassen, sondern trotz Besonderheit mit anderen in geteilten Symbolsystemen und Erwartungshorizonten zu interagieren.

Ebenso wie die „phantom normalcy" entspringt auch die „phantom uniqueness" nicht individuellem Ausdrucksstreben, sondern entsteht aus strukturellen Notwendigkeiten des Interaktionsprozesses. Der Druck auf das Individuum durch die angesonnenen Identitäten geht jedoch in verschiedene Richtungen. Im Falle der „social identity" wird verlangt, sich den allgemeinen Erwartungen unterzuordnen, im Falle der „personal identity" dagegen, sich von allen anderen zu unterscheiden. Es wird also zugleich gefordert, so zu sein wie alle und so zu sein wie niemand. Auf beiden Dimensionen muß das Individuum balancieren, weil es, um Interaktion nicht zu gefährden, weder der einen noch der anderen Anforderung noch beiden voll nachgeben, noch sie gänzlich verweigern kann. Zugestanden wird dem Individuum daher eine „als ob"-Basis des Verhaltens in mehrfacher Hinsicht. Gegenüber der Anforderung, sich den allgemeinen Erwartungen unterzuordnen, erlaubt sie ihm, sich so zu verhalten, „als ob" es auf diese einginge, um durch diesen Vorbehalt möglich zu machen, auch die Anforderung, anders zu sein als die anderen, noch aufzugreifen. Gegenüber dieser Anforderung, anders zu sein als die anderen, wird das Individuum sich jedoch ebenfalls nur so verhalten, „als ob" es eine Einzigartigkeit zu behaupten gewillt sei, um die gleichzeitige

Anforderung auf Unterwerfung unter die allgemeinen Erwartungen nicht vollständig zu mißachten.
Der vom Individuum verlangte Balanceakt ist also eine Leistung, die zwei Dimensionen der Handlungsorientierung zu berücksichtigen hat: ein Ausgleich zwischen den divergierenden Erwartungen der Beteiligten muß sowohl in der gleichsam horizontalen Dimension der „social identity" und „phantom normalcy" als auch in der vertikalen Zeitdimension von „personal identity" und „phantom uniqueness" erreicht werden, wobei die Balance in jeder der Dimensionen durch die, die in der anderen eingenommen werden muß, mitbestimmt wird. Diese Balance aufrechtzuerhalten, ist die Bedingung für Ich-Identität. Ich-Identität wird dem Individuum zuerkannt, das gerade unter Ausnutzung der Identitätsnormen der anderen und im Medium gemeinsamer Symbolsysteme seine besondere Individualität festhalten kann. Das Individuum akzeptierte Erwartungen und stößt sich zugleich von ihnen ab, und zwar jeweils im Hinblick auf andere divergente Erwartungen, die ebenfalls Anerkennung fordern. Rücksichtnahme auf andere Erwartungen, die eine vollständige Erfüllung der gerade aktuellen Erwartung nicht erlauben, bedeutet aber zugleich, daß diese anderen Erwartungen in das Verhalten im augenblicklichen Interaktionszusammenhang eingebracht werden. Das Individuum vermag sich hier folglich auch mit dem zu repräsentieren, was es außerhalb dieser Interaktion ist und war. Auf diese Weise wird ihm möglich, sich in seinem Streben nach Balance zwischen den verschiedenen Anforderungen darzustellen. Es zeigt, wie es Ich-Identität zu gewinnen und aufrechtzuerhalten trachtet. Die Besonderheit des Individuums, seine Individualität, bezieht das Individuum aus der Art, wie es balanciert.
Diese Balance entspricht auf der Seite des Individuums der Struktur von Prozessen kommunikativen Handelns, an denen das Individuum teilnimmt. Interaktionsprozesse in einer Gesellschaft mit divergierenden Normen und getragen von Individuen mit unterschiedlichen Biographien können nur fortdauern, wenn die Beteiligten ihre Ich-Identität zu erkennen geben. Für jedes Individuum ist seine balancierende Ich-Identität ein ständiger Versuch, sich gegen Nicht-Identität zu behaupten, weil diese den Interaktionsprozeß überhaupt oder jedenfalls die eigene Mitwirkung daran gefährden würde. Mit Menschen ohne Ich-Identität ist es nicht möglich zu interagieren. Es wurde bereits festgestellt, daß es ohne Interaktion wiederum nicht möglich ist, Ich-Identität zu gewinnen, weil diese sich in der Stellungnahme zu divergierenden Erwartungen entwickelt und der einzelne für den Versuch einer seine persönlichen Belange berücksichtigenden Balance die Anerkennung der anderen braucht.
Nicht-Identität, gegen die sich Ich-Identität behaupten muß, droht dem

Individuum von zwei Seiten, nach denen es fallen kann: es kann die Balance verlieren, indem es in den Erwartungen der anderen voll aufgeht, also sich nicht mehr von der ihm zugeschriebenen „social identity" abhebt; Nicht-Identität droht auf der anderen Seite, wenn das Individuum diese Erwartungen zurückweist, also voll die angesonnene Einzigartigkeit seiner „personal identity" übernimmt. Wenn das Individuum balancierende Ich-Identität nicht erreicht, so kann das verschiedene Gründe haben: Entweder sie gelingt ihm nicht oder es entflieht ihr. Das Mißlingen folgt daraus, daß das Individuum die Fähigkeiten, die zum Aushalten der Balance erforderlich sind, angesichts der Struktur des Interaktionsprozesses nicht ausreichend besitzt — vielleicht nicht besitzen kann, weil der Konflikt zwischen den Erwartungen nicht zu überbrücken ist. Es ist nicht imstande, sich mit unvollständigen, stets zu revidierenden Situationsinterpretationen und mit nur kompromißhafter „als ob"-Übereinstimmung zwischen den Interaktionspartnern zu begnügen, sich trotz der Notwendigkeit, Erwartungen und Sprache zu übernehmen, mit seinen besonderen Bedürfnissen zu präsentieren und trotz des Wunsches nach Bedürfnisbefriedigung sich auch an nicht voll befriedigenden Interaktionen zu beteiligen.
Aber auch dann, wenn es dem Individuum möglich wäre zu balancieren, wird es diese Anstrengung vielleicht nicht auf sich nehmen wollen. Denn was hier immer wieder Bedrohung und Gefahr für Ich-Identität genannt wurde, hat auch etwas Verlockendes. Sich für volle Identifikation mit einigen oder allen Erwartungen oder für totale Verweigerung zu entscheiden, scheint Sicherheit statt der Mühe eines stets labilen Balanceaktes zu bieten. Aber die Verlockungen trügen, denn das nach Eindeutigkeit, Gewißheit und Sicherheit strebende Individuum wird auf keinem der beiden Wege sein Ziel erreichen. Es gibt sich als Interaktionspartner auf, und zwar weil es entweder den Erwartungen der anderen nichts Eigenes entgegensetzt, sondern sich ihnen unterwirft, oder weil es darauf verzichtet, seine Identität in den Erwartungshorizont der anderen zu übersetzen, auf die es angewiesen ist. Beide Positionen können Sicherheit nicht bieten, denn wer allen Anforderungen genügen will, riskiert, in einer Welt ohne Normenkonsens zerrissen zu werden; wer sich allein auf die Anforderungen besonders mächtig oder zuverlässig erscheinender Interaktionspartner stützen will, riskiert, daß er durch seine Festlegung in anderen Interaktionen scheitert; wer sich allen Anforderungen verweigert, riskiert, niemand zu sein. Ich-Identität zu wahren, ist der Versuch, den Gefahren auf beiden Seiten zu entgehen[18].

[18] Ausgehend von der Analyse von Interaktionsprozessen gelangen die Überlegungen zu einem Identitätsbegriff, der in mancher Hinsicht dem K. Heinrichs in seinem „Versuch über

Die Möglichkeiten des Individuums für balancierende Ich-Identität werden in Interaktionsprozessen gefördert, in denen das Individuum die zahlreichen Anforderungen, zwischen denen es als identisches sich behaupten muß, sichtbar machen und zur Diskussion stellen kann. Da auch die anderen Partner in einer derartigen relativ ungezwungenen Interaktionssituation in der Lage sind, ihre Erwartungen zu präsentieren und um Anerkennung nachzusuchen, bestehen dann in besonderer Weise die für eine Identitätsbalance günstigen Voraussetzungen vielfältiger und in Konkurrenz stehender Erwartungen, die interpretationsbedürftig sind.

Stehen aber die Interaktionspartner einander nicht als Individuen gegenüber, die einander zugestehen, Erwartungen zu äußern und sich für sie um Anerkennung zu bemühen, sondern haben einige die Macht, ihre Definition der Situation und Erfüllung ihrer Erwartungen anderen aufzuzwingen, dann gerät der Ablauf von Interaktion aus einem Gleichgewicht. Dem Individuum, das Ich-Identität erhalten möchte, wird es in „asymmetrischen" sozialen Beziehungen erschwert und in Verhältnissen extremer Repression völlig unmöglich gemacht, Balance zu halten, weil der Druck der Mächtigen die Interpretation von Erwartungen nicht mehr zuläßt. Wie schon weiter oben dargestellt, kann Terror der Herrschenden — sei es einer Minderheit oder einer Mehrheit — gegenüber Menschen mit anderen Erwartungen oder Bedürfnissen dazu führen, daß nur Nicht-Identität, also Verzicht darauf zu zeigen, wer man ist, wenigstens Aussicht auf physische Fortexistenz zu bieten vermag[19].

Aber nicht nur durch Zwang, der von Machtpositionen aus eingesetzt werden kann, wird dem Individuum nahegelegt, auf Ich-Identität zu verzichten. Viele Interaktionspartner und Bezugsgruppen verfallen darauf, die ihnen wichtige Interaktionsbeziehung nach außen abzuschirmen. Sie wissen sehr wohl, daß das Individuum vor Identitätsprobleme gestellt wird, wenn es allen Erwartungen vor den Augen aller, die mit ihm in Kontakt stehen, nachkommen muß. Um dem Individuum die Schwierigkeiten eines Ausgleichs zwischen den divergierenden Anforderungen zu ersparen, sind die Bezugsgruppen, wenn es ihnen sehr auf bestimmte Leistungen ankommt, durchaus mit einem „Doppelleben", das

---

(Noch Anm. 18)
die Schwierigkeit nein zu sagen" entspricht (Heinrich 1964; vgl. vor allem Kapitel 2 „Die Schwierigkeit nein zu sagen als das Problem der Identität unter der Drohung des Identitätsverlustes", S. 57—85). Dieses Buch gibt wichtige Anregungen zur Beurteilung der amerikanischen Identitätsliteratur.

[19] Belege dafür finden sich überall in den Berichten über das Leben von KZ-Häftlingen, zum Beispiel in der erschreckenden Schilderung H. G. Adlers „Theresienstadt. Das Antlitz einer Zwangsgemeinschaft" (1955). Vgl. auch B. Bettelheim (1943) und R. Henkys (1964).

zum Beispiel Berufs- und Privatleben strikt trennt, einverstanden. Dies ist ein Grund dafür, den Arbeitsplatz gegen den Einblick „Betriebsfremder" zu schützen oder bestimmte Vorgänge als „vertraulich" zu klassifizieren. Auch E. Goffman (1959) hat immer wieder darauf hingewiesen, daß die Menschen sich Trennwände schaffen, um bestimmte Interaktionsbereiche deutlich voneinander zu scheiden. Dies dürfte selbst in einer relativ repressionsfreien Gesellschaft in gewissem Umfang notwendig sein. Das Individuum steht jedoch in Gefahr, diese scheinbaren Erleichterungen zu weitgehend auszunutzen. Obwohl sie im Augenblick hilfreich sein mögen, zwingen sie zu besonderen Sicherheitsvorkehrungen im Verhalten. Wenn die Trennwände die einzelnen Interaktionsbereiche hermetisch abriegeln, engen sie insgesamt den Interaktionsspielraum und die Interpretationsmöglichkeiten für das Individuum stark ein. Wichtig ist es, den sozialstrukturellen Hintergrund dieser Verhaltensweisen zu sehen. Je stärker der objektive Druck auf das Individuum ist, bestimmte Leistungsanforderungen zu erfüllen, desto näher liegt es, den beschwerlichen Identitätsanspruch aufzugeben. Von diesem Gedankengang aus bietet sich eine Diskussion der Marxschen Vorstellung vom Warencharakter der menschlichen Arbeit und des Menschen selber unter bestimmten Produktionsverhältnissen an.

Identitätsprobleme stellen sich ferner gar nicht oder doch nur in geringem Ausmaße, wenn jemand überhaupt nur in einem sehr eng begrenzten und gegen äußere Einflüsse weitgehend abgesicherten sozialen Raum lebt. Als Beispiel denke man an familiale Verhältnisse, in denen alle Erwartungen längst bekannt sind und alles Verhalten eingefahrene Gewohnheit geworden ist. Alle Ansätze zu Identität werden vor allem dann im Keim erstickt, wenn solche die Individuen voll absorbierenden sozialen Systeme in ihrem Rahmen keine Konflikte zulassen, wie dies zum Beispiel in Familien der Fall ist, in denen Familienmitglieder wegen persönlicher Instabilität keine Kritik und keine Auseinandersetzung über strittige Fragen vertragen. Diese Familien nähern sich in ihrem Charakter den von E. Goffman beschriebenen „totalen Institutionen" (Goffman 1961 a). Während eben gezeigt wurde, daß rigide Trennwände die Auseinandersetzungen des Individuums über divergierende Erwartungen verhindern, werden in „totalen Institutionen" wie Gefängnissen, Krankenhäusern oder Internaten die Schranken, die im allgemeinen die verschiedenen Lebensbereiche von Arbeit, Freizeit und Schlaf scheiden, mehr oder weniger vollständig niedergebrochen.

"The handling of many human needs by the bureaucratic organization of whole blocks of people . . . is the key fact of total institutions." (Goffmann 1961 a, S. 6)

Auch diese Situation schmälert die Chance des Individuums beträchtlich, seine Identität auf die Diskussion divergierender Normen zu gründen, denn totale Institutionen versuchen, das Auftreten divergierender Erwartungen und Verhaltensweisen nach Möglichkeit einzuschränken.
In der Schilderung von Doppelleben und totaler Institution als Gefahren für die Identitätsbildung wird noch einmal deutlich, welche Vorstellungen von Interaktion dieses Identitätskonzept unterstellt. Identität im hier vorgetragenen Sinne setzt voraus, daß der einzelne an Interaktionssystemen teilnimmt, die in ihren Erwartungen an das Individuum divergieren. Divergierende Erwartungen sollte es in einer Gesellschaft immer dann geben, wenn in ihr die Lösung der Systemprobleme in einem Netzwerk von Positionen organisiert wird und daher ihre Mitglieder eine eigene soziale Biographie besitzen. Weiterhin ist vorausgesetzt, daß jeder Interaktionspartner die Möglichkeit hat, den anderen Erwartungen vorzutragen und sie durchzusetzen. Diese Chance wächst mit der Gleichberechtigung der Partner und wird geschmälert, je asymmetrischer die Beziehung wird. Ferner ist vorausgesetzt, daß zwischen allen Interaktionssystemen Austausch von Informationen stattfinden kann. In einer Gesellschaft dieser Art kann folglich über alles, was ihre Mitglieder denken, empfinden und tun, frei diskutiert werden. Es muß freilich nicht über alles und zu jeder Zeit diskutiert werden. G. H. Mead betont besonders die Notwendigkeit eines „universe of discourse", einer universalen Diskussion aller über alles (Mead 1934)[20]. Je weniger Diskussionen es zwischen den Interaktionssystemen und in ihnen gibt, desto geringer sind die Möglichkeiten für die Bildung von Identität.
Allgemeine Diskussion über alle Probleme ist jedoch nur möglich, wenn es eine Sprache gibt, die in sich die Balance der Ich-Identität widerspiegeln kann. Wie schon im ersten Kapitel dargelegt, wird diese Bedingung von der Umgangssprache erfüllt, die in ihrem Sinn grundsätzlich mehrdeutig ist und gleichzeitig Inhalte unterschiedlicher Art zu übermitteln vermag. Sie ist in der Lage, sowohl zwischen dem Gesamt aller Interaktionsprozesse zu vermitteln als auch im einzelnen Interaktionsprozeß als Kommunikationsmedium zu dienen. Die Umgangssprache ist daher für die Verständigung über Ich-Identitäten, die divergierende und kontradiktorische Elemente in sich enthalten, in besonderer Weise geeignet, denn ihre Symbole bieten Raum auch für nicht definitiv und ein für allemal bestimmbare Sachverhalte, wie sie balancierenden Identitäten eigen sind. Die Umgangssprache kann sich auf den jeweiligen Interaktionszusammenhang einstellen und die ständigen Veränderungen in den Definitionen

[20] Insbesondere Teil IV „Society", zum Beispiel S. 284.

und Interpretationen von Identitäten und Situationen mitvollziehen.
Wie die Ich-Identität balanciert auch die Sprache, und wie die Ich-Identität ist auch sie in Gefahr, in zwei Richtungen zu entarten und zur Nicht-Sprache zu werden. Sie wird zur Nicht-Sprache entweder in Gestalt einer Sprache, die aus Stereotypen besteht. Das bedeutet, daß sie sich dagegen verschließt, Situationen und ihre Veränderung zur Kenntnis zu nehmen. Oder sie wird zur Nicht-Sprache in Gestalt inhaltsloser Formeln, die beliebig erfüllt werden können. Sowohl die „verstockte" Sprache in Stereotypen als auch die „entleerte" Sprache ohne Inhalt kann die vermittelnde, „übersetzende" Funktion von Sprache nicht erfüllen[21]. Diese beiden Nicht-Sprachen entsprechen der Nicht-Identität der isolierten Einzigartigkeit und des widerstandslosen Aufgehens in den Erwartungen der anderen.

2.3. Stabile Identität: Beispiele andersartiger Auffassungen

Das hier vorgetragene Identitätskonzept steht im Gegensatz zu einer Reihe von anderen Identitätsvorstellungen, die von verschiedenen Autoren vorgetragen werden. Ihre Auffassungen stimmen — so verschieden sie im einzelnen auch sein mögen — darin überein, daß Identität dem Individuum einen festen, inhaltlich definierten Platz in einem Sozialsystem zuweist. Damit nähern sie sich dem üblichen Sprachgebrauch und einer weithin anzutreffenden Vorstellung von Identität. Unter „Identitätspapieren" werden jene Dokumente verstanden, mit deren Hilfe ein Individuum bei jeder Gelegenheit nachweisen kann oder ihm nachgewiesen werden kann, daß es dasselbe ist, das auch in anderen Situationen auftritt. Dieser Nachweis geschieht bevorzugt anhand nur schwer oder gar nicht veränderbarer Merkmale, die ein Individuum vom anderen unterscheiden, etwa Muttermale oder Narben. Besondere Kennzeichen dienen jedoch nicht immer nur dem Wiedererkennen einer bestimmten Person. Vielmehr werden oft wirkliche oder angebliche Attribute eines Menschen in den Rang als unveränderlicher, schicksalhafter Bestimmungen seines gesamten Lebens erhoben. Sie schöpfen voll und ganz aus, wer

[21] So Heinrich 1964 in seinem „Versuch über die Schwierigkeit nein zu sagen", insbesondere im Kapitel 3, „Die Schwierigkeit nein zu sagen als das Problem der Sprache im Zustand der Sprachlosigkeit", S. 97—119.

eine bestimmte Person ist. Die Identität ist reduziert auf ein Rollstuhldasein oder einen Sportrekord. E. G. Schachtel nennt neben körperlichen Eigenarten wie Gebrechen oder Schönheit, denen ein Mensch sich als verdinglichten Ausdruck seiner Identität voll ausliefern kann, auch den populären Gebrauch des psychoanalytischen Begriffs „Ego“ als Möglichkeit für ein — seiner Ansicht nach fehlgehendes — Streben nach Identität. „Ego“ brauche, so werde gesagt, Erfolg, Bewunderung, Liebe:

"But while it (das Ego der psychoanalytischen Theorie — L. K.) is only part of the self, it has the tendency to become the focal point of the feeling of identity and to dominate the whole life of the people who are involved with their 'ego' to a significant degree ... The 'ego' has become their identity and at the same time the main object of their worry, ambition, and preoccupation, crowding out any real concern with themselves and with others." (Schachtel 1961, S. 122 f.)

Auf andere Wege, die Menschen benutzen, um eine „stabile“ Identität zu errichten, weist H. M. Lynd hin (Lynd 1958)[22]. Als Beispiele für unangemessene Versuche, Identität zu entwickeln, macht sie zum einen auf die Menschen aufmerksam, die eine „Pose“ annehmen. Gemeint sind Posen wie die des „objektiven“ Wissenschaftlers, des „realistischen“ Politikers oder jener Menschen, die alles „amüsant“ finden. Andere glauben ihre Identität auf eine sozial anerkannte Rolle stützen zu können. Ferner nennt H. M. Lynd jene, die ihre Identität daraus beziehen, daß sie sich einer Weltanschauung anschließen, die für alle Probleme von vornherein die richtige Lösung weiß.

Dieselbe Tendenz zur Verdinglichung und zur inhaltlichen Festlegung ist auch dort zu erkennen, wo im Zusammenhang mit Auseinandersetzungen zwischen Rassen mit der Identität des Negers oder des Weißen argumentiert wird, die durch Aufhebung von Rassenschranken gefährdet werde[23]. Ebenso gibt es eine entsprechende Verwendung des Identitätsbegriffs in nationalistischer Ausprägung, sogar in wissenschaftlichen Darlegungen über Probleme der Integration und Konsolidierung von Charakterzügen bei relativ jungen Nationen[24].

Der skizzierte Sprachgebrauch hat sich in den letzten Jahren in nicht wenigen soziologischen Arbeiten, und zwar sowohl in empirischen Studien als auch in theoretischen Ansätzen, niedergeschlagen. Es gibt Rollenstudien, in denen die Begriffe Rolle und Identität voll austauschbar benutzt

---

[22] Vgl. insbesondere S. 184—195.

[23] Sowohl in den Vereinigten Staaten als auch in Südafrika ist es — vor allem bei den Befürwortern von Rassentrennung — üblich, von der Identität des Weißen und des Schwarzen zu reden, als ob es sich um den Inbegriff unveränderlicher Wesensmerkmale handelte.

[24] Vgl. etwa Shinn 1964. Auch Erikson spricht von „american identity“ zum Beispiel in 1946.

werden, etwa in D. H. Blochers Studie über die Beraterrolle (Blocher 1963) oder in R. G. Corwins Untersuchung über die Krankenschwester (Corwin 1961). Andere Arbeiten stellen dar, daß Rollenkonflikte Identität bedrohen. Ihren Hintergrund bildet die Vorstellung, daß Identität nur dann gewährleistet ist, wenn sie sich auf klare, in ihrem Inhalt bestimmbare und möglichst widerspruchslose Rollennormen stützen kann. Mindestens wird dies als Idealfall betrachtet (Blocher 1963, Davis/Oleson 1963). Da ganz offensichtlich in der sozialen Wirklichkeit Diskrepanzen zwischen Rollen kaum zu vermeiden sind, liegt es nahe, dem Identität suchenden Individuum die Orientierung an einer zentralen Rolle zu empfehlen (zum Beispiel Getzels/Guba 1954). Eine andere Möglichkeit besteht darin, daß das Individuum sich eine integrierende Rolle nach Art der von J. P. Spiegel so genannten „angenommenen" Rollen zuschreibt (Spiegel 1957). Beispiele für derartige „angenommene" Rollen, die eine Identität tragen sollen, sind „der Helfende" oder „das Opfer". Entsprechend dem Programm der „angenommenen" Rolle werden dann alle anderen Rollen des Individuums gestaltet[25]. Zentrale Rolle beziehungsweise angenommene Rolle und Identität nicht mehr zu unterscheiden, erscheint konsequent, wenn der Identitätsbegriff nur dazu dienen soll, die das Individuum besonders charakterisierenden und stetig durchgehaltenen Eigenschaften zu erfassen.

Auch einige jüngere Ansätze zu soziologischen Theorien führen den Identitätsbegriff ein. Hier steht ebenfalls im Vordergrund des Interesses, das Individuum durch eine Reihe von Eigenschaften und Identifikationen zu charakterisieren. So schreiben zum Beispiel E. Gross und G. P. Stone: „Wenn jemand Identität besitzt, dann nimmt er einen Platz ein." Darunter verstehen sie, daß die Identität einer Person sich aus ihrer Zugehörigkeit zu einer bestimmten Institution oder Organisation ableitet (Gross/Stone 1964/65, S. 3)[26]. Auch für P. L. Berger und Th. Luckmann bedeutet Identität zu besitzen, einen bestimmten Platz in einer Welt von Bedeutungen einzunehmen, die bei der Aneignung von Identität im primären Sozialisationsprozeß übernommen wird. Sie greifen auf G. H. Meads Vorstellung von der Internalisierung des „generalized other" zurück:

"It implies the internalization of society as such and of the objective reality established therein, and, at the same time, the subjective establishment of a coherent and continuous identity. Society, identity and reality are subjectively crystallized in the same process of internalization. This crystallization is concur-

[25] Weitere Beispiele finden sich bei Levita 1965, S. 141 ff.
[26] Der Artikel enthält auch eine lesenswerte Kritik an der Rollentheorie.

rent with the internalization of language ... When the generalized other has been crystallized in consciousness, a symmetrical relationship is established between objective and subjective reality. What is real 'outside' corresponds to what is real 'within'. Objective reality can readily be 'translated' into subjective reality, and vice versa." (Berger/Luckmann 1966, S. 123)

Einerseits betonen auch P. L. Berger und Th. Luckmann, die Korrespondenz von objektiver und subjektiver Realität führe niemals dazu, daß beide sich voll decken; denn es gebe stets mehr objektive Realität als in einem Lebenslauf internalisiert werden kann. Folglich sei das Verhältnis von objektiver und subjektiver Realität stets prekär und Identität immer bedroht. Die Autoren sprechen wie diese Arbeit von einem zu leistenden „Balanceakt". Andererseits jedoch wird dieser Gedanke in ihrem Sozialisationsmodell und in ihrem Begriff von Rollendistanz nicht fruchtbar. Im primären Sozialisationsprozeß, in dem die Identität des neuen Gesellschaftsmitglieds errichtet wird, ist den Autoren zufolge das Kind den „significant others", den Personen seiner nächsten Familienumwelt, so ausgeliefert, daß es nur übernehmen kann, was ihm vermittelt wird. So wie P. L. Berger und Th. Luckmann die primäre Sozialisation beschreiben, treten die um die Sozialisation des Kindes bemühten Personen diesem wie eine „totale Institution" gegenüber. Distanz, Ambivalenz und subjektive Stellungnahme gebe es in dieser Entwicklungsphase und gegenüber den hier vermittelten Realitäten (zum Beispiel Geschlechtsrolle) nicht; ein solcher Fall wäre nach P. L. Berger und Th. Luckmann pathologisch, denn die in der primären Sozialisation erworbene Realität werde nicht als eine unter vielen, sondern als Realität schlechthin übernommen:

"If it (die Rollendistanz — L. K.) extends to the realities internalized in primary socialization, we are in the domain of what American psychiatry calls 'psychopathy', which implies a deficient formation of identity." (Berger/Luckmann 1966, S. 189, Anmerkung 15)

Rollendistanz gebe es erst gegenüber den Realitäten, die im Rollenlernen der sekundären Sozialisation vermittelt werden. Sie wird nach dieser Auffassung dadurch möglich, daß dem Individuum in der primären Sozialisation ein festes Fundament zur Verfügung steht:

"The individual then establishes distance between his total self and its reality on the one hand, and the role-specific partial self and its reality on the other. This important feat is possible only after primary socialization has taken place." (Berger/Luckmann 1966, S. 131)

Die Autoren halten es für außerordentlich schwierig, die in der Primärsozialisation erworbene subjektive Realität zu verändern. Dies sei prak-

tisch nur in Prozessen möglich, die den Vorgängen in der Primärsozialisation ähneln.
Nun kann kein Zweifel sein, daß die ersten Identifikationen des jungen Menschen, die Erwartungen, die er in frühester Kindheit übernommen hat, besonders beständig sind. Jeder Mensch hat in seinen ersten Lebensjahren Eigenarten erworben, die er kaum jemals verlieren wird. Aber es besteht die Möglichkeit, diese Eigenschaften stets neu für Interaktionen zu interpretieren. P. L. Berger und Th. Luckmann wollen die Stabilität von Identität auf die Stärke der früheren Identifikationen und Internalisierungen gründen, folglich auf dauerhaften inhaltlichen Bestimmungen des Individuums, denen gegenüber es keine Distanz gibt. Identität zu wahren, ist jedoch nur möglich, wenn das Individuum alle seine Identifikationen durch neue Interpretationen für seine jetzigen Interaktionen aufarbeiten kann. Die Notwendigkeit zu derartiger Interpretation besteht auch schon in der Familie, die das kleine Kind erlebt. Es agiert von Anfang an in sozialen Beziehungen, die von ambivalenten und teilweise widersprüchlichen Erwartungen der Eltern geprägt werden. Diese Widersprüche sind nicht pathologisch, sondern Folge der verschiedenen Biographien von Vater und Mutter, die sich auch in der Erziehung auswirken. Gegen sie sich zu behaupten, ist das Identitätsproblem. Inhaltliche Festlegungen, die nicht der Interpretation prinzipiell verfügbar sind, stellen in der Sicht des hier vorgetragenen Identitätskonzeptes eher eine Gefährdung der Identitätsbalance dar, während P. L. Berger und Th. Luckmann sie als hilfreich für die Sicherung einer Identität betrachten.
Die Tatsache, daß zahlreiche Identifikationen relativ unabhängig voneinander entstehen und bestehen, hat eine Reihe von anderen Autoren, die ebenfalls Identität auf inhaltliche Bestimmungen des Individuums gründen wollen, zur Unterscheidung von Teilidentitäten, die veränderbare Gesamtkonfigurationen bilden, veranlaßt. Zum Beispiel führen A. W. Gouldner und H. P. Gouldner sowie in ähnlicher Weise auch D. R. Miller aus, daß jedes Individuum zahlreiche „soziale Identitäten“ beziehungsweise „Subidentitäten“ besitze, die aus dem Gesamt von Attributen bestehen, die eine Person jeweils in bestimmten Rollen zeigt (Gouldner/Gouldner 1963; Miller 1961; 1963). D. R. Miller bemüht sich, deutlich zwischen Positionen und Rollen einerseits und Subidentitäten andererseits zu unterscheiden. Positionen und Rollen bestehen aus Rechten und Pflichten, während Subidentitäten sich aus Verhaltensweisen und Handlungsstilen zusammensetzen. Je nach Situation sei nur eine bestimmte oder ein Teil der vielen Identitäten, die ein Individuum besitzt, für das tatsächliche Verhalten in einer Rolle relevant. Die Gesamtidentität einer Person könne man sich als ein hierarchisch gegliedertes System von Teilidentitäten vor-

stellen. Im Hinblick auf die Rollen des Individuums entspricht diese Vorstellung denen T. Parsons' (Parsons 1951, S. 280 f.). G. J. McCall und J. L. Simmons versuchen, diese Gesamtidentität dadurch für künftige Entwicklungen offenzuhalten, daß sie dem Individuum die Möglichkeit einräumen, einzelne „Rollenidentitäten" in verschiedener Weise zusammenzufassen (McCall/Simmons 1966)[27]. Jedes Individuum entwerfe zum einen ein „Idealselbst" aus seinen „Rollenidentitäten", zum anderen aber auch je nach Anforderung verschiedenartige „Situationsselbst", in denen die „Rollenidentitäten" entsprechend ihrer Relevanz für bestimmte Interaktionen gruppiert werden.

Von hier aus ist der Weg zur Unterscheidung zwischen einem „inneren" und einem „äußeren" Selbst nicht weit, wie sie zum Beispiel von W. Ackerman (1951) oder von B. Dai (1952) vorgetragen wird und bei D. R. Miller im Gegensatz vom „Kern" der Identität und „Subidentitäten" wiederkehrt (Miller 1961; 1963). Diese Auffassungen nähern sich jenen Theorien, die beständige Persönlichkeitsstrukturen aufzeigen wollen. Der interaktionistische Ansatz, dem die meisten dieser Autoren sogar zu folgen vorgeben, wollte demgegenüber gerade zeigen, wie es ohne Anlehnung an feste Persönlichkeitsstrukturen dem Individuum gelingen kann, allein durch seine Fähigkeit, zwischen diskrepanten Anforderungen zu balancieren statt sie zu verdrängen, Identität aufrechtzuerhalten.

Allerdings geht es diesen Autoren offenbar nicht so sehr um die Problematik der Wahrung von Identität, sondern vielmehr um die Vorhersage von Verhalten. Ihr Thema ist nicht die Frage, welche Schwierigkeiten sich für die Identität eines Individuums ergeben, wenn es verschiedenartigen, nicht ohne weiteres abweisbaren Anforderungen ausgesetzt ist. Vielmehr hoffen die genannten Autoren, in der „Identität" ein zuverlässigeres Fundament für das Verhalten des Individuums gefunden zu haben, als es bislang in den Begriffen Rolle, Position und Selbst gegeben war. Grundsätzlich besteht diese Hoffnung auch im Rahmen der vorliegenden Arbeit. Es soll jedoch versucht werden, Identität nicht falsch zu stabilisieren, sondern konsequent an ihrem balancierenden Charakter festzuhalten, auch wenn es dann schwerer fallen sollte, den Begriff in Operationalisierungen umzumünzen.

Die Darstellungen der Identitätsproblematik, die mehr der psychoanalytischen Tradition verpflichtet sind, ähneln der hier vorgetragenen oft im Vokabular, wenn der Frage nachgegangen wird, wie ein Individuum Identität gewinnen, aufrechterhalten und sich ihrer vergewissern kann. E. H. Erikson, der wie kein anderer Autor für die Verbreitung des Identitätsbegrif-

---

[27] Vgl. insbesondere S. 76 ff. „The Organization of Role-identities".

fes in der soziologischen und psychoanalytischen Literatur gesorgt und die Diskussion über dieses Thema beeinflußt hat, wiederholt immer wieder, daß das Individuum für seine Identität die Anerkennung der anderen benötige[28]. Aber die Unterschiede treten doch bei genauerer Betrachtung bald hervor. E. H. Erikson denkt nicht zuerst an die jeweils neu zu erringende Anerkennung in der ständigen Abfolge von Interaktionen, die immer wieder unter anderen Erwartungen stehen, sondern an die grundsätzliche Eingliederung des Individuums in die kollektiven Lebenspläne und Realitätsdefinitionen einer Gruppe:

„Das heranwachsende Kind muß bei jedem Schritt ein belebendes Wirklichkeitsgefühl aus dem Bewußtsein ziehen, daß seine individuelle Art der Lebensmeisterung (seine Ichsynthese) eine erfolgreiche Variante einer Gruppenidentität ist und in Übereinstimmung mit der Raum-Zeit und dem Lebensplan seiner Gesellschaft steht." (Erikson 1950 a, S. 230)

E. H. Erikson weist des öftern darauf hin, daß die geschichtliche Periode, in der ein Individuum Identität sucht, „nur eine beschränkte Anzahl sozial bedeutungsvoller Modelle (liefert), in welchen es seine Identitätsfragmente zu einem leistungsfähigen Ganzen zusammenfügen kann“ (Erikson 1946, S. 22). Daher kann er auch erklären, daß Ich-Identität eine mit dem Abschluß der Adoleszenz zu erreichende Entwicklungsstufe im Sozialisationsprozeß sei. Zwar hat die Ich-Identität in den früheren Entwicklungsphasen des Kindes ihre Vorläufer, aber sie bildet sich erst jetzt in den für das Jugendalter typischen Krisen heraus:

„Die Integration, die nun in Form der Ich-Identität stattfindet, ist mehr als nur die Summe der Kindheitsidentifikationen. Es ist die gesammelte Erfahrung über die Fähigkeit des Ich, diese Identifikationen mit den Libido-Verschiebungen zu integrieren, ebenso wie mit den aus einer Grundbegabung entwickelten Fähigkeiten und den Möglichkeiten sozialer Rollen. Das Gefühl der Ich-Identität ist also die angesammelte Zuversicht des Individuums, daß der inneren Gleichheit und Kontinuität auch die Gleichheit und Kontinuität seines Wesens in den Augen anderer entspricht, wie es sich nun in der greifbaren Aussicht auf eine ‚Laufbahn‘ bezeugt.“ (Erikson 1950 a, S. 256)

E. H. Erikson glaubt, daß selbst durch die Psychoanalyse die „Gesamtkonfiguration von Ich-Identität“ nicht grundlegend zu verändern ist, wenn es auch gelingen könnte, innerhalb ihres Rahmens gewisse unerwünschte durch wünschenswertere Identifikationen zu ersetzen.

Die zitierte Beschreibung Eriksons geht durchaus auf die Integrationsfähigkeit des Individuums ein, das angeeignete Erwartungen mit Bedürfnis-

---

[28] Levita (1965) teilt sein Referat über die Identitätsliteratur in die Kapitel „Geschichte vor Erikson“, „Erikson“ und „Literatur nach Erikson“ ein.

strukturen zu vereinigen suchen muß. Aber er verlangt doch für seine Identitätsvorstellung inhaltliche Festlegungen. Der Jugendliche soll eine Auswahl unter den möglichen Identifikationen treffen. Darauf deutet auch die „Laufbahn" hin, für die sich der junge Mensch zum Abschluß der Adoleszenz entscheiden soll, und die „sozialen Rollen", die er sich erwählen muß, um seine Identität zu stabilisieren. Daß niemand ohne Identifikationen an Interaktionen teilnehmen kann, ist nicht zu bestreiten. Jedoch sind es nicht die Identifikationen schlechthin, die die Gleichheit und Kontinuität des Individuums herstellen und seine Identität sichern, sondern Identität kann nur aufrechterhalten werden, wenn die Identifikationen ihrer Art nach eine interpretierende Diskussion erlauben. E. H. Erikson aber geht es nicht um die Art der Identifikationen, sondern um Integration von Identifikationen, Rollen und Bedürfnissen.
Gewiß wünscht E. H. Erikson nicht eine starre Identitätsstruktur, die dem Individuum unmöglich macht, auf sich verändernde Verhältnisse einzugehen. Aber er grenzt sein Identitätskonzept programmatisch nur gegen die Gefahr der Identitätsdiffusion ab, nicht gegen die der Starrheit. Identitätsdiffusion als Gegensatz zu gelungener Identität faßt er als „eine Zersplitterung des Selbstbildes ..., ein(en) Verlust der Mitte, ein Gefühl der Verwirrung und in schweren Fällen die Furcht vor völliger Auflösung" auf (Erikson 1956, S. 154, Anmerkung 6); sie kann also die Gestalt schwerer pathologischer Störungen annehmen. Identitätsdiffusion kann dann auftreten, wenn sich ein Individuum gleichzeitig vor sehr verschiedenartige Erwartungen, etwa im Elternhaus und im Freundeskreis, gestellt sieht. E. H. Erikson betont nicht, daß das Individuum im Sozialisierungsprozeß die Fähigkeit erworben haben sollte, sich mit diskrepanten Erwartungen auseinanderzusetzen, sondern er glaubt, daß das Individuum seine Identität nicht verlieren wird, wenn der Sozialisationsprozeß ihr eine gefestigte Struktur zu geben vermochte. In Konsequenz dieser Vorstellung muß er sich auf die Hoffnung beschränken, daß Individuen vor allzu divergierenden Anforderungen möglichst bewahrt werden, gesellschaftliche Veränderungen sich nicht zu schnell vollziehen und eingenommene soziale Rollen nicht durch äußere Umstände ein gar zu abruptes Ende finden, damit die Identitätsstruktur des Individuums nicht überfordert wird. Die Zunahme von Identitätsdiffusion in der Praxis des Psychotherapeuten deutet er als Folge zunehmender Belastung des Menschen durch das immer umfassendere Ausmaß und die zunehmende Beschleunigung historischen Wandels (Erikson 1946).
Daß Individuen darin überfordert sein können, Identität zu wahren, ist auch dem hier vorgetragenen Identitätskonzept nicht fremd. E. H. Erikson jedoch sucht Hilfe für das Individuum durch Festlegung der Identi-

tät, während in dieser Arbeit zu beschreiben versucht wurde, daß Identität grundsätzlich in Situationen mit divergierenden und sich wandelnden Erwartungen aufgebaut werden muß. Für E. H. Erikson beruht Ich-Stärke auf einer nur schwer zerbrechlichen, gefestigten Identitätsstruktur; aus der Perspektive des hier vertretenen Identitätskonzeptes ist das Individuum als belastbarer anzusehen, wenn seine Identifikationen weniger fest sind, so daß ihm Spielraum und Distanz bleibt und damit ein Potential verfügbar wird, Konflikte aufzuarbeiten oder sich mit ihnen zu arrangieren.

Von „zerbrechlicher, ungefestigter Identität" spricht E. H. Erikson auch, wenn Menschen den Psychoanalytiker aufsuchen, die keine Spannungen ertragen und keine Entscheidungen fällen können. Die Therapie soll den geheilten Patienten befähigen, „die Diskontinuitäten des amerikanischen Lebens und die polaren Spannungen in seinem eigenen Kampfe um eine wirtschaftliche und kulturelle Identität ins Auge zu fassen, nicht als eine von außen auferlegte feindliche Realität, sondern als potentielles Versprechen einer universaleren kollektiven Identität" (Erikson 1946, S. 37). Auch andere Stellen klingen durchaus so, als ob nach diesem Autor eine stabile Identität gleichfalls ihre Kraft gerade aus der Auseinandersetzung mit Konflikten zieht:

> „Die Demokratie in einem Lande wie Amerika stellt gerade dadurch besondere Probleme, daß sie eine selbstgemachte Identität verlangt, eine Identität, die bereit und fähig ist, unvorhergesehene Chancen zu ergreifen und sich dem Wechsel von Boom und Baisse, Frieden und Krieg, Mobilität und Seßhaftigkeit anzupassen." (Erikson 1950 b, S. 112)

Es zeigt sich jedoch sehr bald, daß E. H. Eriksons Identitätskonzept nicht vorsieht, daß der einzelne Diskrepanzen benutzt, um sich als eigenständiges Individuum zu etablieren. Vielmehr soll das Individuum nur in die Lage versetzt werden, Spannungen und Konflikte hinzunehmen und sich somit an die Gegebenheiten der amerikanischen Gesellschaft anzupassen. Wie der Autor das Verhältnis von „selbstgemachten Identitäten" zur Gesellschaft einschätzt, offenbart sich in der Aussage, daß „das System, wenn es auf Krieg umgeschaltet wird, automatisch die ‚selbstgemachten' Identitäten von Millionen Individuen übergehen und die Menschen dorthin stellen muß, wo sie gebraucht werden" (Erikson 1950 b, S. 112). Eriksons Identitätskonzept weist auf keine Kraft hin, die Verhältnisse mitzugestalten. Es läuft letztlich auf Unterwerfung unter die herrschenden Verhältnisse hinaus.

Dabei bietet Eriksons Darstellung der Sozialisation des Kindes durchaus Ansätze für die Vorstellung der Genese eines kritischen Potentials im Individuum. Er schildert den Sozialisationsprozeß als eine Abfolge von psychosozialen Krisen, die das Kind zu lösen hat. In jeder dieser Entwicklungsphasen, die in Anlehnung an S. Freud bestimmt sind, erwirbt das Kind eine Fähigkeit, die ihm hilft, bestimmte Probleme zu lösen: gegeben bekommen und geben in der oralen Phase; festhalten und loslassen in der analen Phase; tun und „tun als ob" in der infantil-genitalen Phase sowie etwas „Richtiges" machen und etwas mit anderen zusammen machen in der Latenzzeit[29]. Auffälligerweise enthält das Diagramm für den Abschnitt der Entwicklung, in der der Jugendliche zum erstenmal Identität aufbaut, kein Verbum, das Fähigkeiten bezeichnet, sondern eine Aussage über das nach Erikson zu erzielende Ergebnis in dieser Entwicklungsperiode: „Wer bin ich (wer bin ich nicht) — Das Ich in der Gemeinschaft." Hier wird also eine klare inhaltliche Festlegung des Individuums verlangt, während es in den früheren Phasen um Fähigkeiten ging, die in vielerlei Situationen angewandt werden können und dem heranwachsenden Kind ebenso wie dem späteren Erwachsenen erlauben, sich in ihnen angemessen zu etablieren.

An anderer Stelle kommen Eriksons Darlegungen den hier entwickelten Identitätsvorstellungen näher. Zum Beispiel, wenn er darauf hinweist, daß gelungene Ich-Identität den Jugendlichen von der Zwangsherrschaft des kindlichen Über-Ichs befreit (Erikson 1956, S. 190 ff., S. 212). In dieser Identität leistet das gestärkte Ich den durch die früheren Über-Ich-Zwänge gestörten Ausgleich zwischen den divergierenden Anforderungen von Über-Ich, Es und Außenwelt, und zwar so, daß Gleichheit und Kontinuität des Individuums gesichert werden. Es ist interessant, daß Eriksons Ausführungen dort fruchtbarer werden, wo er sich ausdrücklich um die Einordnung seiner Vorstellungen in die Freudschen theoretischen Ansätze bemüht.

E. H. Erikson baut diese Ansätze nicht zu einem Konzept balancierender Identität aus. Er sucht Ich-Identität immer wieder durch Integration in eine Gruppenidentität, die das Individuum — anders als etwa bei E. Goffman — distanzlos übernimmt, zu stabilisieren und vor dem Risiko der Diffusion zu schützen, ohne die Gefahr der rigiden Identifikation zu bedenken. Damit gesellt er sich zu jenen Identitätstheoretikern, die dem Individuum durch eine fest strukturierte Orientierung Unsicherheit und Zweifel ersparen wollen. Bei E. H. Erikson sichert das Individuum seine Identität, indem es eine möglichst klare Vorstellung von sich selbst zu besitzen trachtet, noch bevor es sich in Interaktionsprozesse verwickelt. Es ist dargestellt worden, wie eine derartige Identität die Beteiligung an

[29] Vgl. das Diagramm D in Erikson 1966, S. 214 f.

Interaktion zu gefährden vermag. Erikson unterschätzt das Problem, in Interaktionen auf andere einzugehen und sich immer wieder neu artikulieren zu müssen. Er bietet nichts an, was den Individuen helfen könnte, in einer sich ständig wandelnden Welt mit stets divergierenden Normen Identität zu wahren, weil er nicht die Notwendigkeit sieht, Identität je neu zu entwerfen. Somit besteht die Gefahr, daß die von E. H. Erikson beschriebene Identität zu einer „entfremdeten" Identität im Sinne E. G. Schachtels wird, also neben den Interaktionsprozessen stehenbleibt.
D. J. de Levita, der sich weithin an E. H. Erikson anlehnt, vertritt sogar ausdrücklich einen Identitätsbegriff, der sich auf Verdinglichungen („reifications") stützt (Levita 1965)[30] D. J. de Levita betont, daß er mit Reifikation nichts Negatives ausdrücken wolle: "It was merely a question of finding a suitable word for the effort towards constancy and predictability we have sketched." (Levita 1965, S. 146 f.) Die Verdinglichungen sind für D. J. de Levita eine notwendige Folge von Rolleninteraktionen, weil Rollenhandeln dadurch charakterisiert ist, daß die Rollenpartner einander in Positionen zu manöverieren suchen, die die mögliche gegenseitige Bedürfnisbefriedigung und etwaige Frustrationen in hohem Maße vorauskalkulierbar macht. Identität ist für D. J. de Levita „die Summe der Reifikationen" (Levita 1965, S. 149). Sie vereinigt die Positionen, auf die ein Individuum sich in allen seinen Rolleninteraktionen festgelegt hat. D. J. de Levita glaubt, daß die Partner in „normalen" Rolleninteraktionen noch Individualität bewahren, aber in pathologischen Rollenbeziehungen einander als Dinge mit festen Eigenschaften und nicht als lebende, sich unaufhörlich entwickelnde Realitäten ansehen. So treibt er sein Konzept, das darauf hinauszulaufen scheint, daß die Identität einer Person desto besser garantiert ist, je weiter die Verdinglichung von Menschen in Rollen fortgeschritten ist, nicht bis zur letzten Konsequenz. Er fordert eine „gesunde" Identität, die sich auf „normale" Rollen — Rollen mit mäßiger Reifikation — stützt. „Gesunde" Identität könne in Situationen, in denen sie nicht relevant ist, leicht aufgegeben werden. Zum Beispiel sei ein Arzt, der in seiner Berufsrolle genug Anerkennung findet und Selbstsicherheit gewinnt, im außerberuflichen Leben nicht darauf angewiesen, ständig sein Arztsein hervorzuheben. D. J. de Levita ist der Ansicht, daß es eine Art Gegenspiel von Identität und Selbstvorstellung gibt. Eine rigide aufrechterhaltene Identität sei ein Versuch, eine unsichere Selbstvorstellung zu ersetzen. Die Verdinglichungen in Rollen, auf die sich Identität stützt, können, wenn sie sich in wiederholter Erprobung als beständig erweisen,

[30] Ähnliche Vorstellungen finden sich auch bei Soddy 1962, vermutlich weil Levita Sekretär des Diskussionskreises war, in dem diese Darstellung ausgearbeitet wurde.

zu Bestandteilen des Selbst werden. Umgekehrt wird ein verunsichertes Selbst wieder eine verstärkte Identität aufbauen, um seine Eigenschaften in Rollenbeziehungen erneut prüfen zu können.
Nichts kann den Gegensatz zu dem in dieser Arbeit vertretenen Identitätskonzept klarer verdeutlichen, als die aus D. J. de Levitas Vorstellung von Identität und Selbst folgende Aussagen, daß einer starken Identität ein schwaches Ich entsprechen könne. In der von K. Soddy herausgegebenen Darstellung der Identitätsproblematik heißt es:

"A distinction need to be made between identity strength and ego strength. Under some circumstances these may be antithetical. Ego-strength is an energy phenomenon and it includes the strength to organize experience. A strong identity may, conceivably, result in weak ego, and this will also be true of strong identification with someone else." (Soddy 1962, S. 9)

Gemeint ist, daß eine gefestigte Identität nach der Ansicht dieser Autoren davon entbindet, Erfahrung jeweils neu zu ordnen. Konsequenterweise gilt als wünschenswert, daß das Bewußtsein der eigenen Identität möglichst unabhängig von der Situation ist, und ebenso konsequent wird festgestellt, daß eine starke Identität das Einfühlungsvermögen in andere Personen zu verhindern vermag (Soddy 1962, S. 12 und 9). Ähnliche Aussagen sind auch in E. H. Eriksons Identitätsvorstellungen angelegt, denn obwohl Ich-Identität für ihn einerseits ein Produkt der synthetisierenden Ich-Funktionen ist, erscheint sie schließlich doch als ein von den sich wandelnden Situationen weitgehend unabhängiger Besitz.
Es sei nochmals darauf hingewiesen: Ich-Identität ist überhaupt nur als eine Ich-Leistung denkbar, die Anstrengung bedeutet, weil jede das Ich scheinbar entlastende Festlegung auf Rollen oder Identifikationen die Balance dieser Identität gefährdet. Die Struktur der Interaktionsprozesse fordert, daß das Individuum sich in jeder Situation neu darstellt, um als Partner akzeptiert werden zu können. Unter diesen Umständen ist ohne Einfühlungsvermögen in Situationen und Personen nicht zu erwarten, daß das Individuum Identität erhalten kann. Mit Hilfe von Verdinglichungen mag eine Person in der Lage sein, eine anhand „objektiver" Daten feststellbare Konsistenz von Situation zu Situation aufrechtzuerhalten, zum Beispiel durch eine Uniform oder durch immer wiederkehrende Reaktionsweisen. Aber es kann auf der Grundlage solcher Vorstellungen nicht erklärt werden, wie Identität über verschiedenartige Situationen hinweg, die gerade unterschiedliches Verhalten erfordern, aufrechterhalten werden soll. Das Individuum muß damit rechnen, daß es immer dann, wenn es seine Identität an reifizierte Rollen, starre Identifikationen oder rigide Verhaltensmuster bindet, zur Beteiligung an bestimmten Inter-

aktionen gar nicht mehr aufgefordert werden wird oder aus Interaktionen wieder ausscheiden muß. Falls es aber Interaktionen um jeden Preis sucht, kann es gezwungen sein, ein Doppelleben zu führen.

Das hier vertretene Identitätskonzept sucht diese Konsequenzen zu vermeiden. Unbeschadet der Tatsache, daß die synthetisierende Kraft des Ich bei dem Versuch, Identität zu behaupten, überfordert werden kann, wird hier die Möglichkeit zur Aufrechterhaltung einer Identität gerade auf die Struktur eines Interaktionsprozesses gegründet, der ständig durch neue Antworten des Individuums aufgearbeitet werden muß, weil er jeden Beteiligten mit immer wieder neuen, konfligierenden Erwartungen konfrontiert. Dafür sind nicht unveränderliche Persönlichkeitsmerkmale von Vorteil, sondern vielmehr die Fähigkeit, Eigenschaften, Erfahrungen, Rollen und Identifikationen je nach Situation zu interpretieren und sich einschließlich unvermeidbarer Inkonsistenzen zu präsentieren. Identität auf inhaltliche Strukturen, auf Verdinglichungen aufbauen zu wollen, heißt eine Sicherheit anbieten, die trügerisch ist.

3. Identität und Rolle

Bisher wurde das Problem der Ich-Identität vor allem im Hinblick auf die Belastungen erörtert, denen ein Individuum wegen der Unklarheit, Vorläufigkeit und mangelnden Übereinstimmung von Erwartungen innerhalb und zwischen den Interaktionssystemen ausgesetzt ist. Es ist noch genauer darzustellen, welche Konsequenzen das Konzept balancierender Ich-Identität für die begriffliche Aufarbeitung komplementären Rollenhandelns hat. Es soll in diesem Kapitel nachzuweisen versucht werden, daß einige Ansätze der Rollentheorie anders gefaßt werden müssen, wenn sie das Bemühen der Rollenpartner um individuelle Selbstinterpretation berücksichtigen will. Ich-Identität, die das Individuum in jeder Interaktionssituation zu entwerfen strebt, ist nicht als Hemmnis erfolgreichen Rollenhandelns anzusehen, sondern gerade als dessen Bedingung.

In den bisherigen Analysen wurde noch nicht darauf eingegangen, ob die wechselseitigen Erwartungen der Interaktionspartner sich innerhalb des Interaktionssystems frei entfalten, ohne Bindung an darüber hinausreichende Normen, oder ob sie sich an den in der sozialen Umwelt geltenden Normen ausrichten. Tatsächlich dürfte die Situation selten sein, in der sich Erwartungen allein aus kreativer Interpretation völlig spontaner Beiträge von Interaktionspartnern ergeben. Als Extremfälle lassen sich folgende Situationen einander gegenüberstellen: Wenn sich zwei Menschen treffen, die aus verschiedenen Kulturen stammen und keine gemeinsame Sprache sprechen, können sie sich nicht an Normen außerhalb der aktuellen Interaktionssituation anlehnen, sondern sind allein auf in jeder Hinsicht neu zu entwerfende, versuchsweise Interpretationen des Interaktionsprozesses angewiesen. Hier ist also der Rückgriff auf allgemeine Normen nicht möglich und der Erfolg der Interaktionsbemühungen zweifelhaft. Auf der anderen Seite steht der Fall, daß Menschen einander sehr gut kennen. Dann ist der Rückgriff auf allgemeine Normen oft nicht nötig, weil etwa in reinen Liebesbeziehungen auf die Vermittlung von Erwartungen über sozial definierte Symbole — jedenfalls in einigen Situationen — verzichtet werden kann.

Im Regelfall werden sich Interaktionspartner jedoch, ob sie einander kennen oder nicht, an gelernten und in die Interaktion mitgebrachten Normen und Schemata, die Allgemeingut sind, orientieren. Aus der Erscheinung und dem Auftreten des Gegenüber schließen sie, in welche Kategorie von Personen er einzuordnen ist und welche Absichten ihm zu unterstellen sind. Kleidung, Gesten und Sprache sind Symbole, die einer Person einen bestimmten, wenn auch vielleicht nur vorläufigen Platz zuzuweisen gestatten (Stone 1962). Einer älteren Dame gegenüber verhält man sich, wenn man eine Auskunft über den Weg wünscht, anders als gegenüber einem Polizisten. Ein Überblick über die zahlreichen Interaktionen des Alltagslebens zeigt, daß die Partner sich fast immer an Normen anlehnen, deren Bedeutung über den einzelnen Interaktionsprozeß hinausreicht.

Die Normen, die recht zufällige Begegnungen — das Fragen nach dem Weg oder eine gemeinsame Bahnfahrt — regeln, unterscheiden sich in dieser Hinsicht nicht grundsätzlich von jenen, die für Interaktionen zwischen Lehrer und Schüler oder Arzt und Patient gelten, obwohl hier sogar Gesetze und Verordnungen den Interaktionspartnern Verhaltensweisen vorschreiben und damit in besonderer Weise die Legitimität von Erwartungen definieren. Es geht hier nur darum, daß die Partner zur Interpretation der Situation im allgemeinen auf Normen zurückgreifen, die außerhalb der gerade aktuellen Interaktion festgelegt wurden.

Kommunikatives Handeln zwischen Interaktionspartnern, die sich an Normen orientieren, welche unabhängig von einem gerade aktuellen Interaktionsprozeß bestehen, soll hier als Rollenhandeln bezeichnet werden. Unter Rollen sind folglich sozial definierte und institutionell abgesicherte Verhaltenserwartungen zu verstehen, die komplementäres Handeln von Interaktionspartnern ermöglichen[1]. Die Rollenpartner teilen somit Bedeutungssysteme, die umgangssprachlich definiert werden[2]. Rollen zu lernen, bedeutet daher zugleich auch, Klassifikationsregeln zu lernen, in denen eingefangen ist, was in einer Rolle für relevant gehalten wird[3]. Sieht man Rolle in diesem umgangssprachlichen Kontext, ist von vornherein deutlich, daß sie eine je nach Situation zu interpretierende ist, weil sich auch sprachlicher Sinn nicht anders gewinnen läßt. Seine Ich-

[1] Einen Überblick über die Entwicklung des Rollenbegriffs geben folgende zusammenfassende Darstellungen: Neiman/Hughes 1951/52; Sarbin 1954; Gross u. a. 1958; Thomas/Biddle 1966. In der deutschen Soziologie wurde der Rollenbegriff sehr lebhaft nach Dahrendorf 1958 diskutiert. Auf S. 92 findet sich bei Dahrendorf eine Aufstellung der kritischen Antworten auf sein Rollenkonzept (unter anderem von H. P. Bahrdt, A. Gehlen, J. Habermas, R. König, H. Plessner, H. Schelsky und F. H. Tenbruck). — G. H. Mead hat unter Rolle („role-taking") zunächst die Einstellungen, die Interaktionspartner voneinander antizipieren, verstanden. Dies schließt nicht aus, daß diese Einstellungen sozial definierten Normen folgen.

[2] B. Bernstein definiert eine Rolle als „a constellation of shared learned meanings, through which an individual is able to enter into persistent, consistent, and recognized forms of interaction with others". Vgl. Bernstein 1965, S. 152. Auf die Rolle als ein System von Bedeutungen wiesen auch Ruesch und Bateson hin: „That which we call a role is simply a code which indicates in what way a message to one's self and to others is to be interpreted." (Ruesch/Bateson 1951, S. 88)

[3] Dazu die Zitate Strauss' 1959 im vorigen Kapitel auf S. 45 und S. 51, ferner Strauss 1956.

Identität muß dem Individuum als Interpretationspotential dienen, wenn eine Rolle als näherer Bestimmung bedürftiges Bündel von Orientierungen betrachtet wird.
Üblicherweise wird der Rollenbegriff jedoch in einem anderen Zusammenhang entwickelt. Bei den Anhängern der Rollentheorie, vor allem soweit sie sich in der Nachfolge R. Lintons an die kulturanthropologische Tradition anlehnen, überwiegt das Interesse, mit dem Begriff der Rolle gleiches Verhalten verschiedener Menschen in der gleichen Position und Konformität zu Normen zu erklären[4]. In diesem Sinne sprechen E. J. Thomas und B. J. Biddle von einem „begrenzten sozialen Determinismus", den die Rollentheorie vertrete:

"The role perspective assumes, ..., that performance results from the social prescriptions and behavior of others, and that individual variations in performance, to the extent that they do occur, are expressed within the framework created by these factors." (Thomas/Biddle 1966, S. 4)

N. Gross und seine Mitarbeiter kommen, nachdem sie eine Übersicht über die verschiedenen Rollenbegriffe in den amerikanischen Sozialwissenschaften gegeben haben, zu dem Ergebnis:

"Three basic ideas which appear in most of the conceptualizations considered, if not in the definitions of role themselves, are that individuals: 1. in social locations 2. behave 3. with reference to expectations." (Gross u. a. 1958, S. 17)

Individuelle Spontaneität ist in Gefahr, nur noch als Störfaktor begriffen zu werden, der Voraussagemöglichkeiten einschränkt. Sie wird als eine Art unabhängige Kraft dem Bereich zugewiesen, der nicht durch die Verhaltensvorschriften der Normen geregelt wird[5].

---

[4] Von interaktionistischer Seite wurde diese Entwicklung der Rollentheorie oft kritisiert. Der Rollenbegriff des Interaktionismus unterscheidet sich sehr deutlich vom Rollenbegriff kulturanthropologisch-funktionalistischer Prägung. Dieser betont die Konformität mit vorgegebenen Normen, jener die gemeinsame Verständigung über eine Interpretation der Normen, die den Partnern die Möglichkeit gibt, kommunikatives Handeln jeweiligen Erwartungen entsprechend zu strukturieren (vgl. etwa Turner 1962, S. 21 ff.).

[5] Vgl. zum Beispiel folgendes Zitat aus Dahrendorf 1958: „Jenseits aller Psychologie und Soziologie wird das Ärgernis der Gesellschaft für den einzelnen damit zu einer Frage des Spielraums, den das Auge der selbst sein Innerstes durchdringenden Gesellschaft ihm läßt bzw. den er sich zu schaffen vermag ... Obwohl wir indes Herrn Schmidt von dem Rollenspieler Schmidt kaum zu trennen vermögen, lassen ihm seine sämtlichen Rollen doch einen wesentlichen Rest, der sich der Berechnung und Kontrolle entzieht. Es ist nicht leicht, vom Verhalten des einzelnen her seinen möglichen Spielraum abzugrenzen. Doch scheint es, als sei für den Menschen außer dem freien Bereich, den jede Rolle ihrem Spieler läßt, auch der durch verbindliche Erwartungen geregelte Verhaltensbereich weniger determiniert als eingegrenzt. Rollenerwartungen sind nur in seltenen Fällen definitive Vorschriften; in den meisten Fällen erscheinen sie eher als Sektor erlaubter Abweichungen" (S. 46). Freiheit und Individualität gibt es also nur in Bereichen, die durch Rollenvorschriften gar nicht oder nicht eindeutig geregelt sind. Einige Autoren unterscheiden zwischen peripheren, relevanten

Während die dem vorgelegten Identitätskonzept entsprechende Erläuterung des Rollenbegriffs von der Frage ausgehen muß, wie sich Menschen in Interaktionsprozessen orientieren, ist der Ausgangspunkt der mehr kulturanthropologischen Betrachtungsweise das Bündel von Normen, das die Gesellschaft im allgemeinen oder besondere Bezugsgruppen nach dieser Theorie an Positionen knüpfen, um das Handeln zwischen einem Positionsinhaber und seinen Interaktionspartnern zu regeln.
Was dieser konventionelle Rollenbegriff zu leisten vermag, zeigt sich besonders deutlich, wenn geprüft wird, wie von diesem Ansatz aus die Lösung von Rollenkonflikten denkbar ist. S. A. Stouffer (1949) und J. Toby (1951/52) haben Kataloge von Lösungstechniken entwickelt, auf die bis heute immer wieder zurückgegriffen wird[6]. Ferner gibt es eine Fülle von empirischen Arbeiten, die sich den Rollenkonflikten widmen, denen bestimmte Personen oder Personengruppen ausgesetzt sind[7].
Sowohl die Kataloge von Lösungstechniken als auch die empirischen Konfliktstudien machen auf eine Reihe von Implikationen aufmerksam, die die Rollentheorie im allgemeinen nicht weiter untersucht, obwohl sich ihre Anhänger immer wieder um eine Präzisierung ihrer Begriffe und Ansätze bemühen. Diese Implikationen laufen auf folgendes Modell des Rollenhandelns hinaus:

1. Erfolgreiches Rollenhandeln setzt voraus, daß die institutionalisierten Rollennormen und die Rolleninterpretationen der Rolleninhaber übereinstimmen.

2. Erfolgreiches Rollenhandeln verlangt ferner, sich in einer bestimmten Situation möglichst nur an einer Rolle zu orientieren.

3. Die Interpretationen der Rollenpartner im Hinblick auf die gegenseitigen Erwartungen müssen sich decken, um gemeinsames Handeln wirksam zu sichern.

(Noch Anm. 5)
und unverzichtbaren Rollenattributen (zum Beispiel S. F. Nadel 1956, S. 31 f.). Diese Unterscheidung soll verdeutlichen, daß es Handlungsbereiche innerhalb der Rollen gibt, in denen das Individuum eher nach seinem Belieben (beziehungsweise seinen persönlichen Notwendigkeiten) sich verhalten kann. Sie lenkt aber von der hier vorgetragenen Problemstellung ab, weil in dieser Arbeit gezeigt werden soll, daß Normen prinzipiell der Interpretation bedürfen. Dabei soll nicht geleugnet werden, daß dies für bestimmte, mit einer Rolle verbundene Normen leichter ist als für andere.

[6] Sehr ausführlich diskutieren auch Gross u. a. 1958 Rollenkonfliktprobleme.

[7] Aus der Vielzahl der Studien können hier nur einige, vor allem jüngere, genannt werden, die für die Theoriebildung interessant sind: Ben-David 1958; Ehrlich u. a. 1962; Getzels 1963; Getzels/Guba 1954/55; Goode 1960; Gross u. a. 1958; Kahn u. a. 1964; Merton u. a. 1957; Perry/Wynne 1959.

4. In diesem Modell wird außerdem für erforderlich gehalten, daß gesellschaftliche Wertmuster und individuelle Bedürfnisse einander entsprechen.
5. Es geht sodann davon aus, daß die Bedürfnisse der Partner auf dieser Basis durch komplementäres Rollenhandeln gegenseitig befriedigt werden können und Rollenhandeln nur unter dieser Voraussetzung zustande kommt.
6. Es unterstellt letztlich, daß Institutionen nur dann als stabil anzusehen sind, wenn durch vollständige Internalisierung geltender Wertmuster die Rolleninhaber die Erwartungen gleichsam „automatisch" erfüllen.

Es ist allerdings nicht zu übersehen, daß die Voraussetzungen für erfolgreiches Rollenhandeln, wie sie dieses Modell formuliert, in der Realität unserer Gesellschaften nicht gegeben sind. Es ist schwer verständlich, warum das in der Formulierung des Modells nicht von vornherein berücksichtigt wird, denn die Ergebnisse zahlreicher empirischer Studien legen die Interpretation doch sehr nahe, daß gerade die Faktoren, die in diesem Modell des Rollenhandelns als „störend" bewertet werden, überhaupt erst erfolgreiches Handeln in Rollen und die Lösung von Rollenkonflikten möglich machen. So zeigten etwa N. Gross und seine Mitarbeiter (1958), daß es genau der im Modell nicht vorhergesehene mangelnde Konsens über Rollenerwartungen ist, der dem Individuum Spielraum gegenüber den Erwartungen der anderen gibt. Dennoch wenden sich die Kritiker am gegenwärtigen Stand der Rollentheorie, soweit sie aus den Reihen der konventionellen Rollentheoretiker stammen, nicht prinzipiell gegen das gleich noch näher zu erläuternde Modell, sondern versuchen es nur im Rahmen seiner Ansätze zu verbessern, indem sie zusätzliche Faktoren oder Randbedingungen einbeziehen. Anstatt das, was sie tatsächlich beobachten, als „Normalfall" erfolgreichen Rollenhandelns zugrunde zu legen und ihr Rollenmodell als einen Sonderfall zu betrachten, in dem Rollenhandeln ritualistisch erstarrt, sehen sie ihr Modell als den Idealtyp an, in dem die optimalen Bedingungen für erfolgreiches Rollenhandeln formuliert sind, und bezeichnen das tatsächlich beobachtbare „normale" Verhalten in Rollen als Abweichung vom Ideal und als unfähig, volle Wechselseitigkeit des Handelns zu sichern. Die funktional-strukturelle Theorie sucht gerade in den Abweichungen von dem idealtypischen Modell des Rollenhandelns die Gründe für Devianz, Anomie und Instabilität des sozialen Systems überhaupt.
Manche Rollentheoretiker dieser Richtung berücksichtigen zwar, daß die Rollen, die in der gesellschaftlichen Wirklichkeit vorgefunden werden, nicht eindeutig definiert sind, daß die Interpretationen von Normen selten übereinstimmen und daß institutionalisierte Werte und individuelle Er-

wartungen und Bedürfnisse sich weithin nicht decken. Sie bringen deshalb die eben referierten Thesen ihres Rollenmodells in eine etwas andere Form, die aber die dargestellten Grundannahmen nicht aufgibt. Es heißt dann nicht, daß erfolgreiches Rollenhandeln übereinstimmende Interpretationen voraussetze, sondern daß Rollenhandeln desto erfolgreicher sein könne, je weitgehender die Interpretationen übereinstimmen. Entsprechend werden die anderen Sätze verändert. Auf diese Weise bleibt dahingestellt, ob das ideale Rollenmodell erreichbar ist. Aufrechterhalten aber wird der Anspruch, daß es die Bedingungen formuliert, unter denen volle Komplementarität des Handelns von Interaktionspartnern am besten garantiert wäre[8].

Die einzelnen Annahmen des konventionellen Rollenmodells müssen noch eingehender dargestellt werden:

1. Es wird in diesem Modell davon ausgegangen, daß die Rolleninhaber wissen, was die gerade relevante Rolle von ihnen in einer bestimmten Situation verlangt. Rollenhandeln ist nach dieser Auffassung dann am besten gesichert, wenn Rollennormen und Interpretation dieser Normen durch den Inhaber der Rolle übereinstimmen. Es wird angenommen, daß die Rolle klare Vorschriften mindestens für die zentralen Aufgabengebiete enthält. Aber auch die peripheren Handlungsbereiche sind nicht frei von sozialer Normierung. Die Bestimmung der Rollennormen wird vielfach Bezugsgruppen zugeschrieben, die auch kontrollieren, daß die Normen eingehalten werden, und etwaige Verstöße bestrafen. Wer eine bestimmte Position einnimmt, muß die mit ihr verknüpften Rollennormen lernen. Man erwartet nach einiger Zeit von ihm, daß er sich die notwendige Kenntnis über seine Rolle angeeignet hat und sich gemäß den definierten Erwartungen verhält. Ein gewisser Spielraum für freie Ausgestaltung der Rolle wird nur außerhalb des durch Normen geregelten Bereichs als ungefährlich für Interaktionssysteme betrachtet.

---

[8] Es soll nicht im einzelnen dargestellt werden, welche Autoren ein Modell des Rollenhandelns, das die hier aufgezeigten Implikationen enthält, mit allen Konsequenzen vortragen. Die vorgelegten Zitate sind Beispiele, die Denkrichtungen erläutern sollen; es interessiert weniger, ob sie den gesamten Vorstellungen eines Autors gerecht werden. Allerdings wird das Rollenmodell, dessen Revision hier vorgeschlagen wird, weithin von T. Parsons sowie von P. L. Berger und Th. Luckmann vertreten. Vgl. Parsons 1951 a, insbesondere Kapitel 7. Dort setzt T. Parsons die Entstehung von Devianz mit unklaren Rollenerwartungen, Diskrepanzen zwischen Normen und Bedürfnissen und ungenügender Befriedigung der Partner in Interaktionen in Beziehung. Daraus ist zu folgern, daß ein wohlintegriertes Sozialsystem für ihn auf klaren Rollenerwartungen, Übereinstimmung zwischen Normen und Bedürfnissen und voller Komplementarität in Interaktionen aufbaut. — Vgl. ferner Berger/Luckmann 1966, insbesondere die Abschnitte „Roles“, S. 67—74, und „Secondary Socialization“, S. 127—135.

Diese Vorstellung orientiert sich an Rollen wie der des Richters, Arztes oder Offiziers, deren Inhalt zu einem guten Teil sogar schriftlich durch Gesetze, Verordnungen und ständische Ehrenkodizes festgelegt ist, in die Bewerber durch eine besondere Ausbildung eingeführt werden und in denen die Einhaltung der Rollennormen durch besondere Instanzen kontrolliert wird. Eine Beschreibung der Rolle des Richters, die P. L. Berger und Th. Luckmann geben, vermag die hier geschilderte Auffassung zu verdeutlichen:

"By virtue of the roles he plays the individual is inducted into specific areas of socially objectivated knowledge, not only in the narrower cognitive sense, but also in the sense of the 'knowledge' of norms, values and even emotions. To be a judge obviously involves a knowledge of the law and probably also knowledge of a much wider range of human affairs that are legally relevant. It also involves, however, 'knowledge' of the values and attitudes deemed appropriate for a judge, extending as far as those proverbially deemed appropriate for a judge's wife. The judge must also have appropriate 'knowledge' in the domain of the emotions: He will have to know, for example, when to restain his feelings of compassion, ... In this way, each role opens an entrance into a specific sector of the society's total stock of knowledge." (Berger/Luckmann 1966, S. 71 f.)

D. J. Levinson hat diese Rollenvorstellung ein „unitarisches" Rollenkonzept genannt, das es erschwere, Rolle 1. als vorgegebene Aufforderung, 2. als Orientierungsweise des Rolleninhabers und 3. als tatsächliches Verhalten zu unterscheiden und die Divergenzen zwischen Normen, Orientierungen und Verhalten zu thematisieren.

"This possibility is virtually excluded in the definition of social role forwarded by Linton and used by so many social scientists ... In short, the 'unitary' conception of role assumes that there ist ... a high degree of congruence among the three role aspects noted above." (Levinson 1959, S. 173)

Es ist — vor allem durch empirische Rollenstudien — schon recht bald aufgefallen, daß es für viele Rollen keine eindeutigen Rollenvorschriften gibt, und Bezugsgruppen, die Normen setzen, nicht auffindbar sind oder in ihren Erwartungen weit differieren. Nicht nur kleine deviante Minderheiten haben Orientierungsprobleme. Zu verweisen ist etwa auf die Untersuchung der Rolle des Schulrates durch N. Gross und seine Mitarbeiter (1958) oder eine Arbeit über die Lehrerrolle, die B. R. Wilson (1962) vorgelegt hat[9]. Aus den empirischen Studien M. Komarovskys (1946), Paul Wallins (1950) und A. M. Roses (1951) über die Rolle der Frau

[9] Weitere Studien beschäftigen sich mit unklaren oder widersprüchlichen Rollennormen bei Offizieren und Soldaten, Vorarbeitern, Pfarrern, Polizisten, Ärzten, Krankenschwestern und Geschäftsfrauen.

geht hervor, daß klare Erwartungen sogar bei den grundlegenden Rollen fehlen, für die R. Linton (1936) ausdrücklich einen allgemeinen Konsens innerhalb einer Kultur als unabdingbar postuliert. Diese Ergebnisse haben deutlich gemacht, daß die Klarheit der Rollennormen als eine jeweils empirisch zu erhebende Variable anzusehen ist.
Die mangelnde Eindeutigkeit der Erwartungen wird jedoch im Rahmen des konventionellen Rollenmodells auf soziokulturelle Wandlungsprozesse — wie etwa im Falle der weiblichen Geschlechtsrolle — oder auf den besonderen Charakter bestimmter Aufgaben — wie etwa im Falle des Lehrers — zurückgeführt und nicht als Eigenart begriffen, die alle Rollen aus strukturellen Gründen betrifft. Zugleich werden die Unklarheiten stets als Belastungen für das Individuum angesehen, da es Verhaltensunsicherheiten ertragen muß. Von hier aus wird deutlich, daß die Annahme, erfolgreiches Rollenhandeln setze das Erlernen einer Reihe feststehender Rollennormen voraus, zugleich unterstellt, daß ein Individuum sich in einer Rolle desto leichter adäquat verhalten kann, je klarer die Normen definiert sind und je umfassender das Individuum sie sich angeeignet hat.

2. Im konventionellen Modell des Rollenhandelns wird weiterhin angenommen, daß das Individuum jeweils nur in einer Rolle auftreten kann und daß die weiteren Rollen, die es auch noch innehat, in der gerade aktuellen Situation nicht relevant sind und keinen Einfluß ausüben. Diese Annahme soll Rollenhandeln angesichts der in unseren Gesellschaften nicht zu übersehenden Normendiskrepanzen möglich machen. Sie entstammt unmittelbar der Lintonschen Rollentheorie, die zwischen einer „aktiven" und weiteren „latenten" Rollen unterscheidet (Linton 1945, S. 77 ff.). Aus dieser Annahme folgt, daß sich das Individuum, falls in einer Situation doch mehrere Rollen angesprochen werden, zwischen ihnen entscheiden muß.
Dies wird besonders anhand der Überlegungen über die Lösung von Rollenkonflikten deutlich; denn der Rollenkonflikt folgt aus dem Auftreten einander widersprechender, nicht gleichzeitig erfüllbarer Rollennormen in derselben Situation. Die in der soziologischen Literatur genannten Lösungstechniken für Rollenkonflikte gehen durchweg davon aus, daß das Individuum, wenn auch in begrenztem Ausmaß, durch Verhandlungen eine Modifikation der Erwartungen und eine Milderung der Sanktionen erreichen kann[10]. Dabei wird nun doch gern auf den Verhandlungsspiel-

[10] Vgl. Gross u. a. 1958; außerdem Goode 1960; Parsons 1951, S. 280: „Es mag natürlich begrenzte Möglichkeiten geben, den Konflikt durch Neudefinition der Situation zu transzendieren, ebenso wie ihm zum Beispiel durch Geheimhaltung oder Trennung der Gelegenheiten zu entkommen."

raum zurückgegriffen, den unklare oder widersprüchliche Rollenerwartungen eröffnen (Stouffer 1949, S. 708). Gelingt es dennoch nicht, die divergierenden Normen voll zur Übereinstimmung zu bringen, dann wird vom Individuum zur Lösung des Konflikts verlangt, einen Kompromiß zwischen den verschiedenen Erwartungen herbeizuführen oder sich für eine Alternative zu entscheiden. Mit der Entscheidung sind in dieser Sicht die nicht übernommenen Erwartungen abgetan, abgesehen von möglichen Sanktionen gegen den sich Verweigernden. Es wird nicht für denkbar gehalten, daß das Individuum, statt die Widersprüche in den Erwartungen durch seine Entscheidung zu unterdrücken, sie in seinem Handeln in ihrer Widersprüchlichkeit präsent zu machen vermag. T. Parsons schreibt:

"It is necessary to compromise, that is, to sacrifice some at least of both sets of expectations, or to choose one alternative and sacrifice the other." (Parsons 1951, S. 280)

Aus ihren empirischen Untersuchungen schließen J. W. Getzels und E. G. Guba:

"Theoretically, an individual in a role conflict situation may resolve the conflict — always omitting the possibility of changing the situation or withdrawing from it entirely — either by compromise or exclusion. He may attempt to stand midway between the conflicting roles, giving equal due to both roles, shifting from one to another as he believes the occasion demands, or he may choose one role as his significant frame of reference and assimilate all other roles in the situation to it. In actual practice it would seem that the situation at Air University — and one may well wonder whether this is not general to most situations — establishes the latter alternative as the one more likely to find acceptance. There seems to be a major role to which one must commit himself in order to determine his action at choice points, despite contrary expectations attaching to other roles he may simultaneously occupy." (Getzels/Guba 1954, S. 173 f.)

Dieselbe Auffassung, daß Rollen nur je einzeln gespielt werden können und daß man nur diese Norm oder jene erfüllen kann, wird auch in den Lösungstechniken sichtbar, die darauf hinauslaufen, die unvereinbaren Rollenerwartungen nach Ort und Zeit zu trennen. Dem Handelnden wird empfohlen, sich selbst in Rollensektoren zu spalten. Es ist schon darauf hingewiesen worden, daß ein derartiges Verhalten von der Gesellschaft nicht selten unterstützt wird, um das Individuum gegenüber Einflüssen zu isolieren, die es an der Erfüllung irgendwelcher spezieller Rollenerwartungen hindern können. Diese gesellschaftliche Praxis wird also durch die Annahme, daß das Individuum grundsätzlich jeweils nur in einer Rolle agieren kann, gerechtfertigt.

Vermutlich trifft für Konflikte zwischen diametral entgegengesetzten Rollen durchaus zu, daß das Individuum nicht beide Rollen übernehmen kann. Der Satz von der Notwendigkeit der Entscheidung wird jedoch nicht allein für extreme Konfliktfälle aufgestellt, sondern soll für jeglichen Rollenkonflikt gelten. Er bezieht sich sogar auf das tagtägliche Rollenhandeln, das sich nach dieser Auffassung immer im Rahmen nur einer Rolle orientieren könne. Gelingt es dem Individuum nicht, sich angesichts divergierender Rollennormen auf eine Rolle als Bezugsrahmen zurückzuziehen, wird seine Situation als recht problematisch und belastend angesehen, weil keine feste Handlungsorientierung bestehe. Im Gegensatz dazu gilt die Lage des Individuums, das sich jeweils nach den Erwartungen nur einer möglichst eindeutig definierten Rolle richtet und alle anderen, vielleicht divergierenden Rollen von sich fernhalten kann, als problemlos, denn es kann ungehindert und daher — wie man glaubt — erfolgreich allen Rollenerwartungen nachkommen.

Die Annahme, man könne und solle sich stets auf eine Rolle zurückziehen, versucht folglich, ein störungsfreies Rollenspiel des Individuums in einer sozialen Umwelt voller Konflikte zu sichern. Ihr zufolge ist es möglich, ja für ein Individuum und seine Fähigkeit zu Interaktion sogar erstrebenswert, Konflikte zu vermeiden oder zu lösen, das heißt, es wird nicht mit notwendigerweise auszuhaltenden, weil letztlich nicht überwindbaren Konflikten und Ambivalenzen gerechnet. Damit wird unterstellt, daß das Individuum für sich vorwegnehmen könne, was nach dieser Auffassung eigentlich erst in einer Gesellschaft mit vollem Normenkonsens möglich wäre: problemlose und harmonische Interaktion. Erstaunlicherweise sind die Anhänger dieser Auffassung weithin davon überzeugt, daß voller Normenkonsens niemals erreicht werden wird und damit immer Konfliktstoff bestehen bleibt[11]. Sie unterscheiden dennoch nicht zwischen Konflikten, die durch bestimmte gesellschaftliche Verhältnisse verursacht werden und überwindbar sind, und solchen, die mit der Struktur von umgangssprachlich vermittelten Interaktionen zwischen Partnern mit verschiedenen Biographien zusammenhängen.

Diese Annahme nimmt im übrigen keine Rücksicht darauf, daß Rollen umgangssprachlich definiert werden. Auf der Ebene der Umgangssprache kann es aber von vornherein nicht gelingen, bei der Definition einer Rolle diese von anderen Interaktionszusammenhängen zu isolieren, da die umgangssprachliche Explikation von Normen und Intentionen stets auf die

[11] So schreibt J. Toby über die Gründe für Rollenkonflikte: Die Inkompatibilität von Anforderungen „is due in part to the imperfect integration of all social systems; if the integrative mechanism functioned perfectly, true role conflicts would be impossible" (Toby 1951/52, S. 326).

Erläuterung eines weiteren Bezugsrahmens angewiesen ist, um einen Interaktionsbereich in seiner besonderen Struktur zu bestimmen.

3. Des weiteren unterstellt das in Frage stehende Modell des Rollenhandelns, daß die Rollenpartner in ihrem Wissen über die Rollennormen übereinstimmen. Diese Annahme folgt daraus, daß jeder der Partner durch die Rolle, in die er sich begeben hat, an „spezifischen Gebieten sozial objektivierter Kenntnis“ Anteil hat. Aus dieser Kenntnis geht hervor, was die Partner in einer bestimmten Situation mit großer Sicherheit voneinander erwarten können, aber auch, inwieweit das Verhalten nicht eindeutig vorhersehbar ist. Die gemeinsame Kenntnis sichert folglich die Komplementarität des Handelns. T. Parsons, E. A. Shils, G. W. Allport und weitere Sozialwissenschaftler nehmen die Übereinstimmung der Rollenpartner über die mit einer Rolle verknüpften Erwartungen ausdrücklich in ihre Definition der Rolle auf:

"The role is that organized sector of an actor's orientation which constitutes and defines his participation in an interactive process. It involves a set of complementary expectations concerning his own actions and those of others with whom he interacts. Both the actor and those with whom he interacts possess these expectations. Roles are institutionalized when they are fully congruous with the prevailing culture patterns and are organized around expectations of conformity with morally sanctioned patterns of value-orientation shared by the members of the collectivity in which the role functions." (Parsons, Shils u. a. 1951, S. 23)

Diese Annahme impliziert wie die erste, daß erfolgreiches Rollenhandeln feststehende Erwartungen in einer Gesellschaft oder einer Gruppe voraussetzt. Diese Erwartungen werden zudem als allgemein zugänglich unterstellt. Jeder kann sie sich zu eigen machen, indem er sich zum Beispiel an die Bezugsgruppen wendet.
Es ist schon darauf hingewiesen worden, daß empirische Arbeiten immer wieder gezeigt haben, daß die Erwartungen über viele Rollen keineswegs klar und eindeutig sind. Die Autoren der zitierten Definition für die Institutionalisierung von Rollen werden gewiß zugeben, daß tatsächlich die Erwartungen oft nicht allgemein geteilt werden. Wenn sie dennoch betonen, daß erfolgreiches Rollenhandeln durch größere Übereinstimmung der Rollenpartner in ihren Erwartungen gefördert wird, zeigen sie an, daß sie den Fall völliger Übereinstimmung als den — in der Realität vielleicht nie erreichbaren — Idealfall ansehen. Dieser Idealfall muß jedoch ausklammern, daß — wie erwähnt — die Rollennormen umgangssprachlich definiert werden, denn umgangssprachliche Rollendefinition kommt ohne einen Prozeß gegenseitiger Vergewisserung der Rollenpartner über ein gemeinsames Verständnis im Rahmen einer Situationsinterpretation nicht aus. Differierende Interpretationen der komplementären

Leistungen werden jedoch bei T. Parsons schon als beginnender Rollenkonflikt angesehen, der Devianz verursacht und die Stabilität des sozialen Systems bedroht und daher nach Möglichkeit durch soziale Kontrollmechanismen verhindert werden muß:

"The beginning of a role conflict may thus be present in the difficulty of living up both to the expectations of one alter who interprets a norm in the direction of a 'perfectionistic' compulsive conformity pattern, and those of another who is also in close interaction with ego, and who stretches the same normative pattern to the verge of active rebellion, both of them expecting active reciprocation from ego." (Parsons 1951, S. 280)

Gewiß gibt es Diskrepanzen zwischen Rollenpartnern, die reziprokes Handeln unmöglich machen. Jedoch wird hier die Auffassung vertreten, daß grundsätzlich divergierende Interpretationen dessen, was die Rolle von den Partnern verlangt, die Interaktionsbeziehung gefährden.

4. Das beschriebene Rollenmodell geht sodann davon aus, daß die individuellen Bedürfnisse der in Rollen Handelnden den Wertvorstellungen der Gesellschaft oder der sozialen Gruppe und den auf dieser Grundlage institutionalisierten Rollenerwartungen entsprechen. Die im Rollenhandeln folglich zu erwartende Bedürfnisbefriedigung sorge für die Motivation, sich gegenüber den Normen konform zu verhalten. Die Übereinstimmung von Rollennormen und Bedürfnisstrukturen wird damit erklärt, daß das Individuum die Wertvorstellungen seiner Gesellschaft in Sozialisationsprozessen internalisiert hat. T. Parsons sagt über die die gemeinsamen Werte unterstützenden „Gefühle":

"The part they play in the orientation of action is not predominantly that of cultural objects which are cognized and 'adapted to' but the culture patterns have come to be internalized; they constitute part of the structure of the personality system of the actor itself. Such sentiments or 'value-attitudes' as they may be called, are therefore genuine need-dispositions of the personality. It is only by virtue of internalization of institutionalized values that a genuine motivational integration of behavior in the social structure takes place, that the 'deeper' layers of motivation become harnessed to the fulfillment of role-expectations." (Parsons 1951, S. 42)[12]

[12] Wenige Seiten später — Seite 44 — spricht T. Parsons allerdings auch von nicht sozialen, „narzistischen" Orientierungen der Person, die dazu beitragen, die volle Integration des sozialen Systems im Regelfall zu verhindern. In „Family, Socialization, and Interaction Process" hält er eine volle Entsprechung von sozialem System und Persönlichkeitssystem grundsätzlich nicht für möglich (Parsons/Bales 1955, S. 108). Anders wiederum im mit Shils und anderen gemeinsam formulierten „General Statement" (Parsons, Shils u. a. 1951, S. 19 f.). Auf die hier eigentlich erforderliche Parsons-Exegese wird verzichtet, weil das Zitat als Beispiel für ein Theorem, nicht als Zusammenfassung der Lehre T. Parsons wiedergegeben wird.

Die Annahme, daß Bedürfnisse und Wertvorstellungen übereinzustimmen haben, um optimales Rollenhandeln innerhalb eines Interaktionssystems zu ermöglichen, schließt ein, daß es im Idealfall keine motivierenden Antriebspotentiale im Individuum gibt, die nicht durch die internalisierten Wertvorstellungen in Rollenerwartungen entsprechenden Bedürfnisstrukturen eingegliedert wurden.
Diese Annahme ordnet sich bei T. Parsons in die Bemühungen ein, die Strukturen des Persönlichkeitssystems der soziologischen Analyse zu erschließen. T. Parsons greift in seiner Motivationstheorie auf psychoanalytische Vorstellungen zurück. Er beschränkt sich jedoch nicht darauf, das Ich und Über-Ich des Freudschen psychischen Apparats als durch Objektbeziehungen, also durch Interaktion im Sozialisationsprozeß, konstituiert anzusehen. Vielmehr behauptet er — im Gegensatz zu den Annahmen Freuds —, daß auch „the id, like the other subsystems, is organized about its experience in object-relations" (Parsons 1958, S. 110).
Das bedeutet, daß sich im Idealfall gelungener Sozialisation die Bedürfnisdispositionen des Es in Kongruenz mit den Normen des sozialen Systems ausbilden[13]. Mit diesem Ansatz will T. Parsons ausdrücklich den grundsätzlichen Konflikt überwinden, in den die orthodoxe Psychoanalyse Ich und Es, also die Instanz, die das sozial definierte Realitätsprinzip vertritt, und die Triebansprüche zu Unrecht gebracht hätte.
Besonders eindeutig vertritt O. G. Brim, Jr., die Auffassung, daß Rollenerwartungen und Bedürfnisse sich im Idealfall gelungener Sozialisation decken:

"The learned repertoire of roles is the personality. There is nothing else. There is no 'core' personality underneath the behavior and feelings; there is no 'central' monolithic self which lies beneath its various external manifestations." (Brim 1960, S. 141)

[13] Theodor W. Adorno kritisiert den Versuch T. Parsons, die Anforderungen von sozialen Systemen und Bedürfnisdispositionen des Individuums theoretisch und praktisch miteinander zu vereinigen (Adorno 1955): „Das Postulat (Parsons' — L. K.), es müßten die soziologischen Motivationstheorien übereinstimmen mit der je gewonnenen Kenntnis der Persönlichkeitsstruktur, substituiert um der Einheit der wissenschaftlichen Erklärung willen einen einstimmigen Gegenstand für den gespaltenen; so sehr die Individuen Produkte des gesellschaftlichen Ganzen sind, so sehr treten sie als solche Produkte notwendig zum Ganzen in Widerspruch" (S. 16). Adorno spricht allein der Soziologie die Kompetenz zu, über die Divergenz von Individuum und Gesellschaft zu handeln, denn dieser Gegensatz habe gesellschaftliche Ursachen. „Die strenge Psychoanalyse (im Gegensatz zu den soziologisierenden Revisionisten), die vom Gegeneinander der psychischen Kräfte weiß, kann eher die Objektivität zumal der ökonomischen Bewegungsgesetze gegenüber den subjektiven Triebregungen geltend machen als Lehren, die, um nur ja ein Kontinuum zwischen Gesellschaft und Psyche herzustellen, den Kern der analytischen Theorie, den Widerstreit von Ich und Es verleugnen" (S. 19).

Für O. G. Brim weist folglich mangelnde Motivation, eine Rolle entsprechend den Erwartungen auszufüllen, auf eine „Abweichung innerhalb oder in extremen Fällen auf Versagen der früheren Sozialisation" hin (Brim 1960, S. 146).
T. Parsons führt selbst im „Social System" näher aus, warum die vollständige Integration von Motivation und vorgegebenen Wertmustern ein „übermäßig vereinfachter ‚Idealfall'" (Parsons 1951, S. 44, S. 42, Anmerkung 11) sei, der nicht der Wirklichkeit der empirisch zu beobachtenden Gesellschaften entspreche. Er zählt eine Reihe von Gründen auf, die die vollständige Integration als einen Sonderfall, der nicht erreichbar erscheint, verdeutlichen. Diesem Grenzfall schreibt er jedoch im „Social System" große theoretisch-analytische Bedeutung zu, und zwar nicht als Grenzfall, der den Zusammenbruch des Systems durch „Entropietod" kennzeichnet, sondern eben gerade als Modellidealisierung, die die Bedingungen optimalen Funktionierens des Systems sichtbar macht.

5. Die nächste Annahme, die das konventionelle Modell des Rollenhandelns enthält, schließt an die vorige an: Wenn die individuellen Bedürfnisstrukturen sich mit den institutionalisierten Werten decken, dann wird Rollenhandeln, das sich an den vorgegebenen Normen orientiert, die gegenseitige Befriedigung der Bedürfnisse von Rollenpartnern sichern.

"Generally, in so far as the normative standards in terms of which ego and alter are interacting are shared and clear, favorable reactions on the part of alter will tend to be stimulated by ego's action conforming with the standards in question, and the unfavorable, by his deviating from them (and vice versa of course). The result of this circumstance is the tendency for the conformity-deviation dimension and the favorable-unfavorable or the gratification-deprivation dimension to coincide." (Parsons 1951, S. 37 f.)

Wiederum weist die gesellschaftliche Wirklichkeit eine Vielzahl von Fällen auf, in denen Rollenhandeln die Bedürfnisdisposition nicht befriedigt. T. Parsons nennt Beispiele aus dem Sozialisationsprozeß und verweist auf nicht-reziproke Beziehungen zwischen Psychotherapeut und Patient sowie zwischen Amtsinhabern und ihren Besuchern (Parsons 1951)[14]. Fehlende Reziprozität wird als gerechtfertigt angesehen, wenn deviante Erwartungen gestellt werden. Devianz bezeichnet hier eine „private" Motivation, die von den institutionalisierten Wertmustern und mit ihren korrespondierenden Bedürfnisstrukturen abweicht. Solange Devianz als potentielle Störung und Bedrohung eines sozialen Systems angesehen wird, gibt es keinen Raum für „individuierte" Bedürfnisse des einzelnen, die

[14] Vgl. insbesondere das Kapitel „The Mechanisms of Social Control", S. 297—321.

dennoch zur Erhaltung des Systems beitragen können. Bedürfnisse, die nicht mit den kollektiven Wertmustern konform gehen, können ex definitione nicht befriedigt werden, es sei denn durch ebenfalls deviante Partner, also nur außerhalb des jeweils angesprochenen sozialen Systems. Die integrative Chance auch „individuierter" Bedürfnisse kann nur dann anerkannt werden, wenn man davon ausgeht, daß die sozialen Systeme prinzipiell unfähig sind, ohne individuelle Spontaneität Bedürfnisse zu befriedigen.

Zugleich impliziert diese Vorstellung, daß Rollenhandeln nur dann überhaupt zustande kommt, wenn es innerhalb der aktuellen Rollen möglich ist, gegenseitig Bedürfnisse zu befriedigen. Mangelnde Gegenseitigkeit der Befriedigung wird als Gefährdung der Interaktion innerhalb dieser Rollen begriffen. Nicht voll erreichbare Befriedigung braucht auch nach diesem Ansatz nicht den sofortigen Abbruch der Interaktion zu bewirken. Jedoch werden jene Rollenbeziehungen als die stabilsten bewertet, die ein Höchstmaß gegenseitiger Bedürfnisbefriedigung gewähren, ohne daß dies im Rahmen eines Gesamthaushalts zu befriedigender Bedürfnisse und im Kontext der dem Individuum offenstehenden Chancen zur Bedürfnisbefriedigung erörtert wird.

6. Eine weitere Annahme geht dahin, daß Rollensysteme beziehungsweise Institutionen dann stabil sind, wenn die in ihrem Rahmen interagierenden Rollenpartner die in ihnen vorgegebenen Wertmuster vollständig internalisiert haben. Vollständige Internalisierung bewirkt nach dieser Vorstellung eine Bedürfnisstruktur, die das Individuum die Rollennormen gleichsam automatisch, jedoch mit einem Bewußtsein, aus eigenem Entschluß und Antrieb zu handeln, erfüllen läßt. T. Parsons charakterisiert das Verhältnis des Individuums zu seiner Rolle wie folgt:

"Personalities and social systems are not only interdependent, but interpenetrate, precisely on the level of social interaction in cultural terms The role-expectation, that is, which is a unit of a system of social interaction, is itself also a motivational unit — an internalized object of the personality of the actor. When a person is fully socialized in the system of interaction it is not so nearly correct to say that a role is something an actor 'has' or 'plays' as that it is something that he is." (Parsons/Bales 1955, S. 107)

Er unterstreicht die besondere Bedeutung der Tatsache, daß ein gelungener Sozialisationsprozeß Rollenerwartungen und Motivation zur Deckung bringt:

"That the stability of any social system except the most evanescent interaction process is dependent on a degree of such integration may be said to be the fundamental dynamic theorem of sociology." (Parsons 1951, S. 42)

Die von E. Goffman geschilderte „Rollendistanz“ des Individuums, die es befähigt, die Ausgestaltung des Handelns in einer Rolle zu variieren, muß aus dieser Perspektive als Zeichen für die Auflösung institutioneller Ordnung und für Identitätsdiffusion des Individuums angesehen werden. Auch P. L. Berger und Th. Luckmann sind der Ansicht, daß Rollendistanz „nur in bezug auf Realitäten, die in der sekundären Sozialisation internalisiert werden, möglich ist“ (Berger/Luckmann 1966, S. 189, Anmerkung 15)[15], weil in der sekundären Sozialisation vor allem spezifisches Wissen für Rollen, die aus der Arbeitsteilung der Gesellschaft entstehen, vermittelt wird und nicht das Fundament für Realität überhaupt wie in der primären Sozialisation. Dieser Realitätsbasis gegenüber ist Rollendistanz für sie nur als pathologisch deutbar[16].

Die Vorstellung, daß sich eine Institution am besten durch „automatisches“, unreflektiertes Handeln sichern läßt, durch vollständige Deckung von Werten und Bedürfnisstrukturen, erinnert an E. Goffmans Darstellung totaler Institutionen (Goffman 1961 a). Diese Institutionen bemühen sich, ihre Mitglieder beziehungsweise Insassen zunächst ihres früheren „Selbst“ zu entkleiden, um ihnen ein neues „Selbst“ verpassen zu können, dessen Bedürfnisstruktur der vollen Integration in die Institution keinen Widerstand mehr entgegenzusetzen vermag. Rollendistanz paßt nicht ins Konzept der totalen Institution, denn erstrebt wird die vollständige Deckung von institutionell vorgegebenen Zielen und individuellem Verhalten. Vor allem militärische Organisationen sowie politische und religiöse Gruppen mit missionarischen oder revolutionären Zielen betonen, daß ungenügende spontan-konforme Initiative ihrer Mitglieder und erst recht Abweichung den Bestand und die Ziele der Gruppe gefährden.

Die größte Schwierigkeit, mit der die bei E. Goffman geschilderten Institutionen zu kämpfen haben, beruht darauf, daß sie Menschen aufnehmen müssen, die bereits eine — mehr oder weniger belastbare — Ich-Identität aufgebaut haben und mindestens einige Erinnerungen an frühere Lebenserfahrungen mitbringen. Sie besitzen daher ein Potential, das ihnen er-

---

[15] Ihr Begriff von „Rollendistanz“ unterscheidet sich von E. Goffmans Konzept, denn sie beziehen sich auf die Distanz zwischen einer stabilen, in der primären Sozialisation vermittelten Identität und einem kompletten spezifischen Teil-Selbst, während E. Goffman betont, daß das Individuum stets versucht, sich von angesonnenen Identitäten abzugrenzen, auch wenn es auf kein festes Welt- oder Selbstbild zurückgreifen kann (vgl. Berger/Luckmann 1966, S. 131, und Goffman 1961 a, S. 319 f.).

[16] Daß es Unterschiede in der Reflektierbarkeit von Rollen gibt, ist nicht zu bezweifeln. Jedoch ist es nicht möglich, zwei deutlich zu unterscheidende Kategorien von Rollen zu bilden, die noch dazu der primären und der sekundären Sozialisation zuzuordnen wären. Eher könnte man behaupten, daß in der primären Sozialisation noch gar keine Rollen übernommen beziehungsweise gar kein festes Fundament von Realität gelegt, sondern erst die grundlegenden Fähigkeiten der Verarbeitung von Realität erworben werden.

möglicht, sich der totalen Integration zu widersetzen. Diese Chance aber ist dem eben geborenen Säugling nicht gegeben. Daher verwandelt sich in den Sozialisationsmodellen unter der Hand nur allzu leicht die Familie in die extremste aller der Tendenz nach totalen Institutionen. Dies ist unausweichlich, wenn Sozialisation nur als Prozeß der Übernahme vorgegebener Werte, Einstellungen, Bedürfnisse, Verhaltensweisen und Interaktionsmuster durch ein machtloses Kind begriffen wird, nicht aber als Prozeß, dessen Struktur auch dem Kleinkind schon bald — und sei es in fiktiver Zuerkennung von Gleichberechtigung — auferlegt, Normen zu interpretieren und Ambiguitäten zu ertragen und somit Grundqualifikationen der Konfliktbewältigung auszubilden. Auf eine der Tendenz nach totale Institution läuft zum Beispiel das Modell primärer Sozialisation hinaus, das P. L. Berger und Th. Luckmann anbieten, da es das Individuum der Familie und dem sozialen System voll ausliefert[17]. Reflexionsfähigkeit soll erst einsetzen, wenn bereits eine „stabile" Identität als Ergebnis des primären Sozialisationsprozesses vorliegt.

Die Behauptung, daß die Stabilität der Institutionen und Persönlichkeitssysteme die Übereinstimmung von Werten und Bedürfnisstrukturen verlange, bedeutet im übrigen nicht, daß sich Sozialsystem und Persönlichkeitssystem voll decken müssen. Sowohl T. Parsons als auch P. L. Berger und Th. Luckmann weisen darauf hin, daß das Verhältnis zwischen beiden prekär ist. T. Parsons führt dies darauf zurück, daß Gesellschaften mehr signifikante Subsysteme enthalten, und P. L. Berger und Th. Luckmann darauf, daß Gesellschaften mehr Wissen über Realität, und zwar in ungleicher Verteilung, anbieten, als ein Individuum aufnehmen kann (Parsons/Bales 1955, S. 108; Berger/Luckmann 1966, S. 123). Von hier aus wäre es immerhin möglich, ein Sozialisationsmodell zu entwickeln, das davon ausgeht, daß Gesellschaft und Realität gerade auch an das kleine Kind nicht „als die einzig existierende und die einzig denkbare Welt" (Berger/Luckmann 1966, S. 124) herangetragen werden, sondern gebrochen durch die Identität der „Sozialisationsagenten", die an der Gesellschaft und der Realität einen je spezifischen Anteil nehmen und ihre besonderen Strategien der Problemlösung entwickelt haben. Darauf gehen allerdings P. L. Berger und Th. Luckmann nicht ein. T. Parsons bietet dagegen Ansätze in dieser Richtung in seinen Überlegungen zu devianten Sozialisationsprozessen (Parsons/Bales 1955)[18].

Die Vorstellung von der zur Stabilisierung von Institution und Persön-

---

[17] Vgl. das Kapitel „Internalization of Reality" in Berger/Luckmann 1966.

[18] Vgl. vor allem das Kapitel T. Parsons' und James Olds' „The Mechanism of Personality Functioning with Special Reference to Socialization", S. 187—257.

lichkeit wünschenswerten Übereinstimmung von Wertmustern und Bedürfnisstrukturen ist innerhalb der Soziologie als „übersozialisiertes Menschenbild" — so D. H. Wrong — angegriffen worden (Wrong 1961). Allerdings laufen diese Einwände darauf hinaus, daß die biologischen und psychologischen Komponenten der Person als die der Normenkonformität Widerstand leistenden Faktoren hervorgehoben und der Gesellschaft als dem Konformität erzwingenden Faktor entgegengesetzt werden — so T. Parsons in seiner Antwort auf D. H. Wrong (Parsons 1962). Obwohl man die Ansicht Parsons' bezweifeln kann, daß das gesamte Es durch Internalisierung sozialer Objekte in der vorödipalen Sozialisationsphase strukturiert werde, so ist es doch ungenügend, auf pure biologische Potentiale zurückzugreifen, um einen Ansatz zur Erklärung individueller Autonomie zu gewinnen.

Die von D. H. Wrong als „übersozialisiert" attackierte Vorstellung erweist sich eher als eine falsche Vorstellung von Sozialisation. Das in dieser Arbeit vorgelegte Konzept sucht demgegenüber einen Weg zu zeigen, der die Stabilität von Institutionen mit Diskrepanzen zwischen Normen und Bedürfnissen zu verbinden vermag. Mit Hilfe des hier entwickelten Begriffs von Ich-Identität sollte es möglich sein, den Rollenbegriff so zu interpretieren, daß Rollenhandeln nicht nur die Möglichkeit für individualisiertes Auftreten der Rollenpartner bietet, sondern daß sogar die strukturelle Notwendigkeit besteht, auf der Grundlage einer zu wahrenden Ich-Identität mit anderen in Interaktionsbeziehungen zu treten[19].

Bei der Darstellung dieses Modells des Rollenhandelns wurde schon mehrfach auf Kritik hingewiesen, die einige der hier vorgetragenen Theoreme auch von Anhängern der konventionellen Rollentheorie erfahren haben. Von einer grundsätzlicheren, kritisch-theoretischen Position aus verweist J. Habermas darauf, daß der Rollenbegriff, wie er etwa in R. Dahrendorfs „Homo sociologus" verwandt wird, eine historische Erscheinung menschlicher Entfremdung in besonderen gesellschaftlichen Verhältnissen als ein Wesensmerkmal menschlicher Sozialbeziehungen überhaupt aus-

---

[19] J. Habermas hat den Rollenbegriff in ähnlicher Weise kritisiert. Er erkennt hinter der herkömmlichen Rollentheorie zwei Annahmen, die nur auf den pathologischen Grenzfall übermäßig formalisierten beziehungsweise verdinglichten Rollenhandelns zuträfen: 1. Integrationstheorem — Übereinstimmung von Rollendefinition und -interpretation durch die Beteiligten; 2. Konformitätstheorem — Übereinstimmung zwischen institutionalisierten und internalisierten Werten, so daß Normen automatisch erfüllt werden. So in den Diskussionen um ein Sozialisationsprojekt am Institut für Bildungsforschung in Berlin, die sich im Projektentwurf von U. Oevermann u. a. (1968) widerspiegeln.

gebe (Habermas 1963, S. 173 ff.). Dieser Rollenbegriff sanktioniere die Zwänge, denen die Menschen heute unterworfen sind, und lasse der Spontaneität und Kreativität des Menschen nur in einem nicht durch Normen geregelten und daher gesellschaftlich wenig relevanten Bereich Raum. Damit entfallen Kreativität und Spontaneität im Grunde als Thema der Rollentheorie und einer auf dieses Konzept von Rolle sich stützenden Soziologie.

Diese Einwände könnten Grund genug sein, den Rollenbegriff überhaupt nicht zu verwenden. Damit würde aber zugleich aufgegeben, was in der Tradition des symbolischen Interaktionismus mit Hilfe dieses Begriffs erarbeitet wurde. Aus der Perspektive des symbolischen Interaktionismus können die Grundannahmen des geschilderten Rollenmodells nur als extreme Grenzfälle von Interaktion verstanden werden. Sie gelten nur für Interaktionen, die unter den Bedingungen höchster Repression ablaufen. Die Annahmen bestimmen folglich nicht den „Idealfall" erfolgreicher Interaktion, sondern einen sozialpathologischen Zustand. Weder Interaktionen noch Institutionen, innerhalb deren unter diesen Bedingungen gemeinsames Handeln stattfinden muß, noch Individuen, die an entsprechenden Interaktionsprozessen teilzunehmen haben, sind als stabil zu betrachten.

Es erscheint zweckmäßig, in der Darstellung des modifizierten Rollenkonzepts die Kritik der einzelnen Grundannahmen des herkömmlichen Rollenmodells nicht zu trennen, sondern im Zusammenhang abzuhandeln. Das geschilderte Rollenmodell ging davon aus, daß Rollenhandeln dann am ungestörtesten und erfolgreichsten ablaufen kann, wenn eindeutige Rollennormen vorliegen, die das Individuum in Sozialisationsprozessen lernt, so daß die am Rollenhandeln Beteiligten Erwartungen übereinstimmend antizipieren können. Dabei hat die konventionelle Rollenanalyse nicht in Betracht gezogen, daß die Übereinstimmung von Normen und Interpretationen auf dem Hintergrund unterschiedlicher Repression, die das jeweilige Rollensystem charakterisiert, untersucht werden muß. Obwohl sie von Sanktionen, die die Einhaltung von Normen zu gewährleisten haben, spricht, ist ihr Rollenmodell seltsam entleert von auferlegtem Zwang und anstrengendem Widerstand. Dies liegt daran, daß der Zwangscharakter in diesem Modell erst bei Anlässen manifest wird, die als Sonderfälle behandelt werden, nämlich erst dann, wenn Normen verletzt werden. Es wird der Analyse nicht zugrunde gelegt, daß strukturelle Inkonsistenzen das Individuum ständig zu subjektiven Stellungnahmen herausfordern, die es in Konflikt mit den vorgegebenen Normen bringen.

Nach der hier unternommenen Analyse der Bedingungen, unter denen Ich-Identität in Interaktionen entstehen und bewahrt werden kann, ist anzunehmen, daß kommunikatives Handeln in Rollen unter ganz anderen Bedingungen am besten gesichert ist: dann nämlich, wenn angesichts der Repressivität des Systems und der ungleichen Verteilung von Einflußchancen ein gemeinsames Verständnis von Rollennormen gerade nicht unterstellt wird, sondern die Rollennormen insgesamt als der subjektiven Interpretation bedürftig angesehen werden. Ist die subjektive Interpretation der Rolle auf dem Hintergrund der anderen Rollen, die dem Individuum gleichfalls angesonnen werden, und der Lebensgeschichte, die es sich konstituiert hat, wegen der Rigidität des Normensystems nicht möglich, so sind Identität und Interaktion in Gefahr. Das Individuum kann dann möglicherweise seine balancierende Ich-Identität angesichts von Rollenerwartungen, die es in der ihm vorgegebenen Weise übernehmen muß, nicht mehr aufrechterhalten und muß entweder seinen Identitätsanspruch aufgeben oder aus der Interaktion ausscheiden. Freilich bewirkt jeder Interaktionsprozeß, an dem sich das Individuum beteiligt, auch eine Modifikation der eigenen Identitätsbalance. Diese Balance ändert sich ständig, denn das Individuum kann die jeweiligen Normen für kommunikatives Handeln in Rollen nicht einfach mißachten, wenn es sich an Interaktion überhaupt beteiligen will. Es muß sich — wie dargestellt — in seiner Ich-Identität gerade im Bezugsrahmen von Erwartungen mit Hilfe einer gemeinsamen Sprache artikulieren. Rigide, nicht interpretierbare Normen lassen das jedoch nicht zu. Normen dieser Art geben dem Individuum keine Chance, sie aufzuarbeiten, sondern zwingen es, alles, was es außerhalb dieser Interaktion ist und war, also seine Ich-Identität, fallenzulassen. Damit aber wird der Ablauf des Interaktionsprozesses gefährdet, weil ein Individuum ohne Ich-Identität und ohne Möglichkeit oder Willen, Ich-Identität zu bewahren, als in seinen Handlungen einkalkulierbarer Rollenpartner ausscheidet. Die Motivationsbasis seiner Handlungen ist den Partnern im Interaktionsprozeß nicht mehr zugänglich, wenn es nicht durch geeignete Präsentation seiner Ich-Identität im Rahmen einer subjektiven Rolleninterpretation darstellt, wie es seinen Platz in der Struktur vielfältiger, einander überschneidender Interaktionssysteme definiert. Es muß zeigen, welche weiteren Anforderungen es außer diesen Rollenerwartungen zu berücksichtigen hat und wie es sein Verhalten in der Vergangenheit angesichts der divergierenden Erwartungen, die es damals zu erfüllen hatte, heute versteht.

Aber nicht nur, weil dem Individuum Normen oktroyiert werden, kann die Identitätsbalance gefährdet sein, sondern auch, weil das Individuum aus Gründen, die mit seiner Biographie zusammenhängen, diskrepante Erwartungen nicht aufzuarbeiten vermag. Man könnte meinen, daß Interaktion trotz fehlender Ich-Identität dann noch am ungefährdetsten weitergehen kann, wenn das Individuum starr den jeweiligen Erwartungen nachkommt, weil dann klar zu sein scheint, was die Interaktionspartner erwarten dürfen. Dies trifft jedoch nicht zu, denn die Konformität schafft keine durchschaubaren Verhältnisse. Dies gilt auch für den kaum jemals eintretenden Fall, daß eindeutige und vollständige Rollenvorschriften vorliegen. Wenn das Individuum nämlich in seinem Verhalten in der Rolle voll und ganz diesen vorgegebenen Normen folgt, erfahren die Rollenpartner über ihr Gegenüber nichts, außer daß es offenbar bereit ist, Erwartungen unter Mißachtung aller subjektiven Identitätsprobleme zu entsprechen. Zwar wurde die Notwendigkeit, unsichere Situationen zu strukturieren, als eine Bedingung der Möglichkeit, Identität zu wahren, herausgestellt. Aber hier stehen den Interaktionspartnern gar keine Indikatoren zur Verfügung, an denen sie das Risiko ihrer eigenen Beteiligung an einer Interaktion mit diesem Partner abschätzen können. Sie wissen nicht, ob nicht unvorhergesehen eine diesem Individuum noch vorrangiger erscheinende Anforderung auftritt, die es zum Rückzug aus dieser Interaktion veranlaßt, oder ob eine plötzlich auftauchende Tatsache, aus anderen Rollensystemen oder aus der Vorgeschichte des Individuums, es für diese Interaktion disqualifizieren wird. Mit Recht sehen sie ihr Gegenüber als unzuverlässig und unstabil an, denn sie erkennen, daß es keine Integrationsleistungen vollbringt. Sie werden sich daher trotz Konformität ihres Rollenpartners zurückhalten.

Nun scheint die starre Erfüllung von Erwartungen schon deswegen nicht möglich, weil es unter den Bedingungen einer Interaktion, in der sich alle Partner um Anerkennung ihrer besonderen Erwartungen bemühen, eindeutig vorgegebene Normen im Regelfall gar nicht gibt. Es bedarf je nach Vorstrukturierung der Situation einer Leistung jedes an einer Interaktion Beteiligten, um zu ermitteln und herauszustellen, welche Erwartungen überhaupt bestehen, worauf sie sich beziehen, wie sie zu verstehen sind und welche als vorrangig betrachtet werden. R. H. Turner hat dargestellt, daß der von G. H. Mead beschriebene Prozeß des „role-taking“ zugleich als ein Prozeß, in dem Rollen erst entstehen („role-making“), anzusehen ist:

"An initial distinction must be made between taking the existence of distinct and identifiable roles as the starting point in role theory, and postulating a tendency to create and modify conceptions of self- and other-roles as the orienting process in interactive behavior. The latter approach has less interest in determining the exact roles in a group and the specific content of each role than in observing the basic tendency for actors to behave as if there were roles. Role in the latter sense is a sort of ideal conception which constrains people to render any action situation into more or less explicit collections of interacting roles. . . . Roles 'exist' in varying degrees of concreteness and consistency, while the individual confidently frames his behavior as if they had unequivocal existence and clarity. The result is that in attempting from time to time to make aspects of the roles explicit he is creating and modifying roles as well as merely bringing them to light; the process is not only role-taking but role-making." (Turner 1962, S. 21 f.)

Dieser Prozeß des „role-making" mag oft ohne Probleme ablaufen. In vielen Fällen bedarf die Identifikation und Konstruktion der Rolle jedoch ausgesprochener Anstrengung des Individuums, weil es sehr heterogene Elemente aus der Interaktionssituation und eine komplexe eigene Bedürfnisstruktur aufeinander abzustimmen hat. D. J. Levinson lehnt sich mehr an die psychoanalytische Terminologie an, wenn er die Rolleninterpretationen des Individuums als eine synthetisierende Ich-Funktion beschreibt:

"Role-definition is ... an ego achievement — a reflection of the person's capacity to resolve conflicting demands, to utilize existing opportunities and create new ones, to find some balance between stability and change, conformity and autonomy, the ideal and the feasible, in a complex environment.... Like the other external (reality-oriented) ego functions, it is influenced by the ways in which the ego carries out its 'internal functions' of coping with, and attempting to synthesize, the demands of id, super-ego, and ego." (Levinson 1959, S. 177)

Rigide Konformität und starre Erfüllung vorgegebener Normen ohne äußeren Zwang kann man in einem Interaktionsprozeß, wie ihn R. H. Turner beschreibt, als zwanghafte Anpassung an selbstgeschaffene, projizierte Normen erklären. Das Individuum versucht auf diese Weise der Verhaltensunsicherheit zu entgehen, in der es die Situation mit ihren unklaren Erwartungen beläßt. Es leugnet dabei die besondere Eigenart der Interaktionssituation, nämlich ihre Mehrdeutigkeit. Die Situation verlangt zwar, falls in ihr Interaktion zustande kommen soll, daß die Interaktionspartner die nicht in vollem Ausmaß gewährte Orientierung durch subjektive Interpretation ergänzen und einander zeigen, wie sie die Rollen verstehen wollen. Jedoch darf dies nicht dazu führen, die grundsätzliche Offenheit der Situation zu mißachten, wie es der zwanghafte Konformist tut. Die Ausführungen R. H. Turners weisen ein weiteres Mal auf das Interaktion sichernde Erfordernis hin, auf einer „als ob"-Basis zu operieren. Die Rollen werden interpretiert, als ob sie vorgegeben seien. Tatsächlich enthält die Situation auch normative Elemente, aber letztlich gewinnen die Rollen erst durch die Interpretation eine konkrete Gestalt. Selbst damit sind sie nicht ein für allemal festgelegt, sondern behalten den Charakter der versuchsweisen Erschließung eines Konsenses, der Interaktion tragen soll.
Es wurde hier im Gegensatz zum vorher geschilderten Rollenmodell immer

wieder unterstellt, daß sich das Individuum in Interaktionen ohne rigiden Konformitätszwang nicht nur an den Normen einer Rolle orientiert, sondern darüber hinaus an der Notwendigkeit, die Balance einer Ich-Identität aufrechtzuerhalten, also an allen Rollen, die es zur Zeit einnimmt, und an seiner Lebensgeschichte. Empirische Belege für die gleichzeitige Orientierung an mehreren Rollen finden sich zum Beispiel in der Arbeit N. Gross' und seiner Mitarbeiter oder in E. Goffmans Beobachtungen, die ihn zu seinem Konzept der „Rollendistanz" führten (Gross u. a. 1958, S. 323; Goffman 1961 b). Bereits verdeutlicht wurde, daß eine derartige subjektive Interpretation der Rolle auf der Grundlage von Ich-Identität Interaktion erleichtert, weil sie sie vor dem plötzlichen Auftreten störender Einflüsse schützt, indem sie diese potentiellen Störfaktoren von vornherein möglichst weitgehend berücksichtigt. Ferner ist das Individuum in der Lage, Rollenkonflikten vorzubeugen, indem es in jeder Rolle auch die Diskrepanzen zu anderen Rollen mit zum Ausdruck bringt. Doch selbst ohne Rolleninkompatibilitäten vermag die Pluralität der Rollen ein Individuum zu belasten. W. J. Goode geht davon aus, daß die Summe der Anforderungen aus allen Rollen, die ein Individuum innehat, stets seine Leistungsfähigkeit übersteigt:

"In general, the individual's total role obligations are overdemanding.... The individual's problem is how to make his whole role system manageable, that is, how to allocate his energies and skills so as to reduce role strain to some bearable proportions." (Goode 1960, S. 485).

Auch für die Bewältigung dieses Problems dürften dann die besten Voraussetzungen bestehen, wenn das Individuum in seiner subjektiven Rolleninterpretation Ich-Identität weitgehend präsent machen kann. Dann nämlich gibt es zu erkennen, zwischen welchen Ansprüchen es sich hindurchwinden muß. Immer wieder also bringt das Individuum seine zu wahrende Identität in die Auseinandersetzungen um eine gemeinsame Orientierung des Handelns ein, um den Fortgang der Interaktion zu sichern. Seine subjektive Interpretationsleistung erfüllt ein Erfordernis von auf Dialog angewiesenen Interaktionsprozessen, die einen eindeutigen, den Bedürfnissen der Beteiligten angemessenen und undiskutiert übernehmbaren Rahmen von Normen nicht vorgeben können.

In der Literatur über die Struktur der Persönlichkeit wird oft von einem Verlangen der Person ausgegangen, Konsistenz zu bewahren[20]. Nach den hier vorgetragenen Vorstellungen ist es nicht nötig, dieses Verlangen nach Konsistenz psychologischen Ursachen zuzuschreiben, sondern Konsistenz

[20] Zum Beispiel Lecky 1945.

der Handlungen des Individuums ist ein Erfordernis, um den Fortgang von Interaktion und die Beteiligung des Individuums an ihr zu sichern. Im Hinblick auf die erfolgreiche Sicherung verschiedener Interaktionsbeteiligungen des Individuums sind daher die Kriterien für Konsistenz zu suchen. Sie aufzudecken erfordert eine Analyse sowohl der angebotenen Verhaltensmuster, mit denen das Individuum in seinem sozialen Milieu konfrontiert wird, als auch seiner subjektiven Interpretation, die seinem Versuch einer Identitätsbalance folgen. Diese Konsistenz wird dadurch möglich, daß Rollen trotz vorgegebener Erwartungen erst durch subjektive Interpretation ihre Gestalt finden. Denn auf diese Weise kann sehr heterogenes Verhalten mit dem Anspruch verbunden werden, den Erfordernissen derselben Rolle zu genügen.

Nicht jedes scheinbar widersprüchliche Verhalten durchbricht schon den mit einer Rolle jeweils verknüpfbaren Erwartungshorizont. R. H. Turner weist darauf hin, daß die Alltagsurteile über konsistentes Rollenverhalten oft logische Kriterien zu verletzen scheinen:

> "But the folk basis for these judgements is the subsumability of a person's behavior under a single role. The parent who on one occasion treats his child with gentleness and on another spanks him is unlikely to be adjudged inconsistent because both types of behavior, under appropriate circumstances, are supposed to be reasonable manifestations of the same parental role. A more devastating extension of the judgement of inconsistency is that the behavior doesn't make sense, that it is unintelligible. Behavior is said to make sense when a series of actions is interpretable as indicating that the actor has in mind some role which guides his behavior." (Turner 1962, S. 24)

Es ist diese Art von Konsistenz, die in der Rolleninterpretation sichtbar gemacht werden muß. Diese Konsistenz ist eine Behauptung des Individuums, die umstritten sein und vielleicht von den Interaktionspartnern, mit denen gemeinsam ein wenigstens vorläufig anerkanntes Rollengefüge gesucht wird, abgelehnt werden mag. Die Behauptung muß daher diskutierbar und revidierbar sein. Andererseits sind es gerade diese Behauptungen, daß im Verständnis dieses Individuums sehr diskrepante Verhaltensweisen mit seiner Ich-Identität vereinbar seien, die den anderen Möglichkeiten eröffnen, das zukünftige Verhalten dieses Individuums zu antizipieren; denn sie geben Aufschluß über die Handlungsalternativen, die ein Individuum mit sich und seiner Rolle noch für vereinbar hält. Das psychologische Verlangen, Konsistenz zu wahren, offenbart sich als eine soziologische Notwendigkeit, Konsistenz und gerade auch problematische Konsistenz zu behaupten.

Das oben geschilderte konventionelle Rollenmodell nahm an, daß subjektive Faktoren den Interaktionsprozeß stören, weil sie die Antizipation und damit die gegenseitige Handlungskontrolle einschränken. Aus den nun angestellten Überlegungen geht hervor, daß die Möglichkeit zu subjektiver Rolleninterpretation Interaktion fördert, weil gerade sie den Rollenpartnern die Handlungspotentiale der Beteiligten offenlegt. Weil die Ich-Identitäten der Rollenpartner von vornherein in das Interaktionssystem mit eingeflossen sind, haben die Beteiligten von dieser Seite her kaum noch störende Überraschungen zu gewärtigen. Geht man jedoch von einem Rollenmodell aus, das die Notwendigkeiten balancierender Identität und Subjektivität ausschließen soll, ist die Situation immer prekär. Besondere Bedürfnisdispositionen, deren Durchbrechen nie auszuschließen ist, können in diesem Falle in der Tat nur noch als Störung eines Systems gewertet werden. Das Interaktionssystem muß sich dann nach jedem unvorhergesehenen subjektiven Einfluß wieder neu arrangieren. Gibt jedoch das Rollensystem auch diskrepanten Bedürfnissen der beteiligten Individuen eine Chance, sich auszudrücken, so gewährt es einen breiten Antizipationsspielraum. Auch hier gibt es Unvorhergesehenes, aber es wird im Regelfall nicht das gesamte Interaktionssystem in Frage stellen, sondern appelliert nur an dessen Flexibilität und Offenheit. Die Eindeutigkeit, mit der das herkömmliche Rollenmodell das Verhalten in Rollen vorherzusagen erlaubt, ist nur scheinbar. Sie ist erkauft mit der Eliminierung der subjektiven Intentionen der Beteiligten. In Wirklichkeit erschließt aber gerade die subjektive Interpretation der Rolle die zur Antizipation des Verhaltens wichtigen Faktoren. Während es im herkömmlichen Rollenmodell hieß, daß Interaktion in Rollen desto besser gesichert sei, je weiter vorgegebene Rollennormen und Rolleninterpretationen übereinstimmen, also je weniger Individuelles in die Interpretation einfließt, lautet die Schlußfolgerung der vorliegenden Analyse, daß Interaktion in Rollen durch subjektive Interpretation gefördert wird. Je mehr das Individuum von seiner Ich-Identität in seiner Rolleninterpretation sichtbar zu machen vermag, desto mehr wird eine zutreffende Antizipation seines künftigen Verhaltens und damit der Fortgang der Interaktion erleichtert.

Die subjektive Interpretation der Rolle darf allerdings nicht so weit gehen, daß die Interaktionspartner sie nicht mehr mit ihren Erwartungen vereinbaren können. Auch hier wiederholt sich das Balanceproblem. Es bildet sich ebenso auf der sprachlichen Ebene ab. Durch seine subjektive Interpretation gibt jeder der Interaktionspartner in das gemeinsame Symbolsystem seine Intentionen ein. Jedoch muß sich jeder hüten, das anerkannte Symbolsystem zu sprengen, weil sonst seine Interpretationen nicht mehr übermittelbar sind. Die subjektive Ausnutzung der Sprache dürfte dann am weitesten möglich sein, wenn die Aussagen, die das Individuum über sich und seine Erwartungen hineinlegt, rückfragbar sind, denn so-

lange man Fragen stellen kann, die der Adressat zu beantworten sich bemüht, ist die Übersetzungsfunktion der Sprache nicht aufgegeben.
Daraus ist zu folgern, daß auf der Grundlage subjektiver Interpretation zwar im Gegensatz zum Modell des Rollenhandelns, das die Deckung von Normen und Interpretationen als optimal unterstellt, vermehrte Möglichkeit zu zutreffender Antizipation der Verhaltensweisen der Rollenpartner geboten wird, daß aber andererseits doch kein voller Austausch der Interaktionspartner hinsichtlich der Definition von Situation und Rollen möglich ist. Denn der verständlichen Übersetzung der Ich-Identität sind Grenzen gesetzt.
Mangels vollständiger Übersetzbarkeit von Ich-Identität ist niemals totaler Konsens über die Definition von Situation und Rollen möglich. Das bedeutet zum einen, daß die Interaktionspartner in der Lage sein müssen, zu handeln, obwohl die Ungewißheit über den Verlauf der Interaktion nicht gänzlich zu beseitigen ist. Zum anderen schließt dies aber auch ein, daß die Interaktion im Regelfall nicht dazu führen wird, daß die Bedürfnisse der Interaktionspartner voll befriedigt werden, auch wenn die Chancen dafür bei möglichst individuierter Darstellung optimal sind. Jedes Individuum versucht zwar, in seiner Identitätsbalance seine durchaus nicht in jeder Hinsicht harmonischen Bedürfnisstrukturen zum Ausdruck zu bringen. Aber dies wird niemals voll gelingen. Außerdem werden wegen der unterschiedlichen Struktur individuierter Ich-Identitäten die Bedürfnisse der Interaktionspartner schon von vornherein nicht in jeder Hinsicht übereinstimmen. Nun rechnet das Individuum im Regelfall auch gar nicht damit, daß alle seine Bedürfnisse in jedweder Interaktion voll befriedigt werden. Da aber eine zu geringe Bedürfnisbefriedigung die Motivation vermindert, an einer Interaktion teilzunehmen, ist anzunehmen, daß ein Individuum dann keinen Grund mehr sehen wird, sich an Interaktionen zu beteiligen, wenn die zu erzielende Bedürfnisbefriedigung einen individuell zu bestimmenden Grenzwert unterschreitet.
Das geschilderte konventionelle Rollenmodell geht von anderen Bedingungen für die optimale Befriedigung von Bedürfnissen aus. Da alle Interaktionspartner in ihren Interpretationen der Normen übereinstimmen und ihre Bedürfnisstrukturen den internalisierten Normen entsprechen, befriedigt das an den geteilten Normen orientierte Rollenhandeln das jeweils relevante Bedürfnis voll. Da man glaubt, die verschiedenen Rollen, die das Individuum innehaben kann, im Regelfall voneinander trennen zu können, meint man zugleich, die anderen Bedürfnisse des Individuums im Rahmen dieser Interaktion außer acht lassen zu dürfen. Nach dem hier entwickelten Identitätskonzept brauchen jedoch institutionalisierte Normen und Motivationsstrukturen des Individuums nicht übereinzustimmen.

Unter dieser Voraussetzung kann das herkömmliche Rollenmodell keine optimalen Möglichkeiten für die Bedürfnisbefriedigung im Rollenhandeln anbieten; im Gegenteil: Falls sich tatsächlich die Bedürfnisse mit den institutionalisierten Normen nicht decken, würde ein Handeln, das sich rigide an den vorgegebenen Normen orientiert, die Bedürfnisse der Interaktionspartner mit besonders großer Wahrscheinlichkeit unbefriedigt lassen.

A. W. Gouldner kritisiert an T. Parsons' Rollenmodell, daß es Komplementarität und Reziprozität nicht unterscheide. Für T. Parsons sind Rollen in der Tat so definiert, daß das, „was Erwartungen für Ego sind, Sanktionen sind für alter und umgekehrt" (Parsons 1951, S. 40). A. W. Gouldner setzt dagegen:

"In short, complementarity connotes that one's rights are another's obligations, and vice versa. Reciprocity, however, connotes that each party has rights and duties." (Gouldner 1960, S. 169)

Er verdeutlicht dies durch eine Formalisierung: Im Falle von Komplementarität hat der Interaktionspartner A ein Recht x, dem eine Verpflichtung $-x$ seines Gegenübers B entspricht. Im Falle von Reziprozität hat A ein Recht x und eine Pflicht y, B hingegen ein Recht a und eine Pflicht b. A. W. Gouldner meint nun, daß nicht nur Komplementarität zur Stabilität sozialer Beziehungen beitrage, sondern auch Reziprozität. Nach dem hier vorgetragenen Modell erfolgreichen Rollenhandelns ist Reziprozität bei relativ zwangloser Interaktion sogar der wahrscheinlichere Fall und Komplementarität die Ausnahme. A. W. Gouldner macht darauf aufmerksam, daß ein Rollenmodell, das auch die Reziprozität von Erwartungen zuläßt, in der Lage ist, die egoistischen Motivationen ebenfalls für die Erhaltung sozialer Systeme mit heranzuziehen, die ein lediglich auf Komplementarität der Erwartungen aufgebautes Rollenmodell nur als Gefährdung begreifen kann. Mit den Worten der hier explizierten Analyse: A. W. Gouldner versucht die Tatsache, daß Individuen mit Ich-Identitäten miteinander interagieren, in den Begriffen der Rollentheorie zu berücksichtigen. Daß Individuen trotz fehlender Komplementarität an Interaktionsprozessen in Rollen teilnehmen, führt er auf eine universale moralische Norm zurück, eben auf die „Norm der Reziprozität". Sie verpflichte das Individuum, seine Rolle in einer Weise zu erfüllen, daß Interaktion gesichert bleibt, auch wenn volle Komplementarität nicht besteht. Es scheint nicht nötig, wie A. W. Gouldner diese Norm als eine universale moralische Vorschrift einzuführen. Da jedes Individuum auf Beteiligung an Interaktion angewiesen ist, muß es sich auch an Interaktionen beteiligen, in denen gegenseitige Bedürfnisbefriedigung nicht in vollem Umfange gewährleistet ist, folglich nur Reziprozität im Handeln besteht, nicht aber Komplementarität. A. W. Gouldner will zeigen, daß ein Rollensystem, das gemeinsames Handeln nur aufgrund voller Befriedigung gegenseitiger Bedürfnisse im Rahmen komplementärer Erwartungen garantiert sieht, ein leicht verwundbares System ist.

Nun werden allerdings manche Individuen ein größeres, andere ein geringeres Maß an fehlender Befriedigung innerhalb einer Interaktion ertragen können. Dies hängt mit der Art der Identitätsbalance zusammen, die die einzelnen Individuen aufbauen konnten. Ist sie hinsichtlich der Integration bestimmter Bedürfnisstrukturen besonders labil oder besitzt das Individuum wenig Fähigkeit, Balance angesichts einander widerstrebender Kräfte aufrechtzuerhalten, dann wird das Individuum auf einem ihm entgegenkommenden Maß an Bedürfnisbefriedigung bestehen müssen. Werden jedoch seine Fähigkeiten zur Balance nicht leicht überfordert, wird es eher ein zeitweilig größeres Maß an fehlender Befriedigung seiner Bedürfnisse tolerieren können. Es wurde bereits ausgeführt, daß die stabilere Balance zugleich mehr Möglichkeiten zur Bedürfnisbefriedigung erschließt, weil das Individuum sich weniger rigide an bestimmte Rolleninterpretationen klammern muß, sondern zusätzliche Interaktionsmöglichkeiten suchen kann. Da das Individuum in seiner Ich-Identität die Balance zwischen Bedürfnissen auch divergierender Art halten muß, wird eine andauernde einseitige Bedürfnisbefriedigung den zu versuchenden Ausgleich gefährden. Das Individuum könnte versucht sein, sich ganz auf eine bestimmte Möglichkeit, einen Teil seiner Bedürfnisse zu befriedigen, zu verlassen. Angesichts einer recht komplexen Bedürfnisstruktur würden damit andere Bedürfnisse mißachtet, so daß hier eine Entsprechung zu der zwanghaften Konformität mit einer Rolle und ihren Normen vorliegt. Das Individuum hätte also auch darauf zu achten, seine Bedürfnisse nicht allzu einseitig zu befriedigen, gerade wenn ihm die Möglichkeiten dazu sehr leicht zur Verfügung ständen. Dieser Gedankengang klingt nach moralisierender Warnung vor Exzessen und Mahnung zum Maßhalten. Jedoch geht es nicht darum. Es muß erkannt und berücksichtigt werden, daß das Individuum nicht nur einer Normenpluralität und -inkompabilität gegenübersteht, sondern auch vielfältigen und zum Teil widersprüchlichen Bedürfnissen, die durch sehr homogene und sich ständig wiederholende soziale Interaktionsbeziehungen schwerlich zufriedengestellt werden können. Zu untersuchen wäre, wie groß diese Diskrepanz unter bestimmten sozialstrukturellen Lebensbedingungen ist und inwieweit sie dem Individuum erlaubt, seinen Identitätsanspruch überhaupt durchzusetzen.

Falls Rollenhandeln dann am besten gesichert ist, wenn durch subjektive Rolleninterpretationen die Bedürfnisstrukturen der beteiligten Individuen dargestellt werden können und damit optimale Chancen der Bedürfnisbefriedigung bestehen, ist nicht damit zu rechnen, daß die Stabilität von Institutionen am zuverlässigsten durch vollständige Internalisierung und automatische Erfüllung ihrer Normen gewährleistet werden kann. Denn es ist nicht anzunehmen, daß die zu internalisierenden Normen sich widerspruchslos in die Bedürfnisstruktur des Individuums einfügen werden. Die Gefahr, daß die Institutionen verfallen, weil die internalisierten Normen als Repression durchschaut werden und daher ihre Erfüllung wo immer möglich hintertrieben wird, ist größer als das Risiko der Institution, sich mit den Bedürfnisstrukturen des Individuums zu arrangieren, indem sie der subjektiven Interpretation von Normen Raum läßt. D. J. Levinson wirft der Organisationssoziologie vor, bürokratische Institutionen geradezu der Menschen beraubt zu haben, wofür nicht zuletzt M. Weber und R. K. Merton Verantwortung trügen:

"The prevailing image of the organization has been that of a mechanical apparatus operating impersonally once it is set in motion by administrative edict. The prevailing conception of social role is consonant with this image: the individual member is regarded as a cog in the apparatus, what he thinks and does being determined by requirements in the organizational structure." (Levinson 1959, S. 170)

D. J. Levinson bemüht sich dagegen aufzuzeigen, daß die Struktur der Persönlichkeit für den Erfolg der Arbeit der Institution relevant ist. Dadurch, daß die Mitglieder der Institutionen vor der Notwendigkeit stehen, sich die Chance der Teilnahme an verschiedenen Interaktionssystemen zu sichern, sind sie gezwungen, die nicht auf einen Nenner zu bringenden Normen durch inhaltliche und Prioritäten setzende Interpretation zu vermitteln. Erst durch diese Leistung machen sie Institutionen funktionsfähig. Aus demselben Grunde aber müssen Institutionen den Identitätsanspruch ihrer Mitglieder respektieren und dem Individuum Möglichkeiten zur Balance offenhalten. Um dieses Problem geht es auch R. L. Kahn und seinen Mitarbeitern. Sie folgern aus ihren empirischen Studien (wobei ihre unkritische Orientierung an gewissen Praktiken des „human engineering" hier übergangen werden soll):

"To attempt the creation of a complete organizational blueprint, in which every task would be specified, every method prescribed, and every contingency foreseen would be a self-defeating effort. It would be impossibly costly; it would be constantly upset by changes in the organizational environment. Moreover, it would be most unwelcome; to work under conditions of absolute and unrelieved specificity does not suit the human organism. The issue, then, is not the elimination of conflict and ambiguity from organizational life; it is the containment of these conditions at levels and in forms which are at least humane, tolerable, and low in cost, and which at best might be positive in contribution to individual and organization." (Kahn u. a. 1964, S. 387)

Das zunächst beschriebene konventionelle Modell des Rollenhandelns stellt offenbar einen extremen Sonderfall der hier explizierten Rolleninteraktion dar. Unter zwei Bedingungen scheinen die in jenem Modell behaupteten Annahmen tatsächlich Rollenhandeln adäquat zu beschreiben: zum einen unter Verhältnissen höchster Repression, zum anderen im Falle von pathologischen Persönlichkeitsstrukturen. Diese beiden Bedingungen stehen in Zusammenhang.

In repressiven gesellschaftlichen Verhältnissen, zum Beispiel in Institutionen, die ihre Angehörigen als austauschbares Personal betrachten, ist zu beobachten, daß Rollennormen umfassend und eindeutig definiert und die Individuen zu völlig übereinstimmender Interpretation vorgegebener Normen unter dem Druck erheblicher Sanktionen angehalten werden. Ferner wird unter diesen Verhältnissen dafür gesorgt, daß die ihnen unterworfenen Individuen sich ausschließlich an einer einzigen für relevant erklärten Rolle orientieren. Diese repressiven Institutionen werden außerdem zu erreichen suchen, daß sich entweder die Bedürfnispotentiale ihrer Mitglieder mit den Anforderungen, die an sie gerichtet werden, durch volle Internalisierung der Erwartungen und reflexionslose Identifikation bruchlos decken oder die erforderlichen Verhaltensweisen strikt von widersprüchlichen Bedürfnisdispositionen abgeschirmt werden, sei es durch Trennung der Handlungsbereiche, sei es durch „instrumentelles" Rollenhandeln. Erinnert sei noch einmal an E. Goffmans „total institutions", die genau der Tendenz dieses Rollenbegriffs entsprechen (Goffman 1961 a). Rollenhandeln ist unter diesen Umständen wirklich „problemlos", jedoch auch völlig unfähig, mit nicht vorhersehbaren Faktoren fertig zu werden. Als Rettung verbleibt nur, das System Bedrohendes in stereotype Kategorien einzuordnen wie „unrealistisch", „töricht", „krankhaft" oder „kommunistisch", um es nicht berücksichtigen zu müssen.

Tatsächlich sind Gesellschaften und Institutionen gezwungen, sich um ihres Überlebens willen mit gerade den Problemen auseinanderzusetzen, die der Rollentheorie in der beschriebenen Gestalt Schwierigkeiten bereiten. Gesellschaften und Institutionen erreichen es nicht, alle Bereiche relevanter Rollen durch eindeutige und untereinander konsistente Anweisungen zu erfassen. Sie sind daher darauf angewiesen, daß das Individuum es schafft, die Diskrepanzen zu überbrücken. Es ist dann darauf vorbereitet, wenn es seine subjektiven Interpretationen in den Interaktionszusammenhang einbringt, weil diese subjektiven Interpretationen die sozialbiographischen Erfahrungen des Individuums mit seinen Versuchen,

Identität zu wahren, repräsentieren. Die Bemühungen um Identität entsprachen eben demselben Zwang, die normativen Ansprüche einander widersprechender Interaktionssysteme zu vermitteln. Institutionen oder ganze Gesellschaften können sich zwar bemühen, das Individuum auf ein Aggregat voneinander separierbarer Rollen zu reduzieren, aber sie sind doch nicht in der Lage zu verhindern, daß sich Individuen über die gerade relevante Rolle hinaus Orientierungen suchen; vor allem, wenn die innere Widersprüchlichkeit der Erwartungen nach einer Interpretation verlangt, um die Rolle überhaupt spielbar zu machen. Sie wollen zwar keine anderen Bedürfnisse zulassen als die den institutionalisierten Werten entsprechenden, aber gerade deswegen müssen sie ständig Schutzdämme gegen Antriebspotentiale errichten, die sie nicht integrieren können. Die Beobachtungen E. Goffmans zeigen immer wieder, daß die angebliche Stabilität von Systemen, die Normen und Bedürfnisse scheinbar zur Deckung bringen, eher als Starrheit zu bezeichnen ist. Dies offenbart sich dann, wenn das eingeübte Ritual mit einem Ereignis konfrontiert wird, das neue Interpretationen verlangt, wenn es den beteiligten Individuen gelingen soll, Identität zu wahren.
Im bisherigen Gedankengang sind es die Gesellschaft oder eine Institution, genauer: die Herrschenden in ihnen, die Offenheit nicht zulassen, weil alle Veränderungen nicht zuletzt ihre Stellung in Frage stellen würden. Im Falle der Persönlichkeitspathologie bildet die gestörte Identitätsbalance — besser: die Unfähigkeit des Individuums, seine Interaktionsbeteiligungen in einen Sinnzusammenhang zu bringen — rigide, in ihrer Widersprüchlichkeit nicht auflösbare Rollenstrukturen ab. Es klingt nach Zynismus, zu sagen, daß die ausgebildete Pathologie „funktional" sei. Dennoch weist dies zutreffend auf den Sachverhalt hin. Das Unvermögen des Individuums, soziale Interaktion aus der Perspektive seiner Stellung in einem Netzwerk von Interaktionsbeteiligungen aktiv zum Vorteil seiner Bedürfnisbefriedigung zu beeinflussen, wird häufig erst dann sichtbar, wenn der Betreffende aus den gewohnten sozialen Beziehungen herausgelöst wird (zum Beispiel bei der Emanzipation des jungen Menschen von seinem Elternhaus) oder wenn in diesen Beziehungen unvorhergesehene Konflikte auftreten, die traditionelle Deutungsschemata in Frage stellen (zum Beispiel in der Ehebeziehung, wenn die Ehefrau ihren Beruf wieder-aufnimmt). Repressive Institutionen und pathologische Individuen klammern sich aneinander. Die aus stereotypen sozialen Interaktionsmustern folgende Unfähigkeit, sich auch diskrepanten Anforderungen gegenüber als identisch festhalten zu können, bewirkt den Zwang, sich an scheinbar Garantiertes zu halten, um der Unsicherheit einer ständig neu zu entwerfenden Ich-Identität zu entgehen.

Sowohl repressive Herrschaft als auch das zwanghaft konforme Individuum sowie die ihnen entsprechende konventionelle Rollentheorie bemühen sich, rigides Verhalten zu legitimieren. Sie behaupten, daß kommunikatives Handeln ohne einen normativen Rahmen zusammenbreche, daß ein Individuum, das Erwartungen der anderen mißachtet, als Partner aus Interaktionen ausscheiden müsse, und daß Verzicht auf vorgegebene Rollen und auf festgelegte Bedeutungssysteme die Präsentationsfähigkeit des Individuums überfordere. All das soll hier nicht weiter diskutiert werden. Es geht nur um das Problem, wie das Individuum sich in einem vorgegebenen normativen Rahmen bewegt, in welcher Form es Erwartungen aufgreift sowie Rolle und Sprache zur Selbstdarstellung benutzt. Die These lautet, daß ein Individuum gerade dann erfolgreich in Rollensystemen interagieren kann, wenn es den vorgegebenen Bezugsrahmen von Normen und Sprache benutzt, als ob es sich in ihm darstellen könnte, jedoch dabei den Vorbehalt des „als ob" sichtbar macht. Dieses „als ob"-Verhalten darf nicht so verstanden werden, als nähme das Individuum nicht wichtig, was in einer Gesellschaft oder Gruppe als Rahmen zur Kommunikation mit anderen und zur Selbstverständigung angeboten wird. Vielmehr bringt es zum Ausdruck, daß das Individuum diesen Rahmen in seinem Anspruch, eine adäquate Repräsentation seiner Ich-Identität zu ermöglichen, negiert. Es kritisiert diesen Rahmen nicht in dem Sinne, daß es ihn schlechthin ablehnt, sondern indem es durch subjektive Interpretation aufzeigt, inwiefern das vorgegebene Erwartungssystem und die vorgeprägte Sprache den Bedürfnissen seiner Identitätsbalance nicht entsprechen. Das Individuum transzendiert also den jeweiligen Bezugsrahmen des Interaktionsprozesses. Dies geschieht nicht, weil das Individuum sich in einer Art Dünkel über den Bereich der allgemeinen Umgangssprache und der üblichen Maßstäbe erheben möchte. Vielmehr versucht das Individuum die Differenz zwischen seinen besonderen Erwartungen und den allgemeinen Normen und Interpretationsschemata zu verdeutlichen, weil Interaktion überhaupt erst möglich ist, wenn die an ihr Beteiligten disparate Erwartungen und Normen auf der Grundlage zu wahrender Ich-Identität interpretieren. Sie wollen damit einerseits einen kompromißhaften Handlungskonsens erzielen, der allen entgegenkommt, andererseits eben diesen Kompromiß aber auch für zukünftige Entwicklungen noch offenhalten und damit zugleich den jeweiligen Stand des Konsenses überschreiten.

Die interpretatorische Leistung des Individuums führt folglich, obwohl sie aus sozialstrukturellen Gründen hervorgeht — nämlich aus der Notwendigkeit zu Interaktion trotz disparater Erwartungen —, jeweils ein noch nicht dagewesenes Element in den Interaktionsprozeß ein, das eine angemessene Analyse nicht unterschlagen oder in psychologisierte Randbedingungen abdrängen darf. Auf dieses unvorhergesehene Element wollte G. H. Mead mit dem Begriff des „I" aufmerksam machen. Eben dieser nicht antizipierbare Beitrag kann den gesamten Interaktionsprozeß verändern, weil er als neues normatives Element, als ein „me" in der Terminologie G. H. Meads, in die Interaktion eingeht und alle Beteiligten zu wiederum neuen Interpretationen veranlaßt. Diese Offenheit und Unvorhersehbarkeit des gesamten Interaktionsprozesses ist es, die repressive Institutionen und instabile Persönlichkeiten zu vermeiden suchen. Eine Rollentheorie, die letztlich die Verhaltensmuster in repressiven Institutionen und von instabilen Persönlichkeiten als „idealtypisches Modell" problemloser Interaktion betrachtet, verschenkt zugleich den Ansatz, zu erklären, wie Rollensysteme in sozialer Interaktion überhaupt entstehen und sich verändern können, denn Innovation ist ohne Reflexionsspielraum und Uminterpretation nicht denkbar.

Wenn die Wahrung einer Ich-Identität als Antwort des Individuums auf eine durch Vielfalt und Diskrepanz zwischen Erwartungen geprägte Struktur sozialer Beziehungssysteme anzusehen ist, müssen sozialstrukturelle Bedingungen angegeben werden können, die die Ausbildung einer Ich-Identität begünstigen, und andere, die dem Individuum diese Leistung nicht auferlegen. Wo in sozialen Beziehungen keine Übersetzung geleistet werden muß, weil keine Divergenzen zwischen den Erwartungen der Partner bestehen, oder wo die Starrheit der Rollennormen eine flexible Interpretation ausschließt, sind eher rigide Persönlichkeitsstrukturen zu erwarten. In die Identitätsbalance, falls eine solche unter diesen Umständen überhaupt erforderlich oder möglich ist, gehen nur geringe Erfahrungen erfolgreicher Konfliktbewältigung ein. Sie ist folglich wenig belastbar. Das Individuum wird versuchen, sich an einer bestimmten, in seiner sozialen Umwelt als bewährt betrachteten Art, zwischen divergierenden Ansprüchen einen Ausgleich herbeizuführen, zu orientieren. Die in den eingespielten Interaktionssystemen nicht zu befriedigenden Bedürfnisse werden abgedrängt, brechen aber oft genug doch durch, ohne in die Handlungsstrategien des Individuums integriert zu sein.

Diese die Identitätsbehauptung erschwerenden Bedingungen sozialer Interaktion sind zum Beispiel im sozialen Milieu der Unterschicht anzutreffen, deren Mitglieder einerseits am Arbeitsplatz lockere Solidaritätsbeziehungen mit den Arbeitskollegen unterhalten, dagegen in rigiden, autoritär strukturierten Abhängigkeitsverhältnissen ihren Vorgesetzten gegenüberstehen, während andererseits in der Familie und der „peergroup" eher diffus-partikularistische Interaktionsmuster vorherrschen. U. Oevermann zeigt, daß in diesen Typen von Rollenbeziehungen Interpretation von Erwartungen und autonome Ausgestaltung des Verhaltens kaum verlangt werden:

„Die Stabilität der Rollenbeziehungen ist nicht, wie in der Mittelschicht, von der autonomen Ausgestaltung und Interpretation der Verhaltensnormen abhängig, sondern umgekehrt an die unumschränkte Einhaltung nicht mehr diskutierbarer Regeln gebunden (Normenrigidität). Die Einzelperson, die aufgrund ihres geringen Kontaktes zur differenzierten Außenwelt ohnehin nur ein geringes Rollenrepertoire und einige wenige ‚zentrale Rollenelemente' zu verwalten hat. wird von den primären, partikularistisch-solidarischen Sozialbeziehungen absorbiert, die für sie diffuse, multifunktionale Ziele erfüllen. Eine klare Trennung von Gruppe und Selbst findet nicht statt. Auf diesem Hintergrund wird verständlich, warum der Angehörige der Unterschicht keine reflexive Einstellung im Handeln und keine Ich-Autonomie entwickeln kann. Er ‚rezipiert' passiv die Sozialstruktur, aber er ‚interpretiert' sie nicht." (Oevermann 1968, S. 306)

In seiner Beschreibung des subkulturellen Milieus der Arbeiterklasse trägt U. Oevermann zahlreiche Arbeiten über Einstellungen und Lebensgewohnheiten zusammen, die sich in das hier dargelegte Identitäts- und Rollenkonzept einfügen lassen. So kann zum Beispiel S. M. Lipsets Untersuchungsergebnis, daß es einen spezifischen autoritären Einstellungsstil der Arbeiter gibt, in diesem Rahmen plausibel gemacht werden (Lipset 1960). Das von S. M. Lipset gekennzeichnete Syndrom läßt sich so erklären, daß eine abwehrende Haltung gegenüber Veränderungen und ungewohnten Verhaltensweisen eingenommen wird, eine Abwehr, die Individuen mit sehr schwachen Fähigkeiten zur Wahrung von Identität helfen soll, nicht überschaubare Situationen zu vermeiden. Folglich handelt es sich bei diesem Typ autoritärer Einstellung nicht um ein auf psychologischer Ebene erklärbares Persönlichkeitsmerkmal, sondern um eine strukturell erzwungene Orientierung, die Rollenbeziehungen entspricht, in denen abwägende Interpretationen nicht zugelassen oder nicht gefordert werden.
W. B. Miller (1958) schildert, daß die eingeübten Verhaltensweisen der Unterschichtangehörigen in gewissen Abständen von impulsiven Handlungen durchbrochen werden, in denen sich die Bedürfnisse abreagieren, die innerhalb des strikt regulierten Rollenrepertoires keine ausreichende Befriedigung finden können. Dies entspricht der Notwendigkeit für das Individuum, seine Identitätsbalance gegen Bedürfnisse abzuschirmen, die keine soziale Billigung in seinem subkulturellen Milieu finden. Erlauben rigide Normensysteme nicht, diese Bedürfnisse — und sei es in „rationalisierter" Form — wenigstens in gewissem Umfang in Interaktionsbeziehungen einzubringen, so stauen die Bedürfnisse sich auf und bedrohen mit ihren Ausbrüchen das Individuum in seinem Bestreben, sich seine Handlungen als autonomes Individuum zuzurechnen. Auch hier zeigt sich die

Abhängigkeit des — hier vergeblichen — Versuchs, einen Identitätsanspruch durchzuhalten, von sozialstrukturellen Bedingungen.
Diese knappen Hinweise sollen noch einmal unterstreichen, daß das Individuum trotz des dramatischen Charakters, den seine Bemühungen um Identität zeitweilig annehmen, sich in einem vorgezeichneten Bezugsfeld sozial akzeptierter Problemlösungsstrategien bewegt. Es versucht zwar nach Kräften, sich als identisches festzuhalten, um sich als Interaktionspartner zu behaupten; ob die „Lösung" des Identitätsproblems erfolgreich ist oder nicht, kann jedoch nur in Kenntnis der Struktur sozialer Rollenbeziehungen, in denen das Individuum sich bewegt, und der Interpretationsschemata, die ein gemeinsames Sinnverständnis herstellen, beurteilt werden. Eine historische Analyse muß folglich jeweils aufzeigen, welcher Interpretationsspielraum in Rollensystemen besteht und welche Einflußchancen den Beteiligten zugestanden werden. Mit anderen Worten: Es muß das jeweilige Niveau der Repressivität innerhalb des Rollensystems bestimmt werden, um die Leistung des Individuums einschätzen zu können, wenn es sich bemüht, dadurch zur Handlungsfähigkeit der Beteiligten in diesem Rollensystem beizutragen, daß es die diskrepanten Erwartungen durch Identität signalisierende, subjektive Interpretation für eine Konsensbildung aufarbeitet, die kommunikatives Handeln ermöglicht.

4. Identitätsfördernde Fähigkeiten

Wenn das Individuum in der Lage sein soll, hinreichend jene Ich-Identität zu entwickeln, die der erfolgreiche Fortgang des Interaktionsprozesses verlangt, muß eine Reihe von gesellschaftlichen und individuellen Bedingungen erfüllt sein. Voraussetzungen auf der Seite der Gesellschaft sind flexible Normensysteme, die Raum zu subjektiver Interpretation und individueller Ausgestaltung des Verhaltens, zu „role making", offenlassen, sowie Abbau von gesellschaftlicher Repression, der verbürgt, daß diese Um- und Neuinterpretation von Normen und ihre Übersetzung nicht negativ sanktioniert werden. Vom Individuum auf der anderen Seite wird gefordert, daß es sowohl aktive Fähigkeiten, wie Antizipation von Erwartungen anderer, Interpretation von Normen und Präsentation eigener Erwartungen, als auch passive, wie Toleranz für Erwartungsdiskrepanzen und für unvollständige Bedürfnisbefriedigung, besitzt.

Es ist hier allerdings nicht beabsichtigt, derartige Fähigkeiten als stabile, in einer psychischen Struktur verankerte Persönlichkeitsmerkmale des Individuums zu betrachten, die letztlich nur durch die angewandten Meßverfahren definiert werden, wie es in der Psychologie zum Teil und dort in einem bestimmten Rahmen durchaus legitim der Fall ist. Sondern diese Fähigkeiten des Individuums sollen in Konsequenz des für diese Arbeit gewählten Ansatzes — Identität förderndes Verhalten des Individuums als strukturelle Notwendigkeit eines fortzuführenden Interaktionsprozesses zu begreifen — im Hinblick auf ihren besonderen Beitrag zur Identitätsbildung in sich fortentwickelnden und von immer wieder neuen kritischen Situationen bedrohten Interaktionsprozessen beschrieben werden. Erst in zweiter Linie ist zu fragen, ob Untersuchungen von Psychologen zu bestimmten Persönlichkeitsvariablen als Argumente für die Plausibilität des vorgetragenen Identitätskonzeptes herangezogen werden können.

Dieser Hinweis auf die interaktionistische Perspektive der Betrachtung auch individueller Fähigkeiten soll zugleich klarstellen, daß nicht die Absicht besteht, individuelle Fähigkeiten der Wirksamkeit gesellschaftlicher Verhältnisse in dem Sinne gegenüberzustellen, als ob zwei voneinander unabhängige Faktoren das Verhalten des Individuums bestimmen würden. Wenn es gelingt, die Fähigkeiten des Individuums von ihrer Funktion in Interaktionszusammenhängen her zu erfassen, liegt es nahe, ihren genetischen Ursprung auch in Interaktionsbeziehungen zu suchen. Das kann indessen nicht bedeuten, daß sich jederzeit gesellschaftliche Verhältnisse und individuelle Fähigkeiten entsprechen. Sehr oft werden zwischen beiden Diskrepanzen auftreten. Es ist zum Beispiel möglich, daß Kinder in bestimmten sozialen Milieus trotz einer im ganzen sehr repressiven Gesellschaftsstruktur zu Rollendistanz und Ambiguitätstoleranz erzogen werden. Sie gewinnen folglich in einem recht hohen Maße Potentiale für die Wahrung balancierender Identität, die ihnen in ihrem späteren Leben erlauben, sogar unter Bedingungen, die andere bereits scheitern lassen, noch Ansätze zu Ich-Identität zu zeigen und sich auf diese Weise nicht ohnmächtig den die Befriedigung wechselseitiger Bedürfnisse gefährdenden Verhältnissen auszuliefern.

4.1. Rollendistanz

Als erste Voraussetzung für Errichtung und Wahrung von Identität erscheint, daß das Individuum überhaupt in der Lage ist, sich Normen gegenüber reflektierend und interpretierend zu verhalten. Von Beginn der Analyse an wurde unterstellt, daß das Individuum zwar die Erwartungen der anderen aufgreifen und sich auf ihrer Grundlage präsentieren muß, zugleich aber wurde auch von ihm verlangt, daß es sichtbar macht, inwiefern es unter die angesonnenen Erwartungen nicht voll subsumierbar ist. Die hier vorgelegte Interaktionsanalyse forderte vom Individuum die Fähigkeit, sich über die Anforderungen von Rollen zu erheben, um auswählen, negieren, modifizieren und interpretieren zu können. Diese Fähigkeit, die das Individuum für erfolgreiche Interaktion benötigt, soll in Übernahme der Begriffsbildung E. Goffmans als Fähigkeit zur „Rollendistanz" bezeichnet werden[1].
Es gibt eine ganze Reihe von Versuchen, das Verhältnis des Individuums zu seinen Rollen begrifflich zu erfassen. G. H. Mead, auf den sich vor allem die interaktionistische Tradition stützt, hat die Spannung zwischen zu übernehmenden Erwartungen der anderen und individueller Antwort des Individuums in seine Unterscheidung von „I" und „me" aufgenommen, deren Einfluß auf das Verhalten des Individuums er als variabel ansah. Die Kreativität eines Künstlers, der trotz des Gebrauchs konventioneller Mittel individuell geprägte Werke schafft, ist ihm Beispiel für ein

[1] Die Vorstellung einer Distanz, die das Individuum gegenüber allen Erwartungen aufrechtzuerhalten sich bemüht, durchzieht fast alle Veröffentlichungen E. Goffmans; vgl. vor allem Goffman 1961, a, b.

gegenüber dem „me“ dominierendes „I“, während in Situationen mit wirksamer sozialer Kontrolle das „me“ sich gegen das „I“ durchsetzt (Mead 1934, S. 209 ff.). Im Extremfall wäre vorstellbar, daß das Individuum allein aus „me“ besteht, aus übernommenen Erwartungen beziehungsweise internalisierten Rollen, in denen es keine Individualität durch einen interpretativen Beitrag ausdrückt.

Wie bereits erwähnt, wird bei G. H. Mead nicht recht klar, woher das „I“ seine Kraft bezieht, die Erwartungen der anderen so zu interpretieren, daß es seine Einmaligkeit in ihnen ausdrücken kann. Vielleicht haben viele Interaktionisten und Rollentheoretiker, weil sie den sozialen Charakter des „I“ in den Darlegungen Meads nicht zu erkennen vermochten, ihre Aufmerksamkeit mehr auf den Platz konzentriert, den das „me“, dessen sozialer Charakter offenkundig ist, in Interaktionen einnimmt. Dem Wechselspiel des Meadschen „I“ und „me“ gehen unter den Interaktionisten vor allem E. Goffman, A. Strauss, R. H. Turner und G. P. Stone nach[2].

Von nicht unmittelbar dem Interaktionismus verpflichteten Ansätzen her betonen N. W. Ackerman, Th. R. Sarbin, J. W. Getzels und E. G. Guba, D. J. Levinson sowie R. L. Kahn und seine Mitarbeiter, daß das Individuum nicht hinreichend als die Summe seiner Rollen beschrieben wird. N. W. Ackerman stellt einem „äußeren Selbst“, das er mit der „sozialen Rolle“ gleichsetzt, ein „inneres Selbst“, auch als „individuelles Selbst“ bezeichnet, gegenüber (Ackerman 1951). Während sich das „äußere Selbst“ mit den Verhältnissen ändert, bleibt das „innere Selbst“ relativ stabil, obwohl es sich gleichfalls durch soziale Einflüsse bildet. Wir müssen uns dieses „innere Selbst“ vermutlich als eine Art Sediment der Biographie dieses Individuums vorstellen, zu dem eine neue Rolle, in die das Individuum gerät, in Gegensatz zu treten vermag. In ähnlicher Weise stehen sich auch bei Th. R. Sarbin Selbst und Rolle gegenüber (Sarbin 1954)[3]. Das Selbst ist für ihn eine kognitive Struktur, ein Selbstbild, das sich aus den Erfahrungen des Individuums mit Gegenständen, seinem Körper und mit anderen Personen entwickelt. Auch Th. R. Sarbin sieht das Selbst als eine relativ stabile Struktur an, die das Individuum gegen Bedrohungen, zum Beispiel durch unvereinbare Rollenerwartungen, zu schützen versucht. Zwar wird sowohl bei N. W. Ackerman als auch bei Th. R. Sarbin eine Instanz im Individuum behauptet, die sich mit Erwartungen kritisch auseinandersetzen kann. Aber andererseits ist das Selbst, wie sie es darstellen, ein recht sicherer Besitz des Individuums, es muß nicht entspre-

[2] Vgl. die im Literaturverzeichnis angegebenen Veröffentlichungen.
[3] Dort verweist Th. R. Sarbin auch auf seine weiteren Arbeiten.

chend der aktuellen Situation und gemäß den Anforderungen einer gerade angesonnenen Rolle je neu interpretierend hergestellt werden. Das Selbst ist hier ein Maßstab, den das Individuum zur Beurteilung von Erwartungen mitbringt, und nicht ein ständig neu zu konstituierender Begriff für das Verhältnis des Individuums angesichts neuer Erwartungen zu allen vergangenen und gegenwärtigen Rollen.
J. W. Getzels und E. G. Guba, D. J. Levinson sowie R. L. Kahn und seine Mitarbeiter haben Rollenhandeln, insbesondere das Verhalten des Individuums bei Rollenkonflikten, mit einer Reihe von psychologischen Persönlichkeitsvariablen in Zusammenhang gebracht, auf die noch genauer einzugehen sein wird (Getzels/Guba 1954; 1955; Levinson 1959; Kahn u. a. 1964). Ihre Untersuchungen setzen voraus, daß das Individuum mit den ihm zugeschriebenen Rollen in verschiedener Weise umgehen kann. Allerdings ist der Begriffsapparat der Arbeiten nicht sehr geeignet, das Verhältnis von Individuum und Rolle theoretisch weiter zu klären. In dieser Hinsicht kommen die genannten Autoren trotz aller Verfeinerung des Vorgehens kaum über die Aussage des „gesunden Menschenverstandes" hinaus, daß eben soziale und individuelle Faktoren mitwirken, um Rollenhandeln zu erklären. D. J. Levinsons Überlegungen führen insofern ein Stück weiter, als er sich an psychoanalytische Vorstellungen anschließt und besonders betont, daß die endgültige Definition von Rollen, die sich von den Rollenerwartungen der anderen beträchtlich unterscheiden kann, als „Ich-Leistung" erst durch das Individuum erfolgt, das in dieser Definition die Möglichkeiten und Schwierigkeiten sowohl innerpsychischer Konstellationen als auch einer vielfältigen sozialen Umwelt zu berücksichtigen versucht. Von hier aus erscheint es möglich, das Potential des Individuums zur Interpretation als Ergebnis der in seiner Biographie durchlebten Konflikte und der Art ihrer Lösung zu erfassen.
E. Goffman formuliert als sein Interesse bei der Beschäftigung mit dem Handeln des Menschen in Rollen:

"The model of man according to the initial role perspective (nämlich der herkömmlichen Rollentheorie — L. K.) is that of a kind of holding company for a set of not relevantly connected roles; it is the concern of the second perspective to find out how the individual runs this holding company." (Goffman 1961 b, S. 90)

E. Goffman belegt durch zahlreiche Beobachtungen, daß das Ausmaß der Hingabe eines Individuums an eine Rolle sehr unterschiedlich sein kann. Es gäbe ein Kontinuum zwischen übermäßigem Aufgehen in der Rolle („overattachement") auf der einen Seite und Entfremdung („alienation") von der Rolle auf der anderen. Dazwischen liege ein breiter Bereich, in dem das Individuum sich zu seiner Rolle mit Distanz verhält. Diese „Rollendistanz" gehört nach E. Goffman zum typischen Rollenverhalten, oft auch zum tatsächlichen Rollenverhalten, jedoch nicht zu den Rollennormen:

"The image of him (von einem Menschen in seiner Rolle — L. K.) that is generated for him by the routine entailed in his mere participation ... is an image from which he apparently withdraws by actively manipulating the situation. Whether this skittish behavior is intentional or unintentional, sincere or affected, correctly appreciated by others present or not, it does constitute a wedge between the individual and his role, between doing and being. This 'effectively' expressed pointed separateness between the individual and his putative role I shall call role distance." (Goffman 1961 b, S. 107 f.)

R. L. Coser macht nicht zu Unrecht darauf aufmerksam, daß die Beispiele Goffmans auf unterschiedliche Funktionen der Rollendistanz hinweisen, die er nicht getrennt habe (Coser 1966). In einem Fall diene sie zur Aufarbeitung konfligierender Erwartungen, im anderen Fall stehe sie als Teil antizipatorischer Sozialisation im Zusammenhang mit Statuswechsel. Jedoch stellt E. Goffman selber dar, daß Rollendistanz im Rahmen von Prozessen sozialer Interaktion betrachtet werden muß. Durch ihre Analyse sucht er die Antwort auf die Frage, woher das Individuum einen Bezugspunkt für Distanz gewinnt[4].

Nach E. Goffman nimmt das Individuum Rollendistanz nicht ein, um sich „in irgendeine psychologische Welt, die es sich selbst geschaffen hat" zurückzuziehen, sondern es „handelt im Namen einer anderen sozial geschaffenen Identität":

"The liberty he takes in regard to a situated self is taken because of other, equally social, constraints." (Goffman 1961 b, S. 120)

Rollendistanz in einer Rolle wird also durch den Rückgriff auf andere Rollen beziehungsweise auf das Gesamt der anderen Rollen möglich. E. Goffman schildert zum Beispiel, wie Ärzte und Schwestern bei einer Operation — „eine unserer geheiligtsten Berufsshows" — auf verschiedene

[4] R. L. Coser meint das Distanzierungspotential des Individuums damit erklären zu können, daß sie Rollendistanz zu den Bestandteilen der Rollennorm zählt. Das Individuum distanziert sich, weil Distanz verlangt wird. Erklärungsbedürftig bleibt jedoch, auf welcher Grundlage sich das Individuum distanzieren kann. Das Problem ist nur verschoben. R. L. Coser denkt vermutlich unter anderem daran, daß Ärzte von einem neuen Kollegen auch Humor erwarten; Humor wiederum wird von E. Goffman oft als Beispiel einer Distanzierungstechnik genannt. Sie unterliegt hier insofern einem Mißverständnis, als Humor im Sinne Goffmans als Distanzierungstechnik nur angesehen werden kann, wo es eigentlich nichts zu lachen gibt, nämlich wo er eine unvorhergesehene Situation strukturiert oder inkompatible Anforderungen relativiert. Vgl. auch Coser 1959.

Weisen andere Rollen, die sie neben der Rolle im Operationsteam innehaben, ins Spiel bringen. Goffman nennt dafür mehrere Gründe: (1) Wohl immer gebe es eine Diskrepanz zwischen dem „Selbst“, das eine gerade ausgeführte Rolle tatsächlich vermittelt, und dem „Selbst“, das der Titel, den die Rolle verleiht, assoziieren läßt. Rollendistanz ist Ausdruck dieser Diskrepanz. (2) Andere Rollen stellen Anforderungen, die auch innerhalb dieser Rolle nicht völlig übergangen werden können. Vor allem Alters- und Geschlechtsrollen dringen in die Ausübung fast aller übrigen Rollen ein. (3) Neben den eigentlichen Aufgaben der Rolle entstehen Verpflichtungen, soziale Beziehungen zu Kollegen zu unterhalten, oder es entwikkeln sich sogar Freundschaften, die im Verhalten mit ausgedrückt werden müssen (Goffman 1961 b)[5].
E. Goffman erklärt das Auftreten von Rollendistanz mit ihrem Beitrag zu einem ungestörten Ablauf von Interaktionsprozessen und mit den Möglichkeiten, die sie für eine Präsentation von Identität bietet. Er zeigt, daß ein Individuum, das — wie es anders kaum denkbar ist — mehr Rollen innehat als die eine, die es gerade ausübt, auf Rollendistanz in seinen Interaktionen nicht verzichten kann, jedenfalls so lange nicht, wie die Anforderungen dieser Rollen nicht von vornherein harmonieren. Da die Rollenerwartungen tatsächlich vielfach inkongruent sind und das Individuum oft überfordern, bietet Rollendistanz einen Weg, in einer Rolle zu handeln, ohne die anderweitigen Rollenbeziehungen völlig abzuschneiden. Sie hilft dem Individuum, sich nicht voll an das Schicksal einer Rolle zu binden, sondern der Beteiligung in einer Rolle einen bestimmten Stellenwert in einem Gesamtbild zuzuweisen, das das Individuum von sich in einer bestimmten Situation aufrechterhalten möchte. Distanz gegenüber einer Rolle zieht ihre Kraft also aus den sonstigen Engagements des Individuums. Die jeweils übernommene Rolle wird durch die anderen Rollen interpretiert. Diese stehen allerdings nicht als ein Arsenal von Deutungsmöglichkeiten zur Verfügung, das keiner weiteren Interpretation bedürfte, sondern auch sie müssen jeweils neu definiert und in ihrer Relevanz bestimmt werden, und zwar nicht zuletzt im Hinblick auf die Anforderungen der aktuellen Situation und der in ihr eingenommenen Rolle. Somit muß das Individuum sich um eine Synthese aller seiner Rollen gleichzeitig bemühen.
Das aber zeigt, daß Rollendistanz nicht ausreichend beschrieben wird, wenn sie als Voraussetzung für Identitätsgewinnung beziehungsweise als eine Fähigkeit, die zu Identität verhelfen kann, begriffen wird. Wo Rollendistanz sichtbar wird, tritt ein Individuum auf, das Ich-Identität we-

[5] Vgl. insbesondere den Abschnitt „A Simultaneous Multiplicity of Selves“, S. 132—143.

nigstens in gewissem Ausmaße bereits errichtet hat; und wo ein Individuum sich um Ich-Identität bemüht, kann es nicht umhin, sich zu seinen verschiedenen Rollen distanziert zu verhalten. Ohne den Rückgriff auf eine zu etablierende Ich-Identität fehlt dem Individuum der Bezugspunkt, von dem aus es den Anforderungen einer Rolle Widerstand entgegensetzen oder sie modifizieren kann. Rollendistanz ist ein Korrelat der Bemühung um Ich-Identität.

Auch aus dieser Blickrichtung wird die Annahme unterstützt, daß — wenn divergierende Rollenerwartungen überhaupt modifizierbar sind — Identitätsbildung und Rollendistanz durch die Vielfältigkeit von Rollen, die ein Individuum innehat, begünstigt werden. Denn die Inkompatibilitäten und Überschneidungen sind Stimulus für Bemühungen um interpretierende Integration und können Anlaß sein, ein höheres Maß differenzierter Individuierung zu erreichen. Durch seine Beobachtungen an Personen, die Insassen „totaler Institutionen" waren und dem Zweck dieser Institutionen entsprechend auf eine einzige Rolle festgelegt werden sollten, hat. E. Goffman gezeigt, daß sich Individuen sogar unter diesen zwanghaften Lebensbedingungen noch um Distanz bemühen (Goffman 1961 b, S. 319 f.). Offenbar sahen diese Menschen sogar unter ihren extrem repressiven Verhältnissen noch die Notwendigkeit, sich als einmalige Individualität zu präsentieren und auf diese Weise besondere Interaktionserwartungen darzustellen.

Außer von der Rigidität der Normen und dem Repressionsgrad der Gesellschaft hängt die Möglichkeit, Distanz zu Erwartungen einzunehmen, von der Art ab, in der sich das Individuum Rollennormen angeeignet hat. Die verschiedenen Typen der Übernahme von Normen lassen sich in Anlehnung an Arbeiten über die Internalisierung moralischer Gebote entwickeln.

Es ist recht schwierig zu bestimmen, was unter einem „adäquaten", „optimal entwickelten" beziehungsweise „starken" Gewissen verstanden werden soll. R. R. Sears etwa meint, es läge „irgendwo zwischen den Extremen" (Sears 1960, S. 98). Er selbst weist auf die Nutzlosigkeit der üblichen Klischees hin: Die Stärke des Gewissens solle ausreichend sein, das Verhalten innerhalb der Regeln von Sitte und Gebräuchen zu halten; es solle Schuldgefühle hervorrufen, aber nur bei als ernsthaft zu betrachtenden Pflichtversäumnissen; es solle ferner Ideale und Werte vertreten, die zu Erfolg und Produktivität führen.

R. R. Sears nennt ein Gewissen dann stark, wenn es dem Individuum erlaubt, sich mit begangenem Unrecht zu konfrontieren, Verfehlungen zu bekennen, Abbitte zu leisten und Wiedergutmachung zu versuchen. Ein Individuum wird dies nur leisten können, wenn es nicht einer „zwanghaften Moral", wie sie J. Piaget als eine Phase in der moralischen Entwicklung des Kindes umfassend und bis heute in vielen Punkten unübertroffen geschildert hat, unterworfen ist, sondern Normen und deren Anwendung sowie auch ihre Übertretung in einem durch Situationen und Interaktionen näher spezifizierten Kontext diskutieren kann (Piaget 1932). J. Piaget kam aufgrund seiner Beobachtungen bei Kindern zu dem Ergebnis — es mag zunächst erstaunlich klingen —, daß mit der Abnahme zwanghafter Moral der Widerstand gegen Versuchungen zunimmt, weil ein reiferes moralisches Urteil die Kinder befähigt, die Einhaltung der Regeln als notwendigen Bestandteil einer „Moral der Kooperation" zu begreifen[6].

Vorliegende Forschungen und eigene Studien führen M. L. Hoffman, der sowohl an J. Piaget als auch an S. Freud anknüpft, zu folgender Unterscheidung empirisch nachweisbarer Gewissenstypen: Der „externalisierte Typ" hat die moralischen Regeln gar nicht internalisiert und richtet sein Urteil über richtiges Verhalten in moralisch problematischen Situationen nach den zu erwartenden Strafen; der „konventionelle Typ" hat die Regeln internalisiert und bemüht sich, sie auf jeden Fall einzuhalten; der „humanistische Typ" hat die Regeln ebenfalls internalisiert, aber beurteilt bei ihrer Anwendung die Auswirkungen auf die Interessen und Gefühle aller Beteiligten (Hoffman 1961; 1962; 1963 a)[7].

Der für die Diskussion der Identitätsproblematik wichtige Schritt ist die Einführung des „humanistischen" Gewissenstyps, der Normen trotz Internalisierung reflektieren und unter Berücksichtigung von hinzutretenden Umständen modifiziert anwenden kann. Überwiegend wurden bisher nur zwei Alternativen gesehen: Entweder werden Normen verinnerlicht oder nicht. Hat das Individuum Verhaltensnormen internalisiert, handelt es zwar notwendigerweise rigide und ohne Reflexionsmöglichkeit, jedoch ohne Schwierigkeiten bei der Interaktion mit anderen, solange Normenkonsens unterstellt werden kann. Hat das Individuum die Normen dagegen nicht internalisiert, so ist es zwar nicht an sie gebunden, sondern kann sie nach Belieben anwenden; es ist jedoch in Gefahr, seine Handlungen nicht hinreichend an geltenden Normen orientieren zu können und daher in seiner Beteiligung an Interaktionen zu scheitern. T. Parsons weist mit Recht darauf

---

[6] R. E. Grinders Untersuchungen zeigen allerdings, daß der Zusammenhang zwischen zwanghafter Moral und Widerstand gegen Versuchungen offenbar komplexerer Natur ist, als J. Piaget angenommen hat. Er konnte eine negative Korrelation unmittelbar nicht nachweisen und führt dies darauf zurück, daß kognitive und Verhaltensdimensionen sich zum Teil unabhängig voneinander entwickeln. Vgl. Grinder 1964.

[7] Die Arbeiten M. L. Hoffmans beziehen sich auf das moralische Urteil und nicht unmittelbar auf das Verhalten des Individuums. Die erwähnten Ergebnisse R. E. Grinders machen auf diese Unterscheidung aufmerksam. Vgl. Grinder 1964.

hin, daß Internalisierung die Bildung einer „Struktur“ in der Person bewirkt, die die Bedeutungen von Objekten erst definiere[8]. Um das Individuum in die Lage zu versetzen, sich an veränderte Umstände anzupassen, erscheint aus dieser Sicht wünschenswert, daß das Individuum Normen zwar internalisiert, aber doch nicht „zu sehr“, um sich noch von ihnen lösen zu können, wenn nicht gar um der Freiheit des Individuums willen der völlige Verzicht auf Internalisierung empfohlen wird. Beide Wege, dem Individuum Entscheidungsraum zu sichern, sind problematisch, da sie beide — wenn auch in verschiedenem Ausmaß — vom Individuum verlangen, Bedeutung in jeder Interaktion erst neu zu konstituieren. Dies ist dem Individuum schwerlich möglich. Situationsdefinitionen und Erwartungsinterpretationen müssen zwar jeweils neu erfolgen, aber doch im Rahmen eines gemeinsamen Systems von geteilten Erwartungen und Bedeutungen und diese bezeichnenden Symbolen. Aus dieser Sicht erscheint gerade ein gut internalisiertes Normen- und Symbolsystem für erfolgreiche Verständigung über subjektive Interpretationen als eine notwendige Voraussetzung.

Dieses Dilemma — „gute“ Internalisierung ohne Reflexionsmöglichkeit gegenüber geringer Internalisierung von Normen, verbunden mit ungenügender Basis für Kommunikation — durchbricht M. L. Hoffman mit dem „humanistischen“ Gewissenstyp. Er streitet unter Berufung auf seine Untersuchungsergebnisse ab, daß Internalisierung nur als rigide Normenübernahme denkbar ist, die zu reflexionsloser Normenanwendung zwinge, und kritisiert die herkömmliche Vorstellung eines Gewissens mit internalisierten Normen. Dieser von ihm als „konventionell“ bezeichnete Gewissenstyp ähnele weitgehend dem zwanghaften Über-Ich, das die Psychoanalyse zu überwinden sich vornahm, als sie die unbewußte Kontrolle, die das Über-Ich ausübt, bewußteren Ich-Prozessen übertragen wollte. M. L. Hoffman sieht die Gefahren dieses „konventionellen“ Gewissenstyps an derselben Stelle:

"The individual's moral standards must be rigidly adhered to in order to keep the repressed impulses from entering consciousness. If the standards are violated for some reason, e. g., accidentally in response to strong pressures from the environment or from competing drives, severe guilt may be experienced or defenses activated which serve to keep the person from being fully aware of the act or of his responsibility for its consequences." (Hoffman 1962, S. 28)

M. L. Hoffman wirft der Psychoanalyse vor, daß sie, obwohl sie Begriffe wie „integriertes Über-Ich“ oder „humanistisches Gewissen“ verwende,

---

[8] Vgl. Parsons/Bales 1955, S. 56.

nicht die Eigenschaften eines derartigen Gewissens dargestellt und die Bedingungen für seine Entwicklung aufgezeigt habe. M. L. Hoffman selbst ist dagegen in einer empirischen Studie, die er zusammen mit H. D. Saltzstein durchgeführt hat, auf jenen dritten, humanistischen Typ von Gewissen gestoßen.

"The humanistic group consisted of those children who in their moral judgements considered extenuating circumstances and invoked principles in support of their judgements which were based on human need. The conventional group tended not to consider the circumstances and to give principles based more on moral convention and authority. The responses given by the two groups of projective story completion and sentence completion items indicated that though both groups have an internalized moral orientation, its psychodynamic basis in the two groups differs. Thus, the humanistic subjects indicated relatively more guilt than the conventional subjects when the consequences of their transgression involved human life and were irreversible, but when the consequences were relatively minor and easily rectified, they were more likely than the conventionals to reduce their guilt through confession, reparation, and the like. The humanistic subjects also gave evidence of being better able to bear the anxiety of contemplating a forbidden course of action and to consider a prohibited act before rejecting it — evidence for a relatively high degree of conscious integration between their impulses and their moral standards. The conventional group, on the other hand, by repressing the impulse in question, indicated the tendency to avoid facing such conflicts." (Hoffman 1962, S. 28 f.)[9]

In mehreren Studien haben M. L. Hoffman und H. D. Saltzstein zu ermitteln versucht, welche elterlichen Erziehungsmethoden die Entwicklung eines humanistischen Gewissens begünstigen. In dieser Richtung wirken offenbar vor allem die geringe Anwendung körperlicher Strafen durch die Eltern und aufklärende Hinweise, inwiefern bestimmte Verstöße gegen Verbote für andere Menschen Unannehmlichkeiten oder schwere Nachteile bedeuten („induction-techniques"), während ein signifikanter Zusammenhang mit „psychologischen Bestrafungstechniken" wie „Liebesentzug" nicht aufgewiesen werden konnte (Hoffman/Saltzstein 1967)[10].
Den Konsequenzen dieser Arbeiten für ein Sozialisationsmodell soll hier nicht weiter nachgegangen werden[11]. Wichtig ist für das Problem einer zu wahrenden Ich-Identität vor allem, daß in ihnen eine Art der Internalisierung von Normen nachgewiesen wird, die dem Individuum die Möglichkeit läßt, Normen zu reflektieren, obwohl es sie verinnerlicht hat. Eben dies ist Bedingung für die Beteiligung des Individuums am Interaktions-

[9] Fast wörtlich dieselben Ausführungen in Hoffman 1963 a.
[10] Frühere Studien: Hoffman 1963 b, c.
[11] Überblicke bieten Kohlberg 1963; 1964. Einen Ansatz, wichtige Variablen schichtspezifisch zu diskriminieren, liefern die Beiträge von Allinsmith 1960 und Aronfreed 1960.

prozeß: Es soll die Erwartungen der anderen aufnehmen und mit ihrer Hilfe die eigenen Absichten darstellen, indem es zeigt, in welcher Weise es diese Normen aufgrund seiner Biographie und seiner Beteiligung an anderen Interaktionssystemen interpretiert.

4.2. „Role taking" und Empathie

Nach den Ergebnissen der Untersuchungen Hoffmans unterscheiden sich das konventionelle und das humanistische Gewissen vor allem auch darin, daß das humanistische Gewissen eher erlaubt, Normen mit kognitiven Leistungen im moralischen Urteil zu verknüpfen, indem es zuläßt, Umstände von Handlungen zu prüfen, Folgen für andere abzuschätzen, auch verbotene Handlungen zu erwägen und sich über allgemein nicht akzeptierte Triebimpulse klarzuwerden. Dagegen verdrängt das konventionelle Gewissen diese Themen und kann somit einen weiteren Bereich von zu berücksichtigenden Faktoren und Handlungsalternativen nicht in den Blick bekommen und in das Verhalten nicht einfließen lassen. Daraus ist zu folgern, daß nur dann, wenn Normen auf eine Weise internalisiert werden, wie es für das humanistische Gewissen beschrieben wurde, es dem Individuum möglich ist, Interaktionssituationen aus verschiedenen Perspektiven zu betrachten. Rollendistanz beziehungsweise Distanz zu Normen ist folglich als Voraussetzung für das Meadsche „role taking" anzusehen, also für jene Fähigkeit, die heute im allgemeinen als Empathie bezeichnet wird.

Empathie ist in der Meadschen Tradition eine rein kognitive Fähigkeit. Sie bedeutet die Möglichkeit, die Erwartungen von Interaktionspartnern zu übernehmen. Sie ist ein Element im Kommunikationsprozeß, der Interaktionen zu kontrollieren hilft. Walter Coutu versucht, „role taking" eindeutig gegen „role playing" abzugrenzen:

"The term refers to that phase of the symbolic process by which a person momentarily pretends to himself that he is another person, projects himself into the perceptual field of the other person, imaginatively 'puts himself in the other's place', in order that he may get an insight into the other person's probable behavior in a given situation." (Coutu 1951, S. 180)

„Role taking" betreffe stets die Rolle eines anderen, in die sich das Individuum versetzt, während „role playing" sich auf die eigene Rolle beziehe. Dabei dürfe allerdings nicht vergessen werden, daß „role taking" dazu

diene, die eigene Rolle in einem Interaktionsprozeß zu entwerfen. In diesem Sinne hat R. H. Turner den Vorgang des „role taking" als einen „role making process" bezeichnet (Turner 1962)[12].
Obgleich man Empathie mit „Einfühlungsvermögen" übersetzen könnte, ist also zunächst ein kognitiver Vorgang gemeint. Dies erscheint der Ergänzung bedürftig. „Role taking" wird, wie uns bereits die Alltagserfahrung zeigt, von affektiv-motivationalen Faktoren stark beeinflußt. Sympathie scheint zu erleichtern, Reaktionen eines anderen zu antizipieren. Dafür sprechen Untersuchungen von R. Tagiuri, R. R. Blake und J. S. Bruner und auch die Beobachtungen von Mutter-Säugling-Beziehungen, die René Spitz zur Annahme eines Mutter und Säugling verbindenden „koenästhetischen Kommunikationssystems" geführt haben (Tagiuri u. a. 1953; Spitz 1954; 1965). R. Spitz glaubt, daß in unseren Gesellschaften im Gegensatz zu den primitiven diese Art der Kommunikation zurückentwickelt wird, weil sie für regressiv gehalten wird. Er sieht jedoch durchaus die Möglichkeit, daß derartige Regression positiv im Dienste des Ichs stehen könnte, obwohl dies heute allgemein mit Skepsis betrachtet und verspottet werde (Spitz 1965, S. 153 ff.). Zwar betonen die heutigen technologischen Gesellschaften die Relevanz kognitiver Fähigkeiten in besonderer Weise[13]. Bei der großen Bedeutung, die den affektiv-motivationalen Strukturen in den Prozessen der Identitätsbildung eingeräumt wurde, kann jedoch auch Empathie nicht nur als rein kognitive Fähigkeit betrachtet werden.
Auch Empathie ist sowohl Voraussetzung wie Korrelat von Ich-Identität. Ohne die Fähigkeit, die Erwartungen der anderen zu antizipieren, ist die Formulierung einer Ich-Identität nicht denkbar. Jedoch bestimmt auch die jeweils ausbalancierte Ich-Identität durch die Art, in der sie Normen und Bedürfnisdispositionen aufgenommen hat, die Möglichkeiten des „role taking" mit: Die Ich-Identität, die das Individuum in einer bestimmten Situation errichtet, legt Grenzen fest, über die hinweg der Person „role taking" schwerfällt. Dennoch sollte eine Identitätsbildung, die auf je neuer Interpretation von Verhältnissen und Erfahrungen beruht, das Individuum befähigen, auch Einstellungen wahrzunehmen, die für es — wenigstens zunächst — nicht akzeptierbar erscheinen. Es muß nämlich bei immer wieder erfolgreichem Bemühen um die Wahrung seiner Identität nicht ständig Angst haben, die Balance zu verlieren, weil sich die Erwartungen

[12] Von hier aus wird einsichtig, wie wichtig die Rollen der anderen sind, die dem Individuum zur Definition seiner eigenen Rolle und damit auch zur Formulierung seiner Identität dienen. E. C. Hughes hat dies im Hinblick auf unterschiedliche soziale Verhältnisse erörtert (Hughes 1962).
[13] Zur Einschätzung der „Regression im Dienste des Ich" in unseren Gesellschaften vgl. auch Keniston 1965, S. 365 ff.

anderer mit nicht integrierten Antriebsenergien gegen die Organisationsversuche des Ichs verbünden könnten[14]. Somit ist zu erwarten, daß Sympathie, Verwandtschaft, Länge der Bekanntschaft, Ähnlichkeit und was immer nach den Ergebnissen empirischer Untersuchungen positiv zu erfolgreichem „role taking" beiträgt, eine desto geringere Rolle spielen, je besser es dem Individuum gelingt, Ich-Identität ohne Verdrängung von divergierenden Anforderungen und Bedürfnissen zu behaupten.

Es gibt zahlreiche empirische Untersuchungen empathischer Fähigkeiten von Individuen in verschiedenartigen Situationen und bei verschiedenen Partnern[15]. Obwohl die Forscher in ihren Versuchsanordnungen nicht übereinstimmen, liegt ihren Untersuchungen stets zugrunde, von bestimmten Personen zu verlangen, die Eigenschaften anderer (etwa Beliebtheit, Zuverlässigkeit, Hilfsbereitschaft oder ähnliches) zu beurteilen oder eine zu erwartende Handlung vorherzusagen. Die Genauigkeit des Urteils beziehungsweise der Vorhersage wird als Maß für Empathie verwandt. Besondere Schwierigkeit bereiten Versuche, die Übereinstimmung des Urteils mit den „wirklichen" Eigenschaften der beurteilten Personen zu prüfen. Zumeist können nur Urteile verglichen werden. So hat zum Beispiel Rosalind F. Dymond vorgeschlagen, eine Empathieskala aus wechselseitigen Beurteilungen von Versuchspersonen zu konstruieren. A schätzt B ein, wie A ihn sieht; A schätzt B ein, wie er glaubt, daß B sich sieht; A schätzt sich selbst ein, wie er glaubt, daß B ihn sieht, und A schätzt sich selbst ein. Entsprechende Auskünfte werden von B eingeholt (Dymond 1949). B. Notgutt und A. L. M. Silva zeigten einen Weg, aus dem in dieser Weise entwickelten Ähnlichkeitsmaß Zufallsfehler zu eliminieren (Notgutt/Silva 1951). J. S. Bruner und R. Tagiuri wiesen darauf hin, daß die älteren Studien zur interpersonellen Wahrnehmung mehr nach der Genauigkeit der Beurteilung anderer gefragt haben, jüngere dagegen mehr den Einflüssen auf den Prozeß der Urteilsbildung nachgegangen sind (Bruner/Tagiuri 1954, S. 640). In jedem Falle sah die Forschung jedoch schon bald die Notwendigkeit, zahlreiche Komponenten des Genauigkeitsmaßes — beziehungsweise der den Prozeß der Beurteilung beeinflussenden Kräfte — zu unterscheiden, mit denen man die tatsächlich wirksamen Faktoren zu erfassen hoffte. N. L. Gage, G. S. Leavitt und G. C. Stone arbeiteten mit acht „intermediary keys", L. J. Cronbach entschied sich für sieben Komponenten (Gage u. a. 1956; Cronbach 1955).

---

[14] H. S. Sullivan verweist besonders auf die Störung von Kommunikation durch Angst (1953).

[15] Einen Überblick über die Forschung erhält man bei Bruner/Tagiuri 1954; Taft 1955; 1956; Cline 1964.

Während er sich zu Beginn noch bemüht, diese Faktoren so zu benennen, daß die Art ihrer Determination gekennzeichnet wird, ging er später dazu über, begriffliche Beschreibungen durch Parameterwerte zu ersetzen (Cronbach 1958). Trotz dieser Bemühungen um Verfeinerung des methodischen Vorgehens haben die Untersuchungen insgesamt nicht viel zur Erklärung unterschiedlicher empathischer Fähigkeiten erbracht. Die immer weiter entwickelten Differenzierungen auf der Seite der determinierenden Faktoren stellen die auf Empathie Einfluß ausübenden Komponenten als so komplexe Gebilde von Parametern dar, daß es höchst problematisch wird, sie zuverlässig und genau zu erfassen und sinnvoll zu interpretieren (Cline 1964, S. 229)[16]. Weiter verbesserte Methoden wurden von R. S. Hatch sowie von J. M. Richards und V. B. Cline vorgeschlagen, vor allem um statistische Artifakte zu eliminieren (Hatch 1962; Richards/Cline 1963).

Obwohl die Definitionen von Empathie, die diesen Untersuchungen zugrunde liegen, mit den Meadschen Vorstellungen recht weitgehend übereinstimmen, bleiben die Operationalisierungen hinter der interaktionistischen Vorstellung von „role taking" zurück[17]. „Role taking" ist ein Prozeß, in dem antizipierte Erwartungen ständig getestet und aufgrund neuen Materials, das der fortschreitende Prozeß liefert, immer wieder revidiert werden, bis sich die Interpretationen einer bestimmten Situation und ihrer Erfordernisse unter den beteiligten Interaktionspartnern einander angenähert haben. Die erwähnten Untersuchungen dagegen beziehen sich nur auf nicht an Situationen und Interaktionen gebundene Einschätzungen anderer im Hinblick auf allgemeine Eigenschaften. Empathie wird durch dieses Vorgehen zu einer nur psychologischen Persönlichkeitsvariablen und verliert ihren Charakter als Bestandteil eines Interaktionsprozesses.

Mit Methoden, in denen relativ stabile Persönlichkeitseigenschaften unterstellt sind, ist es jedoch nicht möglich, Zusammenhänge zwischen Empathie und dem hier vorgetragenen Identitätskonzept zu ermitteln, denn die in jeder Situation wieder neue errichtete Identitätsbalance ist kein dauerhaft erworbenes Persönlichkeitsmerkmal. Ich-Identität und die Fähigkeiten, die die Identitätsbalance fördern, sind nur dann zu untersuchen, wenn sie im Rahmen von Interaktionsprozessen beobachtet werden. Es erscheint möglich, daß die Erforschung derartiger Variablen in bestimmten Interaktionssituationen das in den hier genannten Arbeiten so komplizierte methodische Vorgehen sogar erleichtern würde, da dann zum Beispiel bei Empathiestudien nicht allgemeine Eigenschaften von Personen losgelöst

[16] V. B. Cline wendet sich mit diesen Argumenten gegen L. J. Cronbach.

[17] R. F. Dymond definiert zum Beispiel: „... the imaginative transposing of oneself into the thinking, feeling and acting of another and so structuring the world as he does" (Dymond 1949, S. 127).

von einem Handlungskontext beurteilt werden müßten, sondern Erwartungen und Antizipationen sowie deren Revision im Fortgang eines konkreten Handlungsprozesses. Für ein derartiges Vorgehen spricht auch, daß viele der als relativ stabil angesehenen Persönlichkeitsvariablen je nach Interaktionssituation verschieden auftreten. Sie scheinen nämlich aus einem Bündel von Faktoren zu bestehen, die abhängig vom situativen Kontext kombiniert werden. Dies gilt zum Beispiel auch für die hier diskutierte Fähigkeit zum „role taking", wie die schon genannten Arbeiten zeigen. Ferner weisen darauf auch die Untersuchungen von N. L. Gage und von P. Bowers und P. London hin (Gage 1953; Bowers/London 1965).

Wegen der kritisierten Art des Vorgehens, mit dem viele der Empathieuntersuchungen beeinflussende Faktoren erfassen wollen, sind zahlreiche Ergebnisse für die Analyse der Identitätsbehauptung wenig ergiebig. Immerhin ist ihnen zu entnehmen, daß es Zusammenhänge zwischen Empathie und dem Alter, dem Geschlecht, der Ähnlichkeit der Partner und der Art und Dauer ihrer Beziehung, der Gruppenzugehörigkeit und der Stellung in Gruppen, dem Streben nach sozialer Anerkennung, der Intelligenz, der Sensibilität, der Selbsteinsicht und der emotionalen Stabilität gibt[18]. Alle diese hoch komplexen Faktoren in Untersuchungen gleichzeitig zu kontrollieren, um Fehleinschätzungen von Resultaten auszuschalten, ist unter den gewählten Erhebungsbedingungen praktisch nicht möglich.

Besonderes Interesse erwecken die beiden letztgenannten Problembereiche. J. E. Chance und W. Meaders kamen zu dem Ergebnis, daß Personen, die gemäß ihrer durchschnittlichen Ranghöhe auf den „EPPS — need scales" als emotional stabil anzusehen sind, andere Personen genauer zu beurteilen vermögen als emotional instabile (Chance/Meaders 1960). Dies entspricht den hier vertretenen Identitätsvorstellungen, denn sie lassen vermuten, daß eine mangelhafte Berücksichtigung von Bedürfnisdispositionen in der Identitätsbalance das Individuum dazu verleiten wird, neue Informationen abzuwehren, die das mühsam errungene Gleichgewicht gefährden könnten.

Die Frage nach dem Zusammenhang von Empathie und Selbsteinsicht ist auf keinen einfachen Nenner zu bringen. Die Hauptschwierigkeit besteht darin, Selbsteinsicht zu messen. Versucht wird dies mit Hilfe des Ausmaßes an Übereinstimmung zwischen Selbsturteil und Beurteilung durch andere oder durch Auswertung klinischen oder auf andere Weise über eine Person erhobenen Materials. R. R. Sears fand bei Mitgliedern von Studentenvereinigungen heraus, daß Versuchspersonen eine genaue Einschätzung anderer dort schwerer fiel, wo es um unerwünschte Eigenschaften ging,

[18] Vgl. die in Anmerkung 15 auf Seite 144 genannten Sammelreferate.

hinsichtlich deren die Betreffenden sich auch selbst nur ungenügend zu beurteilen vermochten (Sears 1936). Nach M. Rokeach sind Mädchen, die ihre eigene Schönheit in höherer Übereinstimmung mit anderen beurteilen, auch eher in der Lage, die Schönheit anderer Mädchen in Übereinstimmung mit anderen zu beurteilen (Rokeach 1945). Auf ähnlichem Wege ermittelte G. H. Green, daß die zutreffende Einschätzung der eigenen Fähigkeit, eine Gruppe zu leiten, sich weitgehend mit der richtigen Einschätzung der Führungsqualitäten anderer deckt (Green 1948). Von den von E. M. Weingarten untersuchten Personen, die andere zu beurteilen hatten, projizierten diejenigen in geringerem Maße ihre eigenen Schwierigkeiten auf andere, denen aufgrund von Autobiographien größere Selbsteinsicht zugeschrieben wurde (Weingarten 1949). R. F. Dymond benutzte TAT-Protokolle, um die Selbsteinsicht ihrer Versuchspersonen zu prüfen. Personen mit größerer Selbsteinsicht besaßen größere Fähigkeit, sich in die Charaktere von TAT-Bildern einzufühlen (Dymond 1948). Es gibt ferner einige Studien, in denen weniger deutliche Beziehungen ermittelt oder gar keine Korrelation entdeckt werden konnte. Dies ist angesichts divergierender Operationalisierungen und unterschiedlicher Versuchsanordnungen kaum anders zu erwarten. Immerhin sind keine direkt widersprüchlichen Ergebnisse bekannt.

Die genannten Resultate könnten sich in die hier vorgetragenen Identitätsvorstellungen einfügen. Denn es ist postuliert worden, daß eine Ich-Identität, die relativ ungefährdet ist, weil sie bereits mit klarem Blick für sehr verschiedenartige und vom Individuum — wenigstens im Augenblick — durchaus nicht nur positiv bewertete Erfahrungen, Eigenschaften und Interaktionsbeteiligungen aufgebaut wurde, den einzelnen eher befähigt, sich an die Stelle eines anderen zu versetzen, um auf diese Weise dessen Sicht auf Probleme zu erkennen. Weniger befriedigend ist, daß unter „Einsicht" im allgemeinen in diesen Arbeiten nicht mehr verstanden wird als eine mit den Gruppen- beziehungsweise Gesellschaftsnormen übereinstimmende Selbstbeurteilung. Möglicherweise mißt man bei diesem Vorgehen vielfach statt Selbsteinsicht das Verlangen nach sozialer Anerkennung („social desirability"), das gerade auf eine schwach entwickelte Ich-Identität hinweisen würde. Bei den verwandten Versuchsanordnungen scheint dieses Problem nicht lösbar zu sein. Aber auch hier besteht die Hoffnung, daß eine Analyse konkreter Interaktionen wertvollere Ergebnisse bringen könnte. Selbsteinsicht könnte dann nämlich daran gemessen werden, inwieweit es dem Individuum möglich ist, in die aktuelle Interaktion seine Erfahrungen, Eigenschaften und Beteiligungen an anderen Interaktionen bewußt und aktiv einzubeziehen.

Es wäre gleichfalls reizvoll, Untersuchungsergebnisse von R. Taft im Rahmen von Interaktionsprozessen zu interpretieren. Es handelt sich dabei um eine Liste von Eigenschaften, die nach der Einschätzung einer Psychologengruppe Individuen auszeichnen, die andere Personen in hoher Übereinstimmung mit Dritten beurteilen (Taft 1950). Die übereinstimmend beurteilenden Personen werden im Gegensatz zu den wenig mit anderen übereinstimmenden Beurteilern als achtsam, ruhig, tüchtig, behutsam, klar denkend, effizient, ehrlich, intelligent, logisch, organisiert, ausdauernd, planend, praktisch, realistisch, verläßlich, zurückhaltend, ernst, aufrichtig und gründlich charakterisiert. Interessant ist, daß R. Taft diese Personen trotz der „guten“ Eigenschaften, die ihnen zuerkannt werden, für weniger stabil hält. Dies wäre mit der hier vertretenen Identitätsvorstellung möglicherweise vereinbar, da das Gleichgewicht, das gelungene Ich-Identität vermittelt, ein labiles ist — im Gegensatz zu der Stabilität, die etwa die distanzlose Identifikation mit einer rigiden Rolle vermitteln kann. Aber das könnte erst eine umfassendere Untersuchung erweisen.

Es gibt einige Untersuchungen, die die Entstehung und Wirksamkeit der Empathiefähigkeit im Sozialisationsprozeß verfolgen. Da M. L. Hoffman und H. D. Saltzstein der Empathie einen wichtigen Beitrag zur Bildung des humanistischen Gewissens zuschreiben, haben sie sich in besonderer Weise bemüht, die Bedingungen der Entwicklung empathischen Verhaltens zu ermitteln. Die beiden Wissenschaftler kamen zu dem Ergebnis, daß elterliche Hinweise, die das Kind immer wieder auf die Folgen seiner Handlungen aufmerksam machen, „die natürliche Neigung des Kindes zu Empathie“ am wirkungsvollsten fördern, und daß elterliche Machtausübung, selbst ein Indikator fehlender Empathie, die Entfaltung von Empathie im Kinde verhindert, da sie Feindseligkeit im Kind erregt, ein legitimes Objekt der Abreaktion anbietet und das Handeln an Autorität und Strafe zu orientieren lehrt (Hoffman 1963 b; 1963 c; Hoffman/Saltzstein 1967).

Offensichtlich trägt die Sprachentwicklung sehr zu vermehrter Fähigkeit bei, sich in die Lage eines anderen zu versetzen. P. Bowers und P. London testeten, inwieweit Kinder verschiedenen Alters sowie mit unterschiedlicher Intelligenz, sozialer Reife und Wahrnehmungsfähigkeit einige ihnen teils bekannte, teils weniger vertraute Rollen spielen können. Die Untersuchung ergab, daß die Fähigkeit zum Spielen von fremden Rollen hoch mit der verbalen Intelligenz korreliert (Bowers/London 1965). Über eine positive Korrelation zwischen Komplexität des Rollenspiels und sprachlichen Differenzierungsfähigkeiten berichtet auch J. H. Flavell aufgrund einer Reihe von Untersuchungen mit verschiedenaltrigen Kindern, die die Rollen anderer Personen übernehmen mußten (Flavell 1966). J. H. Flavell betont im Gegensatz zu voll sprachdeterministischen Auffassungen, daß „role taking" sich nicht gänzlich durch Sprachbeherrschung erklären lasse. Sprachliche Differenzierung erleichtere es, sich in fremde Rollen zu versetzen, stelle aber keine kausale Erklärung dar. Beide Untersuchungen stimmen mit den Ergebnissen M. L. Hoffmans und H. D. Saltzsteins zusammen, denn die von letzteren als empathiefördernd nachgewiesene Erziehungstechnik beruht vor allem auf verbalen Hinweisen und Erläuterungen der Eltern und setzt somit sprachliche Differenziertheit für ihre Wirksamkeit voraus.

Einige weitere Studien zeigten Zusammenhänge mit anderen Fähigkeiten auf, die auch in das Bild des Individuums passen, dem es gelingt, eine Ich-Identität zu entwickeln. Andere machten darauf aufmerksam, daß bestimmten Personengruppen empathische Fähigkeiten fehlen. J. Bieri und E. Blacker ermittelten, daß Personen mit komplexen Persönlichkeitsstrukturen andere differenzierter zu beurteilen vermögen als Personen mit einfacheren Strukturen (Bieri/Blacker 1956). F. W. Koenig und M. B. King kamen aufgrund einer Untersuchung von College-Studenten zu dem Ergebnis, daß Personen, die als kognitiv einfach strukturiert („cognitive simplicity") anzusehen sind, feinere Unterschiede bei anderen Personen übersehen und ihre Erfahrungen nur in wenige globale Kategorien einordnen. Diese mangelhafte Fähigkeit, andere Menschen zutreffend wahrzunehmen, korreliere mit Stereotypenbildung, Intoleranz und Vorurteil (Koenig/King 1962). D. Stewart und T. Hoult gelangten zu der Ansicht, ungenügende Fähigkeit zum „role taking" sei die Ursache für die Entstehung des Verhaltens- und Einstellungssyndroms der autoritären Persönlichkeit. Der Autoritarismus eines Individuums korreliere negativ mit der Anzahl der Rollen, die es übernehmen kann. Die Autoren führten keine eigene Untersuchung durch, sondern werteten nur die umfangreiche Forschungsliteratur aus (Stewart/Hoult 1959/60). Es ist zu bezweifeln, daß die ihnen vorliegenden Studien in jeder Hinsicht die Theorie stützen, fehlende Empathie erkläre Autoritarismus; für den korrelativen Zusammenhang sprechen jedoch einige der herangezogenen Erhebungen sehr deutlich.

Andere Arbeiten weisen auf Beziehungen zwischen der Unfähigkeit, sich in die Rolle anderer zu versetzen, und psychischen Störungen, insbesondere der Schizophrenie, hin. N. Cameron hat, gestützt auf klinische Beobachtungen, schon in früheren Arbeiten ausgeführt, daß Schizophrene entweder „role taking" nicht beherrschen oder diese Fähigkeit nicht anwenden, und zwar je nach Regressionsstufe, auf der sich das Denken des Schizophrenen bewegt (Cameron 1938). An anderer Stelle schreibt er der mangelhaften Empathie einen wichtigen Einfluß auf die Entstehung der Paranoia zu (Cameron/Margaret 1951). Für ihn rückt der Begriff des

„role taking" an eine zentrale Stelle der Theorien über Verhaltenspathologien, weil er dem Forscher ermögliche, von den Tatsachen sozialer Interaktion auszugehen, „anstatt soziales wechselseitiges Verhalten aus der fiktiven, einsamen Untersuchung asozialer, isolierter Individuen konstruieren zu müssen" (Cameron 1949/50, S. 467). I. Helfand überprüfte die Hypothese von der Unfähigkeit der Schizophrenen zu empathischem Verhalten empirisch an einer Gruppe Schizophrener und einer Gruppe nicht psychotischer Personen. Tatsächlich haben die Schizophrenen eine geringere Fähigkeit zu „role taking" als die Mitglieder der Kontrollgruppe. Andererseits zeigten diese ein viel höheres Maß an konventionellen Wahrnehmungsmustern (Helfand 1956). H. G. Gough betonte ebenfalls die besondere Bedeutung des „role taking", dessen Fehlen er gleichfalls für das entscheidende Moment in psychopathischen Störungen hält (Gough 1948). Zusammen mit D. R. Peterson prüfte er ferner, ob die Unfähigkeit zu „role taking" auch zu Kriminalität prädisponiere. Es wurde eine signifikante Korrelation festgestellt (Gough/Peterson 1952).
Die hier referierten Ergebnisse sind deswegen interessant, weil sie einen Ansatz bieten, psychotische Geistesstörungen, aber auch bestimmte Arten von Kriminalität, als eine Unfähigkeit zu betrachten, Erwartungen anderer und eigene Bedürfnisse in eine erfolgreiche Interaktion ermöglichende Ich-Identität zu integrieren. Diese Interpretationsmöglichkeit wird am Beispiel der Schizophrenie im folgenden Kapitel noch ausführlicher erörtert. Jüngere Forschungen zur sozialen Pathogenese der Schizophrenie haben nämlich inzwischen Analysen der innerfamilialen Interaktionsmuster geliefert, die deutlicher erkennen lassen, aus welchem Grunde der Schizophrene empathische Fähigkeiten nicht ausreichend entwickelt hat.

4.3. Ambiguitätstoleranz und Abwehrmechanismen

Rollendistanz und Empathie sind Fähigkeiten, die dem Individuum helfen, neue und auch zur aktuellen Situation in Widerspruch stehende Daten und Mitteilungen wahrzunehmen und selber zum Ausdruck zu bringen. Sie stellen daher für das Individuum auch eine Belastung dar, denn sie konfrontieren es mit Erwartungen, die den seinen widersprechen und in sich widersprüchlich sein können. Diese Inkongruenzen treten bereits in den Interaktionen zwischen zwei Partnern auf, da sich bei dem üblichen unvollständigen Normenkonsens die gegenseitigen Erwartungen von Interaktionspartnern im Regelfall nicht decken. Die Diskrepanz ist nicht nur auf der kognitiven Ebene zu diagnostizieren: Aufgrund der Notwendigkeit, sich in den gegenseitigen Erwartungen aufeinander einzustellen, um sich zu verständigen und einen vorläufigen „working consensus“ zu erreichen, ist damit zu rechnen, daß unter den „ausgehandelten“ Bedingungen die Interaktion nicht mehr in vollem Maße den Bedürfnissen der Partner entspricht und sie daher teilweise unbefriedigt läßt. Jedes interagierende Individuum ist folglich gezwungen, neben der Befriedigung, die ihm eine Interaktion gewährt, ein gewisses Maß an gleichzeitig auftretender und durch eben diese Interaktion erzeugter Unbefriedigtheit zu ertragen.

Daß die an Interaktionen beteiligten Individuen stets Vorbehalte aufrechterhalten müssen und auf voneinander verschiedene Handlungsperspektiven nicht verzichten können, wurde bereits begründet. Es ist darauf zurückzuführen, daß alle Interaktionspartner versuchen müssen, in jeder Situation eine Identität aufrechtzuerhalten und zu präsentieren, die ihre Besonderheit festhält. Nur wenn seine Identität dies leistet, das heißt, wenn sie trotz gemeinsamer Kommunikationsbasis gerade die Verschiedenheit der Erwartungen und Bedürfnisse zum Ausdruck bringt, eröffnet sie dem Individuum Aussichten, an Interaktionen teilzunehmen und darin wenigstens einen Teil seiner Bedürfnisse zu befriedigen. Um der Interaktion willen, die allein seine Bedürfnisse stillen kann, muß das Individuum ebenso Wert darauf legen, daß seine Partner ihre Ich-Identität entfalten können. Das bedeutet aber, daß das Individuum gerade an der Artikulation der Inkongruenz von Erwartungen und Bedürfnissen aufgrund der notwendigen Inkongruenz der Ich-Identitäten interessiert sein muß. Ohne Interaktionen kann es keine Befriedigung seiner Bedürfnisse erhoffen; ohne die einander eingeräumte Möglichkeit der Wahrung einer Ich-Identität gibt es keine Interaktionen; somit aber muß sich das Individuum prinzipiell mit Divergenzen und Inkompatibilitäten abfinden. Sie kennzeichnen nicht nur den Rollenkonflikt, sondern sind Bestandteile jeglicher Interaktionsbeziehungen.

R. K. Merton und E. Barber haben diesen Sachverhalt mit dem Begriff der „soziologischen Ambivalenz“ zu fassen versucht (Merton/Barber 1963). Sie wollen sich sowohl von P. Sorokin als auch von T. Parsons absetzen:

"From the perspective of sociological ambivalence, we see a social role as a dynamic organization of norms and counter-norms, not as a combination of dominant attributes (such as affective neutrality or functional specifity)." (Merton/Barber 1963, S. 103)

Die Rollen des Arztes oder des Rechtsanwaltes dienen ihnen als Beispiele für sozialstrukturell hervorgerufene Ambivalenzen. Als Faktoren, die ambivalente Einstellungen und Verhaltensweisen hervorrufen, nennen sie die Norm, den Arzt nicht zu wechseln, die ihm unterstellte Kompetenz auch bei Anordnungen, die ins Privatleben eingreifen, das Mißtrauen, der Arzt könnte sein Spezialistenwissen auch zum eigenen materiellen Vorteil ausnutzen, und die Schwierigkeit, sich über Erfolgskriterien der ärztlichen Bemühungen zu einigen.

R. L. Coser weist auf die Antizipation künftiger Rollen als einen weiteren Grund für soziologische Ambivalenz hin, die zum Beispiel in der von E. Goffman näher beschriebenen Rolle des Assistenzarztes zu erkennen sei (Coser 1966; Goffman 1961 b, S. 128 ff.). Auf entsprechende Phänomene haben auch R. K. Merton, G. Reader und P. L. Kendall im „Student-Physician“ und S. A. Stouffer und seine Mitarbeiter im „American Soldier“ aufmerksam gemacht (Merton u. a. 1957; Stouffer u. a. 1949).

Hier handelt es sich immer um Ambivalenzen, die innerhalb einer Rollenbeziehung auftreten. Man kann unter diesen Begriff jedoch auch die Konflikte zwischen den verschiedenen Rollen, die ein Individuum innehat, zwischen den Anforderungen verschiedener Berufsgruppen, die sich an ein Individuum in einer Rolle richten, zwischen kulturellen Werten, die eine Gesellschaft propagiert, und zwischen kulturell vorgegebenen Zielen und angebotenen Mitteln, sie zu verwirklichen, subsumieren, wie es etwa bei R. K. Merton und E. Barber geschieht (Merton/Barber 1963)[19]. In diesem Rahmen fände dann auch das Konzept des „marginal man“ noch seinen Platz (Park 1950; Stonequist 1937). Unausweichlich wird die Frage nach dem Zusammenhang mit Ich-Identität vor allem in dem Fall, in dem die Ambivalenz in der Struktur einer Rollenbeziehung, welche von „Normen und Gegennormen“ zugleich bestimmt wird, verankert ist. Hier nämlich versagen die üblichen von der Rollentheorie vorgeschlagenen Lösungstechniken, Konflikte durch nach Raum und Zeit getrennte Erfüllung der Erwartungen zu lösen. Das Individuum kann der Ambivalenz nicht entfliehen.

Offenbar besitzen die Menschen die Fähigkeit, Ambivalenz zu ertragen, in unterschiedlichem Maße, wie zahlreiche Untersuchungen zur „Tolerance vs. Intolerance of Ambiguity“ belegen. Dieser Begriff wurde Ende der 40er Jahre von E. Frenkel-Brunswik in Studien über ethnische Vorurteile eingeführt (Frenkel-Brunswik 1948; 1949/50; 1951). Ihre Untersuchungen ergaben, daß Schulkinder, die sehr starke Vorurteile besaßen, eine nachzuerzählende Geschichte über soziale und rassische Probleme in einer Schulklasse sehr vereinfachten, Negerkinder in schlechteren Rollen schil-

[19] Rollenambivalenzen in diesem weiten Sinn stellen Kahn u. a. (1964) in einer betriebssoziologischen Studie dar.

derten und auch mildere Formen der Auseinandersetzung als Akte offener Aggression wiedergaben. Die Geschlechtsrollenvorstellungen dieser Kinder waren dichotom. Sie betrachteten ihre Familie als ein hierarchisch aufgebautes System von Positionen. Kinder mit starken Vorurteilen zeigten folglich eine Tendenz, mehrdeutige Sachverhalte nicht zur Kenntnis zu nehmen und sie in weniger komplexe umzustrukturieren. Sie benutzten rigide Kategorien, die den Nuancen der Verhältnisse nicht angemessen waren. Ambivalente und unstrukturierte Situationen wurden nach Möglichkeit überhaupt vermieden.

Spätere Untersuchungen kamen zum Teil zu widersprüchlichen Ergebnissen, überwiegend allerdings zu Bestätigungen des von E. Frenkel-Brunswik nachgewiesenen Zusammenhanges. M. Rokeach ermittelte in mehreren Studien, daß Personen mit starken Vorurteilen „konkreter" und „engstirniger" denken als andere mit geringen Vorurteilen. Die letztgenannten bewegen sich auf einer abstrakteren und weniger rigiden Ebene des Denkens und stellen daher auch leichter neue Beziehungen her (Rokeach 1951 a, b). Die Tatsache, daß Individuen mit geringen Vorurteilen eine besondere Neigung zeigten, abstrakte Probleme zu personifizieren und zu reifizieren, folgt seiner Ansicht nach aus dogmatischen Denkstilen, die gerade auch Menschen mit geringen Vorurteilen auszeichnen können[20].

Ähnliche Ergebnisse erbrachten Studien von P. O'Connor, B. Kutner sowie B. Kutner und N. B. Gordon (O'Connor 1952; Kutner 1958; Kutner/Gordon 1964). Ein höheres Maß an Vorurteil korreliert mit Ambiguitätsintoleranz sowie mangelhaften Fähigkeiten der Begriffsbildung und deduktiver Logik.

Für E. Frenkel-Brunswiks Ergebnisse spricht auch die Untersuchung von J. und J. Block, die jedoch vorschlagen, die Äußerungen von Ambiguitätsintoleranz auf dem Hintergrund einer umfassenderen Persönlichkeitsdimension zu interpretieren, nämlich im Rahmen unterschiedlich ausgeübter Ich-Kontrolle. Personen mit starken Vorurteilen unterdrücken Spannungen, die durch fehlende Möglichkeiten der Bedürfnisbefriedigung entstehen, so weit, daß diese Bedürfnisse nach indirektem Ausdruck suchen (Block/Block 1951).

H. Gough nennt zahlreiche Punkte, die Personen mit großen und mit geringen antisemitischen Vorurteilen unterscheiden (Gough 1951). Einige davon — Offenheit für andere, Großzügigkeit und Respekt anderen gegenüber, Stellungnahme zu den Fehlern anderer — passen in das Konzept der Ambiguitätstoleranz. Auch hier korrelieren diese für Ambiguitätstoleranz sprechenden Variablen mit geringem Vorurteil.

---

[20] Material, das diese Hypothese bestätigen soll, liefert Rokeach 1960.

Weniger klare oder sogar überhaupt keine Beziehungen zwischen Ambiguitätstoleranz und Autoritarismus, gemessen mit der F-Skala, ergaben sich aus den Arbeiten A. Davids. Das mag zum Teil am Aufbau seiner Experimente liegen, in denen er zur Erzeugung von ambivalenten Eindrücken Texte benutzte, die in ihrem Sinn unklar und widersprüchlich waren. Er vermutet, daß die Korrelationen zwischen Ambiguitätsintoleranz und autoritären Persönlichkeitsstrukturen nur unter bestimmten Bedingungen, die noch ungenügend erforscht seien, auftreten (Davids 1955; 1956; Davids/Erikson 1957). In einer jüngeren Studie fragte A. Davids, welche Personengruppen sich von Inkohärenzen am wenigsten abgestoßen fühlen. Schizophrene Psychotiker „mochten" überwiegend den inkohärenten Text, dessen Widersprüchlichkeit allerdings ein annähernd ebenso hoher Prozentsatz von ihnen nicht erkannte. Fast zwei Dritteln der Studenten gefiel er ebenfalls, obwohl nur knapp die Hälfte ihn als kohärent ansah. Marineangehörige lehnten ihn überwiegend ab; in dieser Gruppe bezeichneten auch die wenigsten den Text als kohärent. A. Davids folgert aus seiner Untersuchung, daß es zwei Personengruppen gäbe, die ein hohes Maß von Ambiguitätstoleranz aufbrächten: geistig gestörte Individuen und kreative. Die Schizophrenen könnten die Widersprüchlichkeiten nicht wahrnehmen und somit auch nicht auflösen, während die Kreativen durch Komplexitäten und Inkonsistenzen zu begrifflichen Unterscheidungen und Strukturierungen gelangten, die neue Beziehungen herstellen (Davids 1963). Mit diesen Überlegungen greift A. Davids auf F. Barron zurück, der Kreativität als die Fähigkeit erläutert, komplexe Situationen zu erfassen und Konflikte zu verarbeiten, und der annimmt, daß Kreative und Schizophrene derselben konfliktgeladenen Sozialisationssituation entstammen, die der Kreative im Gegensatz zum Schizophrenen jedoch auflösen kann (Barron 1953; 1957; 1963; 1965).
Es kann in diesem Zusammenhang darauf verzichtet werden, noch zahlreiche weitere Untersuchungen und ihre Ergebnisse, die Korrelationen zwischen Autoritarismus, Vorurteil und Ambiguitätstoleranz teils bestätigen, teils aber auch nicht nachweisen konnten, zu referieren[21]. Als Beispiel für die Probleme, die ihre Interpretation aufwirft, mag die Arbeit von E. E. Jones dienen (Jones 1954). Nach seinen Ermittlungen sind autoritär eingestellte Mitglieder von Versuchsgruppen weniger in der Lage, „psychologische" Persönlichkeitsmerkmale der Gruppenleiter wahrzunehmen, als weniger autoritäre Gruppenmitglieder; jedoch sind die Autoritären für

[21] Keine signifikante Korrelation ermittelten zum Beispiel Applezweig 1954; French 1955. Im Gegensatz dazu zum Beispiel ferner Steiner 1965; Gollin 1954; Gollin/Rosenberg 1966; Taft 1956; Jones 1954.

sozial relevante Eigenschaften des Gruppenleiters wie Status oder Prestige sensitiver. Es ist daher zu vermuten, daß die Autoritären in Rollenbeziehungen, die von persönlichen Eigenschaften der Beteiligten weitgehend absehen und streng sozial normiert sind, erfolgreicher sind als in Interaktionen, in denen die Partner jeweils neu ihre Identitäten formulieren.
Den vorliegenden Arbeiten ist also zu entnehmen, daß es tatsächlich eine Variable gibt, die man mit E. Frenkel-Brunswik als die Dimension „Tolerance vs. Intolerance of Ambiguity" bezeichnen kann. Vor allem die Studien, die sich mit dem Zusammenhang von Ambiguitätstoleranz und Vorurteil befassen, weisen auf die Bedeutung dieser Variable für Interaktionsbeziehungen hin. Ein Individuum, das Ich-Identität behaupten will, muß auch widersprüchliche Rollenbeteiligungen und einander widerstrebende Motivationsstrukturen interpretierend nebeneinander dulden. Die Fähigkeit, dies bei sich und bei anderen, mit denen Interaktionsbeziehungen unterhalten werden, zu ertragen, ist Ambiguitätstoleranz. Sie eröffnet dem Individuum Möglichkeiten zur Interaktion und zur Artikulation einer Ich-Identität in ihr. Aber gleichzeitig ist die Ambiguitätstoleranz auch wieder eine Folge gelungener Behauptung der Ich-Identität, weil sie dem Individuum die Erfahrung vermittelt, auch in sehr widersprüchlichen Situationen die Balance zwischen den verschiedenen Normen und Motiven halten zu können, und dadurch Ängste mindert.
Diese Toleranz für Ambiguität ist desto wichtiger, je weniger repressiv die Rollen sind, in denen sich das Individuum bewegt. Wenn Rollen nicht mehr aufgezwungen werden und die Art der Verinnerlichung von Normen eine Interpretation zuläßt, wird jedem beteiligten Individuum in weit höherem Maße freigestellt, auch abweichende Erwartungen und Bedürfnisse in die Diskussion über einen Handlungskonsens einzubringen. Dem Individuum wird die Befreiung von rigiden Rollen und Normen für die Bemühungen um eine Ich-Identität wenig nützen, wenn es die Spontaneität, den Wechsel und die Verschiedenartigkeit seiner eigenen Antworten und der der Interaktionspartner auf divergierende Erwartungen nicht ertragen kann.
Das Individuum kann sich, wie die referierten Arbeiten belegen, auf zwei Wegen den Schwierigkeiten entziehen, stets unter ambivalenten und konfliktgeladenen Bedingungen handeln zu müssen. Im ersten Falle beseitigt es die Diskrepanz, indem es verdrängt. Das Individuum sorgt dafür, daß keine Widersprüche zwischen den Erwartungen und seinen Bedürfnissen auftreten, indem es seine Bedürfnisse übergeht, zurückstellt oder modifiziert. Es sucht auf diese Weise auszuschalten, was es hindern könnte, vorgegebenen Normen voll zu entsprechen. Gelingt die Verdrängung, kann es sein Verhalten ganz an den Erwartungen der anderen ausrichten.

Jedoch bleibt immer die Gefahr, daß die Verdrängungsversuche nicht erfolgreich verlaufen. Wird nämlich den Bedürfnissen gar keine Gelegenheit zur Befriedigung geboten, drohen neurotische Störungen aufzutreten. Aus der Sicht der Freudschen Psychoanalyse betrachtet, muß damit gerechnet werden, daß das Es nach Entschädigung verlangt. Der Trieb bricht an anderer Stelle und in anderer Gestalt wieder durch und wird vom Individuum nun sogar — freiwillig oder gezwungen: das ist schwer zu entscheiden — geduldet.

Das Individuum verhält sich bei der „Konfliktlösung" nach dem Typ der Verdrängung in verschiedener Hinsicht inkonsistent. Zum einen entspricht es widerspruchslos den jeweiligen Ansprüchen der in sich selbst nicht konsistenten Realität. Es modifiziert sie nicht, weil es seine eigenen, von den Normen möglicherweise abweichenden Bedürfnisse nicht einbringt. Zum anderen unterbindet es die verkleideten Äußerungen der erfolglos verdrängten Triebe nicht. Da es ihnen jedoch nun in Bereichen nachgibt, wo sie sich eigenmächtig einen Ausdruck verschafft haben, vermag es sie nicht mehr durch eine Interpretationsleistung in eine Ich-Identität aufzunehmen.

Dennoch scheint das Verhalten des Individuums recht erfolgreich zu sein: Die Normen werden erfüllt und schließlich, wenn auch auf manchem Umweg, die Bedürfnisse befriedigt. Zwar bleibt das Verhältnis zur Realität nicht gänzlich ungestört, jedoch können soziale Beziehungen relativ problemlos unterhalten werden[22]. S. Freud geht in einem späten, nicht vollendeten Manuskript auf diesen „sehr geschickten" Lösungsversuch für Konflikte ein. Er schreibt zur Deutung einer psychischen Erkrankung:

> „Beide streitenden Parteien haben ihr Teil bekommen; der Trieb darf seine Befriedigung behalten, der Realität ist der gebührende Respekt gezollt worden. Aber umsonst ist bekanntlich nur der Tod. Der Erfolg wurde erreicht auf Kosten eines Einrisses im Ich, der nie wieder verheilen, aber sich mit der Zeit vergrößern wird. Die beiden entgegengesetzten Reaktionen auf den Konflikt bleiben als Kern einer Ich-Spaltung bestehen." (Freud 1938, S. 60)

S. Freud merkt an, daß die Ich-Synthese des Individuums offenbar keine Selbstverständlichkeit sei. H. Hartmann (1939) und die ihm folgende Ich-Psychologie haben sich vor allem der Untersuchung dieser synthetisierenden Funktion des Ichs gewidmet.

In mancher Hinsicht sieht der zweite Ausweg ähnlich aus. Auch hier meidet das Individuum Konflikt und Ambiguität. Jedoch geschieht dies nicht, um alle Normen unter Zurückstellung abweichender Bedürfnisse befolgen

---

[22] S. Freud über Neurosen: Vgl. Freud 1923; 1924 a, b.

zu können, sondern in diesem Falle organisiert das Individuum in Abhängigkeit von seiner Bedürfnisstruktur die mehrdeutigen und komplexen Wahrnehmungen und Erfahrungen in eindeutige und einfache um. Das Handeln wird an selbst entworfenen Prinzipien orientiert, die weitgehend ohne Rücksicht auf besondere Umstände das Verhalten anleiten. An den Erwartungen der anderen ist das Individuum wenig oder gar nicht interessiert. So gibt es nichts, was es an „konsistentem" Handeln hindern könnte. Der Abbruch von sozialen Beziehungen, der aus dem fehlenden Verständnis für die Identität der Interaktionspartner folgt, wird in Kauf genommen oder sogar absichtlich herbeigeführt.

Wie viele der genannten Untersuchungen zeigen, ist dies der Ausweg der autoritären Persönlichkeit. Dies Verhalten paßt ferner gut zu dem Bild, das S. Freud von der Psychose zeichnete. In ihr zieht sich das Ich im Dienste des Es von der Realität zurück. Vor allem die Krankheitssymptome der Schizophrenie spiegeln diesen Versuch, Konflikten zu entgehen, wider. Für den Paranoiker, der sich eine in sich oft außerordentlich konsistente — eine zu konsistente — Wahnwelt ersinnt, ist dies am deutlichsten zu zeigen. Aber auch für die anderen Verlaufsformen der Schizophrenie ist der Rückzug von der Realität und ihre autistische Uminterpretation leicht nachzuweisen.

Diese beiden Auswege aus Konflikt und Ambiguität entsprechen wieder den beiden sich scheinbar anbietenden Möglichkeiten, das labile Gleichgewicht der Identitätsbalance durch ein sicheres Fundament zu ersetzen: entweder durch Anlehnung an die Erwartungen der anderen auf Kosten der individuellen Bedürfnisstrukturen oder durch Rückzug auf die eigenen Bedürfnisdispositionen unter Mißachtung der Erwartungen der anderen[23]. Der erste Ausweg ist der Tendenz nach eher als neurotisch anzusehen, der zweite eher als psychotisch.

---

[23] An dieser Stelle läßt sich verdeutlichen, wie L. Festingers kognitive Dissonanztheorie (1957) einzuordnen ist. L. Festinger entnimmt empirischem Material, daß das Auftreten kognitiver Dissonanzen, das heißt nicht miteinander übereinstimmender Wahrnehmungen, einen Druck, die Dissonanz zu vermindern, ausübt, der als Funktion der Dissonanzstärke darstellbar ist. Er formuliert eine Reihe plausibler Hypothesen, auf welche Weise und mit welchem Erfolg dies geschehen kann. Dieser Druck ist gewiß nicht zu leugnen. Zahlreiche Experimente L. Festingers und anderer haben ihn eindrucksvoll nachgewiesen (vgl. etwa Festinger 1964). Es ist jedoch darauf hinzuweisen, daß Individuen, die diesem Druck nachgeben, im Extremfall ihre Wahrnehmungsinhalte voll nach den Erfordernissen der aktuellen Situation umorganisieren und darauf verzichten, sich als Identität mit zahlreichen, unvermeidlich auch disparaten Interaktionsbeteiligungen zu präsentieren. L. Festinger beschreibt die ständig die Bildung von Identität bedrohende Versuchung, Ambiguitäten zu entfliehen, ohne die negativen Konsequenzen für Identität und Interaktion zu sehen. Er hält für ein allgemeines Gesetz menschlichen Verhaltens, was aus der Perspektive der Aufrechterhaltung von Ich-Identität als sozialpathologisch zu charakterisieren ist.

Beide Wege sind Versuche des Individuums, die von Konflikt und Ambiguität hervorgerufenen Unsicherheiten, Ängste und Frustrationen abzuwehren. Der aus der psychoanalytischen Tradition stammende Begriff der „Abwehrmechanismen" kann auf diese Bemühungen, Konflikten zu entgehen, angewandt werden. S. Freud sprach in mehreren seiner früheren Abhandlungen von Abwehr, verwendete jedoch dann eine Zeitlang lieber den Ausdruck „Verdrängung". Später arbeitete er mit beiden Begriffen, indem er die Verdrängung als eine besondere Art der Abwehr erklärte (S. Freud 1894 a, b). Den Begriff der Abwehr könne man mit Vorteil benutzen, so führt er in „Hemmung, Symptom und Angst" aus,

„wenn man dabei festsetzt, daß er die allgemeine Bezeichnung für alle die Techniken sein soll, deren sich das Ich in seinen eventuell zur Neurose führenden Konflikten bedient, während Verdrängung der Name einer bestimmten solchen Abwehrmethode bleibt." (S. Freud 1926 a, S. 196)

A. Freud hat auf den Ausführungen ihres Vaters aufbauend die Lehre von den Abwehrmechanismen weiter ausgearbeitet (A. Freud 1936). Sie unterscheidet zwischen Abwehrmechanismen gegen äußere Gefahren und gegen den Durchbruch von unerlaubten Trieben. Zur ersten Gruppe gehören die Verleugnung in der Phantasie, die Verleugnung in Wort und Handlung sowie die Ich-Einschränkung, zur zweiten die Verdrängung, die Regression, die Reaktionsbildung, die Isolierung, das Ungeschehenmachen, die Projektion, die Introjektion, die Wendung gegen die eigene Person, die Verkehrung ins Gegenteil und die Sublimierung beziehungsweise Verschiebung des Triebzieles[24]. Obwohl dies bei A. Freud nicht in dieser Weise ausgesprochen wird, läßt sich die erste Gruppe von Mechanismen, die die Außenwelt leugnen, als der tendenziell psychotische, die zweite Gruppe von Mechanismen, die die Bedürfnisstrukturen zu verändern oder zu verdrängen sich bemühen, als der tendenziell neurotische „Lösungsversuch" für Konflikte interpretieren.
G. E. Swanson spricht sich ebenfalls für eine Untergliederung der Abwehrmechanismen aus, will aber die Unterscheidung aufgrund der Konsequenzen, die die Abwehrmechanismen für das Rollenhandeln haben, soziologisch begründen:

"Reflection on Freud's dichotomous cluster leads me to believe that it is sound, but for reasons other than those which she proposes. In the last analysis, all threats to our desires come from the environment's reactions to them. It is true that we come to anticipate some of these threats and then speak of acting from fear of conscience or superego or 'the consequences'. Even so, what we dread is

[24] A. Freud 1936. Vgl. Kapitel 4 und 6 bis 8.

some response of the world around us. Conscience, superego, and similar terms refer to anticipations of such responses. I want to propose that the distinction between these clusters is founded, not directly on the nature of the obstacle encountered by the individual, but on whether the gain from his submission is found primarily in achieving some reward or in avoiding some deprivation." (Swanson 1961, S. 12)[25]

Ein Abwehrmechanismus ist für G. E. Swanson in erster Linie nicht als eine vom Individuum erfundene „Reaktion" zu betrachten, sondern — übersetzt in die hier angewandten Kategorien — als eine Verhaltensweise, die dem Individuum vermittelt wurde, als es lernte, sich an sozialen Beziehungen zu beteiligen. Sie impliziert bestimmte Fehlformen des Versuchs, sich als identisches Individuum an Interaktionsbeziehungen zu beteiligen. Swanson sagt dies mit den Worten, eine Abwehr sei für das Individuum „ein Aspekt seiner Rolle in einer sozialen Beziehung" (Swanson 1961, S. 8).
D. R. Miller und G. E. Swanson unterscheiden gleichfalls zwei „Familien" von Abwehrmechanismen: Verleugnung, Projektion, Ich-Einschränkung, Verleugnung in der Phantasie sowie Verleugnung im Handeln bilden die erste Gruppe, Verdrängung, Wendung gegen die eigene Person, Isolierung, Reaktionsbildung und Ungeschehenmachen die zweite (Swanson 1961, S. 18)[26]. Die jeweils als erste genannten Mechanismen lassen den Grundtenor der Defensivstrategie erkennen; die folgenden Mechanismen sind die Variationen. Die Mechanismen der ersten Gruppe haben gemeinsam, daß sie einfach sind, die Realität außerordentlich stark entstellen, auf Konflikte aller Art abwendbar sind und unter den gesellschaftlichen Verhältnissen der Vereinigten Staaten soziale Beziehungen sehr erschweren. Die Mechanismen der zweiten Gruppe zeichnen sich dagegen dadurch aus, daß sie komplexerer Natur sind, die Wahrnehmung weniger verzerren, jeweils nur auf bestimmte Konflikte anwendbar sind und weniger Probleme für soziale Beziehungen schaffen als die erstgenannten Mechanismen (Miller/Swanson 1960, S. 199 ff.). Die erste Gruppe der Abwehrmechanismen ordnen G. E. Swanson und D. R. Miller der Identifikation mit dem Aggressor zu und erblicken ihre Funktion darin, negative Sanktionen zu vermeiden. Der zweiten Gruppe von Abwehrmechanismen entspricht die anaklitische Identifikation. Sie sucht nach Belohnung[27]. D. R. Miller, G. E.

---

[25] Swanson revidiert hier einige Ausführungen zur Abwehr, die in einer Veröffentlichung mit D. R. Miller enthalten waren (Miller/Swanson 1960).
[26] Swanson läßt drei der von A. Freud genannten Mechanismen aus, weil sie seiner Ansicht nach nicht als spezifische Abwehrmechanismen zu interpretieren sind (Sublimation, Regression und Umwandlung).
[27] Zu Identifikationstypen allgemein vgl. Bronfenbrenner 1960.

Swanson und ihre Mitarbeiter konnten nachweisen, daß die Abwehrmechanismen der ersten Gruppe und mit ihnen zusammenhängende Phänomene überwiegend bei Mitgliedern der Unterschicht auftreten, während die Abwehrmechanismen der zweiten Gruppe häufiger bei Mitgliedern der Mittelschicht zu finden sind.

Da die Abwehrmechanismen des Verleugnungstyps — trotz der gegenüber A. Freud vorgenommenen Umgruppierungen — wieder dem tendenziell psychotischen, die des Verdrängungstyps dem tendenziell neurotischen Konfliktbewältigungsmodell zugeordnet werden können, bieten die Daten über die schichtspezifische Verteilung dieser psychischen Störungen Hinweise auf die Plausibilität der hier vorgetragenen theoretischen Konstruktionen. Tatsächlich sprechen zahlreiche Erhebungen für eine größere Häufigkeit der Psychosen in der Unterschicht, während Neurosen in der Mittelschicht überwiegen[28]. Dies stützt die angebotenen Interpretationen.

Es kann hier nur in groben Zügen geschildert werden, welche Auswirkungen die Abwehrmechanismen auf die Wahrung einer Ich-Identität ausüben. Um dies zu verdeutlichen, empfiehlt es sich, wieder an das Grundmodell des Interaktionsprozesses anzuknüpfen. Es mutet dem Individuum zu, Ambiguitäten zu ertragen, wenn es überhaupt interagieren will. Entsprechend der näheren Beschreibung, die G. E. Swanson (1961) über die Abwehrmechanismen gibt, verzichtet das Individuum bei den Mechanismen vom Typ der Verdrängung darauf, seine Bedürfnisse durch Artikulation seiner Identität in die Interaktion einzubringen. Es paßt sich statt dessen den Erwartungen voll an. Dies kann auf verschiedene Weise erstrebt werden: Das Individuum hat die Möglichkeit, zu versuchen, seine Bedürfnisstruktur entsprechend den Normen zu verändern (Wendung gegen das Selbst), auf abweichende Bedürfnisse, die es bei sich wahrnimmt, nicht einzugehen (Isolation) oder abweichende Bedürfnisse dadurch als nicht vorhanden zu erklären, daß es in besonderer Weise zur Erfüllung der Normen beiträgt (Reaktionsbildung).

G. E. Swanson stellt diesen Typ von Abwehrmechanismen in einen Zusammenhang mit sozialstrukturell geprägten Interaktionsbedingungen. Er nimmt an, daß Individuen diese Strategien der Abwehr vor allem dann benutzen, wenn die Einhaltung von relativ rigiden Normen ihnen materielle Vorteile oder sozialen Aufstieg verschafft. Die Wendung gegen das Selbst erwartet er, wenn unter diesen Bedingungen die Normen sehr rigide und extensiv sind. Isolation und Reaktionsbildung treten auf, wo die Nor-

---

[28] Die bekannteste Darstellung ist Hollingshead/Redlich 1958. Weitere Hinweise in Kapitel 5.

men weniger extensiv sind. Reaktionsbildung setzt zusätzlich noch voraus, daß das Individuum in engen sozialen Beziehungen steht, die sein gesamtes Verhalten ständig kontrollierbar machen (Swanson 1961, S. 15 ff.)[29].
Bei der Abwehr von Ambiguitäten durch Leugnung und die verwandten Mechanismen übergeht das Individuum die Erwartungen der anderen und beharrt auf seinen Bedürfnissen. Ebenso wie der einzelne im Falle von Verdrängung seine Bedürfnisse nur ausschaltet, anstatt sie angesichts der Erwartungen zu überprüfen und teils zu modifizieren, teils auf ihnen zu beharren, so greift hier das Individuum die Normen unmittelbar gar nicht an, um etwa zu ihrer Abänderung oder gar Aufhebung zu gelangen, sondern läßt sie bestehen. Geleugnet wird, daß sie hier und jetzt anzuwenden sind, daß sie bestimmte zu erfüllende Forderungen enthalten oder daß sie dem Fortgang der Interaktion unter den Beteiligten dienlich sind. Wieder bieten sich verschiedene Wege an, auf denen das Individuum versuchen kann, die Erwartungen der anderen zu umgehen. Es kann denjenigen, die Erwartungen äußern, Eigenschaften zuschreiben, die das eigene Verhalten ihnen gegenüber rechtfertigen (Projektion). Es kann seine Beteiligung an Interaktionen oder an bestimmten Bereichen von Interaktionen einstellen, womit auch die für diese Interaktionen geltenden Normen gegenstandslos werden (Ich-Einschränkung). Es kann ferner in die Phantasie ausweichen, wo es sich vorstellt, daß seine Bedürfnisse erfüllt werden, obwohl es in der Wirklichkeit nicht umhinkann, den Erwartungen zu folgen (Verleugnung in der Phantasie, „Phantasie vom Gegenteil").
Die sozialstrukturellen Bedingungen für die Einführung dieser Art von Abwehrmechanismen in Interaktionsprozesse sieht Swanson in Verhältnissen als gegeben an, in denen die Erfüllung von Normen keine besonderen Vorteile bringt, sondern sich das Verhalten allein daran orientiert, negative Sanktionen zu vermeiden. Projektion wird dann auftreten, wenn sowohl die Erwartungen der anderen als auch die eigenen Bedürfnisse auf Befriedigung bestehen. Sind die Normen weniger extensiv, kann sich das Individuum zurückziehen, um durch Ich-Einschränkung weniger negative Sanktionen zu riskieren. Kann das Individuum der ständigen Überwachung durch andere nicht entgehen, ist die Verleugnung in der Phantasie zu erwarten (Swanson 1961, S. 15 ff.)[30].

[29] Swanson beruft sich unter anderem auf Beardslee 1960; Greening 1958, S. 19 f.
[30] Swanson beruft sich für seine Annahmen über die Abwehrmechanismen der Leugnung unter anderem auf Beardslee 1960; Douglas 1958; Harris 1959; Kovacs 1958. – Die beiden jeweils als letzte in den Gruppen von D. R. Miller und G. E. Swanson genannten Abwehrmechanismen — Ungeschehenmachen und Leugnung im Handeln — beziehen sich auf bereits erfolgte Übertretungen. Ungeschehenmachen: Das Individuum bemüht sich wiederholt um Restitution. Leugnung im Handeln: Das Individuum versucht zu beweisen, daß kein Verstoß geschehen ist.

Miller und Swanson liefern einige Hinweise auf schichtspezifische Sozialisationsbedingungen, die erklären, warum bestimmte Individuen eher Verdrängungsmechanismen und andere eher Leugnungsmechanismen wählen, wenn sie sich Konflikten und Ambivalenzen ausgeliefert sehen. Für die Einschätzung des hier vorgetragenen Identitätskonzepts ist jedoch eine andere Fragestellung noch unmittelbarer relevant: Welche durch sozialstrukturelle Gegebenheiten geformten Sozialisationsbedingungen fördern die Genese eines Potentials an Ambiguitätstoleranz, das dem Individuum die Chance eröffnet, auf diese Abwehrstrategien zu verzichten und sich statt dessen Konflikten zu stellen? Die Entstehung dieses Potentials kann als Verinnerlichung der Interaktionsstrategien begriffen werden, die das Kind als Partner im Rollengeflecht der Familie anwenden muß. Sie hängt somit davon ab, ob die Struktur der Interaktionsbeziehungen zwischen den Familienmitgliedern erfordert, sich mit konkurrierenden und ambivalenten Interpretationen von Erwartungen auseinanderzusetzen.
R. L. Coser beschreibt ein Familienmodell, das die Entwicklung von Ambiguitätstoleranz in dieser Weise aus der Struktur der Interaktionsprozesse in der Familie erklären soll (Coser 1964). Als Beispiel für Interaktionsmuster, denen sie Förderung von Ambiguitätstoleranz zuschreibt, schildert sie eine orthodoxe jüdische Familie, in der sowohl dem Vater als auch der Mutter Autorität in der Erziehung der Kinder zukommt. Der Vater ist jedoch mehr dafür zuständig, daß das Kind sich die traditionellen religiösen und moralischen Einstellungen aneignet, während die Mutter mehr für das Verhalten im Alltagsbereich verantwortlich ist. Diese Perspektiven decken sich keineswegs immer. Eine Handlung wird nicht selten vom Standpunkt eines religiösen Wertsystems aus anders zu beurteilen sein als aus dem Blickwinkel eines arbeitsreichen Haushaltes, der Sorge um Gesundheit oder adrettes Äußere des Kindes. Dennoch bilden die Ehepartner eine Koalition gegenüber dem Kind, denn dem einen ist der Aufgabenbereich des anderen nicht gleichgültig:

"The system of complementary role allocation in the family (as in all groups) requires a degree of consensus between authority holders on all levels; yet, in spite of such consensus, there is leeway for the youngster in the presence of each of the parents: mother is more ready than father to overlook minor infringements of religious prescriptions, and father may smile good-naturedly at his son about some of the 'petty details' of everyday behavior about which mother is so persistent. And when the child finds himself in the presence of both parents, tactful parents will try not to disturb the somewhat ceremonial quality of togetherness by insisting on demands that are peculiar to each. In this type of family, leeway is afforded the child to conform in somewhat different manner to the expectations of each parent; he is able to gain distance to organize these expectations for himself, i. e., to articulate his role." (Coser 1964, S. 375 f.)

Die Entwicklung von Ambiguitätstoleranz wird folglich gestört, wenn eine Ehepartnerkoalition entweder gar nicht vorhanden ist oder wenn sie so eng ist, daß gar kein Interpretationsspielraum für das Kind mehr übrigbleibt. Wenn diese Koalition nicht besteht, fehlt der Zwang, auch in Interaktionsbeziehungen mit einem Elternteil die teilweise konkurrierenden Erwartungen des anderen nicht zu mißachten, sondern das Verhalten jeweils gegenüber beiden interpretierend zu legitimieren. Die Koalition kann fehlen, weil die Ehepartner zu keinem Konsens gelangen oder weil nur ein Ehepartner in der Erziehung des Kindes auftritt, denkbar entweder als Folge einer unvollständigen Familie oder als Folge einer rigiden Aufgabenteilung zwischen Mann und Frau. Die Koalition kann übermäßig eng sein, wenn die Ehepartner Divergenzen sehr schnell als Bedrohung der familialen Solidarität ansehen. Genauere Charakterisierung der verschiedenen Typen des Interaktionssystems Familie bietet die Schizophrenieforschung, auf die im nächsten Kapitel einzugehen ist.

Diese die Entwicklung von Ambiguitätstoleranz in unterschiedlichem Maße begünstigenden Familientypen treten nicht in allen Gesellschaftsschichten mit gleicher Häufigkeit auf. Wie zum Beispiel Untersuchungen M. L. Kohns zu entnehmen ist, beteiligen sich — jedenfalls in den Vereinigten Staaten — mit größerer Wahrscheinlichkeit in der Mittelschicht beide Elternteile an der Erziehung der Kinder, während in der Unterschicht die Väter die Erziehung den Müttern weitgehend oder sogar ganz überlassen (Kohn/Carroll 1960; Kohn 1962/63). So ist unabhängig davon, ob die Familie vollständig ist oder nicht, die Sozialisationssituation in der Unterschicht sehr oft durch die Abwesenheit des Vaters gekennzeichnet. Die rigidere Aufgabenteilung in der Unterschichtfamilie entspricht weitgehend der Arbeitsplatzsituation der Mitglieder der Unterschicht. Sie ist gleichfalls durch fest gefügte Rollenbeziehungen zu charakterisieren, die nicht verlangen, ständig erst kommunikative Verständigung über eine gemeinsame Definition der Situation zu suchen. Der Angehörige der Mittelschicht dagegen bewegt sich auch im Beruf und in anderen Bereichen außerhalb der Familie vielfach in interpretationsbedürftigen sozialen Beziehungen, in denen die Bedingungen kooperativen Handelns erst ad hoc formuliert werden (vgl. Oevermann 1968). Diese Hinweise zeigen einen Weg, entwickelte oder fehlende Ambiguitätstoleranz über die Ausprägung der familialen Interaktionsstruktur hinaus mit sozialstrukturellen Verhältnissen zu verknüpfen[31].

---

[31] R. L. Coser hält die Mutterdominanz für die Sozialisation des Kindes in der Mittelschicht für folgenreicher als in der Unterschicht. Sie will auf diese Weise die von M. L. Kohn ermittelte höhere Korrelation von Mutterdominanz und Schizophrenie in der Mittel-

Ein anderer Hinweis R. L. Cosers lenkt die Aufmerksamkeit auf einen weiteren Grund für fehlende Ambiguitätstoleranz. R. L. Coser vermutet, daß dann, wenn die Mutter in der Erziehung auch die Aufgaben des Vaters zu übernehmen hat, ihre Einstellungen dem Kind gegenüber mit einer gewissen Notwendigkeit ambivalent werden. Sie verlangt zum Beispiel vom Kind sowohl Initiative beim Spielen, um die später „im Leben" notwendige Aktivität und Unternehmungsfreude zu wecken, als auch Sorgfalt im Umgang mit dem Spielzeug, um die Ordnung des Haushalts nicht zu gefährden. Hinzu kommt noch, daß die auf sich allein angewiesene Mutter völlig mit ihrer eigenen Persönlichkeitsstruktur in der Erziehung der Kinder aufgehen muß, da kein Vater sie wirksam entlastet. Bei allen Erziehungsproblemen exponiert sie sich auch mit ihren eigenen Schwierigkeiten. Es ist daher nicht verwunderlich, daß diese Mutter zwischen Zuneigung zu ihren Kindern und Ablehnung schwankt. Im allgemeinen wird sie jedoch anderen und wahrscheinlich auch sich selbst nicht eingestehen wollen, daß sie gegenüber ihren Kindern ambivalent fühlt und handelt. Folglich wird sie versuchen, sich durch Zurückhaltung, „Kälte", selbst zu schützen (Coser 1964). Sie verhindert damit, daß ihre tatsächliche Ambivalenz als Interaktionsproblem aufgegriffen und in die Handlungsstrategien der anderen Familienmitglieder einbezogen wird. Auf diese Weise entfällt die Voraussetzung für einen Sozialisationsprozeß, in dem die Kinder den Umgang mit ambivalenten Sachverhalten und Deutungen lernen können.
Einen weiteren Grund für strukturell bedingte Ambivalenz in den Beziehungen zwischen Eltern und Kind nennt A. W. Green. Vor allem in der Mittelschicht störe das Kind die Karrierepläne der Eltern, aber müsse andererseits auch dazu dienen, den hohen sozialen Stand der Familie zu demonstrieren. Weil die Eltern zugunsten der Kinder auf manches verzichten, verlangen sie als Gegenleistung, geliebt zu werden (Green 1946). Auch hier wird im Regelfall die Aufdeckung des ambivalenten Charakters der Eltern-Kind-Beziehung „verboten". A. W. Green erblickt in dieser Familienkonstellation einen Grund für die größere Häufigkeit von Neurosen in der Mittelschicht.
Es ist anzunehmen, daß nicht nur die Beziehungen der besonders belasteten Mutter und die der sozialen Aufstieg erstrebenden Mittelschichteltern

---

(Noch Anm. 31)
schicht erklären. Richtig ist sicherlich, daß die Dominanz eines Elternteils in verschiedenen Schichten beziehungsweise Subkulturen von unterschiedlicher Bedeutung ist. Als Schizophrenieerklärung reicht dieser Ansatz freilich nicht aus. Das Problem der dominierenden Mutter wird heute in der Forschung mehr im Zusammenhang mit den Interaktionsmustern aller Angehörigen der Familie gesehen (Coser 1964, S. 371 ff.; Kohn/Clausen 1956).

zu ihren Kindern mit einer unausgesprochenen Ambivalenz behaftet sind, sondern daß sich in allen Eltern-Kind-Beziehungen Elemente von Liebe und Ablehnung mischen. Die ambivalente Haltung der mit den Erziehungsproblemen alleingelassenen Mutter wirkt sich jedoch wohl deswegen besonders gefährlich aus, weil das Kind nicht auf dem Umweg über den Vater und unter Ausnutzung des väterlichen Interesses an verläßlichen Interaktionsbeziehungen in der Familie nach der Inkonsistenz der Mutter fragen kann. Es ist zu abhängig von der Mutter, als daß es sie ohne Hilfe anderer mit der Aufgabe konfrontieren könnte, ihre ambivalenten Haltungen in einer Ich-Identität zu interpretieren[32]. So bleibt die Ambiguität unaufgelöst stehen. Dies ist freilich auch nicht ausgeschlossen, wenn Vater und Mutter zwar im Erziehungsprozeß zusammenwirken, aber gemeinsam eine interpretierende Diskussion von Ambiguität nicht zulassen, weil sie vor deren Ergebnis Angst haben. Abgesehen von den besseren Voraussetzungen, überhaupt problematische Sachverhalte artikulieren zu können, wird jedoch in der Mittelschicht wahrscheinlich auch deswegen noch eher eine Diskussion stattfinden als in der Unterschicht, weil auffällig gestörte Familienverhältnisse in der Mittelschicht stärker negativ sanktioniert werden. Sie mindern zum Beispiel die Aufstiegschancen. In der Unterschicht hat dieser Gesichtspunkt geringere Bedeutung.
Es lassen sich jedoch noch genauer bestimmte, für das Kind aufzulösende Konfliktsituationen im Verlauf des Sozialisationsprozesses angeben, die der Ausbildung der Ambiguitätstoleranz in besonderer Weise förderlich sein können. U. Oevermann vertritt die These, daß eine erfolgreiche Geschlechtsrollenidentifikation die wichtigste Voraussetzung für den Erwerb von Ambiguitätstoleranz darstelle (Oevermann 1967)[33]. Sie erfordere nämlich, daß das Kind zwei komplementäre, aber grundsätzlich unvereinbare Verhaltensmodelle internalisiere, denn in einer Geschlechtsrolle kann nur dann erfolgreich agiert werden, wenn der Mann oder die Frau das komplementäre, aber für sie verbotene Verhaltensmodell jeweils mitdenken können. Diese Vorstellung einer „gelungenen" Geschlechtsrolleninter-

---

[32] Die Abhängigkeitsbeziehung des Kindes von der Mutter oder auch von beiden Elternteilen in der Weise zu beenden, wie es zum Beispiel in einigen „antiautoritären Kinderläden" durch den ständigen Wechsel erwachsener Bezugspersonen versucht wird, bringt im übrigen auch keine Lösung dieses Problems. Wenn nämlich kein „Interaktionszwang" mit bestimmten Personen besteht, entfällt auch die Notwendigkeit, sich mit der Ambivalenz, die in diesen sozialen Beziehungen zutage tritt, zu befassen. Entweder werden die Interaktionen abgebrochen oder die Ambivalenz wird durch Solidaritätsversicherungen, die aber die spezifischen Probleme der beteiligten Individuen übergehen, übertönt.

[33] Vgl. insbesondere S. 5 und 10. Oevermann trägt hier die Auffassung vor, Ambiguitätstoleranz eine notwendige Voraussetzung für das Erlernen einer Sprache ist, die kommunikative Handlungsprozesse zu kontrollieren erlaubt.

nalisierung erinnert an das Konzept des „starken" Gewissens, das sich ebenfalls dadurch auszeichnet, daß es auch nicht zugelassene Alternativen in die Handlungsstrategie einzubeziehen erlaubt. Als mißlungen ist demnach eine Geschlechtsrollenidentifikation zu betrachten, sowohl wenn eine eindeutige Zugehörigkeit zur männlichen oder zur weiblichen Geschlechtsrolle nicht erreicht wird, als auch wenn das gegengeschlechtliche Verhaltensmodell vollständig abgedrängt wird[34]. Beide Verhaltensmodelle gleichzeitig gegenwärtig zu haben, bedeutet jedoch für das Individuum, sich ambivalenten Bedürfnissen und Erwartungen auszusetzen, ohne sich durch die Unsicherheit, die aus der Notwendigkeit eines an zwei nicht übereinstimmenden Modellen orientierten Verhaltens folgt, zu Inaktivität oder zu Rigidität verleiten zu lassen. Belege für diese These sucht U. Oevermann unter anderem in der Kreativitätsforschung. So ergab eine Untersuchung D. W. MacKinnons, daß hochkreative Männer Eigenschaften, die im allgemeinen Frauen zugeschrieben werden, für sich eher akzeptieren als weniger kreative (MacKinnon 1960)[35].

U. Oevermann führt die Vermittlung von Ambiguitätstoleranz ebenfalls auf die Rollenkonstellation in der Familie zurück. In der nie voll übereinstimmenden, aber dennoch solidarischen Ehepartnerkoalition erfährt das Kind, daß Unvereinbares in gemeinsamer Interaktion doch vereinigt werden kann. Die soziologische Schizophrenieforschung, die den Ursachen dieser geistigen Störung im Interaktionssystem der Familie nachgegangen ist, hat auf die Bedeutung der Ehepartnerkoalition, die Ehemann und Ehefrau trotz aller Divergenzen sich um einen Handlungskonsens bemühen läßt, für die Entwicklung von Fähigkeiten der Konfliktbewältigung verwiesen. Eine in dieser Hinsicht nicht funktionierende Ehepartnerkoalition scheint in der Pathogenese der Schizophrenie eine wichtige Rolle zu spielen. Tatsächlich zählt zum Krankheitsbild der Schizophrenie auch die Unfähigkeit, die üblichen Konflikte des Alltagslebens zu ertragen[36]. Das Verhalten Schizophrener gegenüber diesen Konflikten ist als hypertrophe Anwendung von Abwehrmechanismen interpretierbar (Johnson u. a. 1956).

---

[34] Auch J. E. Garai ist aufgrund von Testergebnissen der Ansicht, daß eine „starke" Geschlechtsrollenidentifikation den Mann in die Lage versetzt, auch „weibliche" Eigenschaften wie Zärtlichkeit und Einfühlungsvermögen zu entfalten und gelegentliche Schwächen zuzugeben, während der in seiner Männlichkeit unsichere diese Attribute leugne. Er glaubt, daß die traditionellen Definitionen von Maskulinität überholt seien (Garai 1966). Auf pathologische Implikationen diffuser Geschlechtsrollenidentifikationen weist Searles 1961 b hin.

[35] Oevermanns Argumentation wird in seinem Vortrag „Soziale Schichtung und Begabung" (1965) recht deutlich, vor allem auch der Zusammenhang mit der Bildung eines flexiblen Gewissens.

[36] Vgl. zum Beispiel Weinberg 1950; Cameron 1959/60.

Die Ambiguitätstoleranz ist die für die Identitätsbildung mutmaßlich entscheidendste Variable, weil Identitätsbildung offenbar immer wieder verlangt, konfligierende Identifikationen zu synthetisieren[37]. Ohne sie ist ein Individuum nicht in der Lage, angesichts der in Interaktionen notwendigerweise auftretenden Ambiguitäten und unter Berücksichtigung seiner Beteiligung an anderen Interaktionssystemen und einer aufrechtzuerhaltenden biographischen Kontinuität zu handeln. Ohne sie ist keine Ich-Identität denkbar, da diese balancierend zwischen angesonnenen Erwartungen und im Rahmen eines gemeinsamen Symbolsytems sich artikulieren muß. Das Individuum ist gezwungen, sich ständig damit auseinanderzusetzen, daß Erwartungen und Bedürfnisse sich nicht decken und daß zwischen persönlichen Erfahrungen und den für sie zur Verfügung stehenden allgemeinen Kategorien eine Lücke klafft. Die Errichtung einer individuierten Ich-Identität lebt von Konflikten und Ambiguitäten. Werden Handlungsalternativen, Inkonsistenzen und Inkompatibilitäten verdrängt oder geleugnet, fehlt dem Individuum die Möglichkeit, seine besondere Stellung angesichts spezifischer Konflikte darzustellen.

Soweit die Beteiligung an den Interaktionsvorgängen der Familie die Kinder nicht mit ausreichenden Fähigkeiten der Identitätsbehauptung auszustatten vermag, erscheint es für eine Kompensation mangelhafter Sozialisation beziehungsweise für eine Weiterführung und Ergänzung der familiären Sozialisationsprozesse wünschenswert, die Kinder immer wieder in Situationen mit Ambiguitäten und Diskrepanzen zu bringen. Hier können sie Handlungsstrategien erproben, die sich bewähren, obwohl der Konflikt grundsätzlich nicht zu beseitigen ist. Mit entsprechenden Maßnahmen erzielte man in amerikanischen Vorschulerziehungsprogrammen gute Erfolge bei der Weiterentwicklung von kognitiven Fähigkeiten verschiedenster Art (McV. Hunt 1964). Wegen des Zusammenhangs von Ambiguitätstoleranz, allgemeinen kognitiven Fähigkeiten und der Wahrung einer Ich-Identität ist zu vermuten, daß Kinder unter diesen Bedingungen nicht nur befähigt werden, ihre Wahrnehmung besser zu strukturieren, sondern auch über bessere Möglichkeiten verfügen, ihre eigene Identität in einer komplexen, disparate Elemente enthaltenden Situation zu formulieren[38].

---

[37] Dazu auch Spiegel 1961.

[38] Zusammenhänge zwischen allgemeinen kognitiven Fähigkeiten und Identitätsbildung belegen sehr deutlich auch Witkin u. a. 1962, insbesondere Kapitel 8. Zwar hebt ihr Identitätskonzept mehr auf Stabilität und Unterscheidung von anderen ab, aber ihre Ergebnisse dürften erst recht für die hier vorgetragenen Vorstellungen der Ich-Identität gelten, die stets neu angesichts wahrgenommener Erwartungen und Situationen entworfen werden muß.

4.4. Identitätsdarstellung

Es ist zu beobachten, daß Individuen, auch wenn sie über Distanzierungskraft, Empathie und Ambiguitätstoleranz verfügen, in unterschiedlichem Maße in der Lage sind, die aufrechtzuerhaltende Ich-Identität auch sichtbar werden zu lassen. Aber eine Identität, die das Individuum nicht in den Interaktionsprozeß eingeführt hat, ist weder für es selber noch für die anderen wirksam.

Auch die Fähigkeit, Identität zu präsentieren, ist Voraussetzung und Folge der Ich-Identität zugleich. E. Goffman sieht diese beiden Aspekte der „presentation of self". Manche Kritiker hat es verwirrt, daß für ihn einerseits das Selbst „kein Eigentum" der Person ist, sondern ein Produkt gegenseitiger Interaktionskontrollen, und andererseits das Individuum hartnäckige Anstrengungen unternimmt, um ein Selbst, das es sich in Interaktionen angeeignet hat, gegen Zerstörung durch andere, institutionelle Zugriffe und Schicksalsschläge zu verteidigen[39].

E. Goffman hat in seinen Arbeiten die schier endlosen Möglichkeiten des Individuums geschildert, sich selbst in seiner Identität in Interaktionssituationen darzustellen[40]. Das Selbst handelt dabei wie ein Akteur auf einer Bühne, der sein Auftreten in jedem Augenblick auf die Mitspieler und verschiedenen Gruppen von Zuschauern abstimmt, indem er das gesamte Bühnenrepertoire von Kulissen, Requisiten, Beleuchtung, Platz vor und hinter den Vorhängen, Aus- und Eingängen für eine wirkungsvolle Repräsentation seiner Rolle ausspielt. Hier wird die Mehrdeutigkeit dieses Vorgangs offenbar: Ein Schauspieler stellt einen Charakter dar, als ob dieser eine feste Wesenheit besäße, unabhängig von den Situationen, in denen man ihn beobachten kann. Die Zuschauer haben den Eindruck, daß alles, was geschieht, eine Folge der Anlagen, Talente und Wünsche der agierenden Person ist. Aber dennoch ist dieser so überzeugend dargestellte Charakter ohne das ganze Arrangement von Mitspielern, Zuschauern, Bühne und technischen Hilfsmitteln nicht vorhanden. Goffman behauptet, daß diese gut geplante Komposition von Impressionen und Kontrasten nicht nur im Theater angewandt wird, sondern daß in allen Interaktionssituationen nach diesem Paradigma gehandelt wird: Die Beteiligten ziehen alle Register, um ihre Definition von Identität und Situationen darzu-

[39] Was ist eigentlich Goffmans Selbst, fragt zum Beispiel W. Caudill in einer Goffman-Kritik (Caudill 1962/63, S. 368).
[40] E. Goffmans gesamte Darstellungen widmen sich weitgehend diesem Thema. Vgl. die Literaturliste.

bieten, durchzusetzen und im Fortgang der Ereignisse durchzuhalten, weil sie sich die weitere Teilnahme sichern wollen.

Die Fähigkeit, Identität in Interaktionen einzubringen, entspricht jener Phase der Identitätsbehauptung, in der das Individuum auf der Basis zunächst übernommener Erwartungen versuchen muß, seine persönliche Ich-Identität den anderen vorzutragen. Sie wird sich vor allem zeigen, wo Normen nachgiebig genug sind, um dem Individuum Gelegenheit zu geben, seine Ich-Identität zu artikulieren. E. Goffman geht die verschiedenartigsten Situationen durch. Er beobachtet zwar, daß das Individuum sogar in rigide kontrollierten Situationen — etwa auf Stationen in Heilanstalten für Geisteskranke — noch versucht, ein Selbst aufrechtzuerhalten, oft mit verzweifelten Mitteln, die, statt als Ansatzpunkte zur Wiederherstellung erkannt zu werden, nur wieder als Krankheitssymptome gedeutet werden. Aber tatsächlich entfalten kann sich das Individuum, wo die Situationen und ihre Implikationen überschaubar sind, wo Erwartungen modifiziert werden können und Partner vorhanden sind, denen die vorgetragenen Interpretationen wiederum Möglichkeiten bieten, nun ihrerseits auch ihre Identität zu präsentieren.

Goffman hebt die Auswirkungen eines rigiden Normensystems auf die Chancen der adäquaten Selbstrepräsentation nur selten ausdrücklich hervor. Im Vordergrund stehen alltägliche Gefährdungen für Identität und Interaktion durch unerwartete Umstände, Mißgeschicke, Fehleinschätzungen oder zusammengebrochene Trennwände: Ein Gast betritt aus Versehen die Hotelküche, ein Arzt hat sein Stethoskop vergessen, der Mann im schwarzen Anzug ist kein Kellner, sondern ein Pfarrer[41]. Aber im Hintergrund stehen Normen mit Sanktionen, die diese Fehler bestrafen, es sei denn, es handelte sich um Nichtigkeiten.

Je wichtiger für den Bestand von Institutionen bestimmte Normen sind, desto umfangreichere Vorkehrungen werden getroffen, damit Individuen, die in bestimmte Rollen und Situationen kommen, diese Normen hinlänglich kennen. A. Strauss hat sehr farbig geschildert, wie Individuen durch „sekundäre Sozialisationsprozesse" auf Auftritte in neuen Rollen vorbereitet werden (Strauss 1959)[42]. Das Individuum wird durch diese Einführung in neue Rechte und Pflichten auch auf ein Repertoire geeigneter Mittel zur Selbstdarstellung festgelegt[43]. Dieses Repertoire eröffnet bestimmte Möglichkeiten, schneidet aber auch andere ab.

---

[41] Auf zahlreiche Vorkommnisse, die das Gleichgewicht von Identität und Situationen zu stören vermögen, gehen ferner ein: Gross/Stone 1964/65.

[42] Vgl. insbesondere das Kapitel „Transformations of Identity", S. 89–131.

[43] Aus der Fülle der Literatur sei nur verwiesen auf Becker/Strauss 1956/57.

Ein besonderes Problem für die Darstellung von Ich-Identität besteht darin, daß das Individuum, um die Integration seiner Beteiligung an dieser Interaktion in eine Biographie leisten zu können, in dieser Darstellung mehr über sich zum Ausdruck bringen muß, als die Interaktionssituation unmittelbar verlangt. Es muß den Interaktionspartnern „überschüssige" Informationen geben, deren Bedeutung zum Teil erst im weiteren Verlauf der Interaktion sichtbar wird. Dabei muß es sogar widersprüchliche Angaben nebeneinanderstellen können, die aus seinen verschiedenartigen Interaktionsbeteiligungen hervorgehen. In der von K. Soddy herausgegebenen Abhandlung über Identitätsprobleme heißt es:

"It is possible to distinguish between those people who can be known in any of their roles, and those whom it is necessary to see in many or all of their roles before they can be known." (Soddy 1962, S. 40)

Den Menschen, die man nur in einer Rolle zu sehen braucht, um sie zu kennen, gelingt es offensichtlich, trotz ihres Auftretens in einer eingegrenzten Interaktionssituation noch weitere, für ein Bild ihrer Identität relevante Informationen zu geben. Einen wichtigen Platz nehmen hier gewiß sprachliche Mitteilungen ein. Gemeint sind jedoch nicht nur explizite Äußerungen, sondern die möglichst umfassende Selbstdarstellung im Auftreten des Individuums. Der erste Schritt besteht darin, zu signalisieren, daß das Individuum nicht nur das ist, was die Umstände im Augenblick von ihm zu erkennen geben; der zweite Schritt, auszudrücken, was das Individuum denn tatsächlich außerdem noch ist. Ironie, Witz, Humor sind Mittel, die daraus ihre Kraft beziehen, daß das Individuum, das sie einsetzt, mehrere oder mehrdeutige Bezugspunkte für Interpretationen hat, zwischen denen es springt. Das Individuum kokettiert mit Rollen, spielt mit ihnen, überdramatisiert sie und bringt auf all diesen Wegen ein Element von Fragwürdigkeit, von Ambivalenz und Distanz in sein Handeln, das dem Beobachter Anlaß ist zu prüfen, wie das, was sein Gegenüber tut, zu verstehen ist.

Es liegt nahe, dieses Verhalten des Individuums als Rückzug aus einer uneingeschränkten Beteiligung an Interaktion zu interpretieren und die Folgerung zu ziehen, daß die hier entwickelte Vorstellung von Ich-Identität eine Abwertung der aktuellen Interaktionssituationen voraussetze. Daß die aktuelle Interaktionssituation relativiert wird, ist zutreffend; aber diese Art der Distanzierung ist von einem Rückzug deutlich unterscheidbar. Das wird klarer, wenn die schon genannten Mittel der Selbstdarstellung noch durch einige weitere ergänzt werden: Auch das Individuum, das sich voll und ganz an die Normen einer Rolle hält, kann sich nämlich distanzieren, zum Beispiel indem es aufzeigt, warum es die Erwartungen respektiert, warum es sich mit einem Programm identifiziert oder warum es sich für eine Aufgabe voll einsetzt. Die zum Ausdruck gebrachte Distanz ist so lange keine Fluchtreaktion des Individuums, als sie dazu dient, gerade ein „Mehr" an Realität in Interaktionen einzubringen. Nicht dort, wo sich Individuen an vorgegebenen Normen unreflektiert orientieren, treten Menschen besonders intensiv miteinander in Beziehung, sondern in Interaktionen, die gestatten, das besondere Verhältnis der Interaktionspartner zu Erwartungen aufgrund balancierender Identitäten aus immer neuen Blickwinkeln zu bestimmen. Diese Ausführungen wollen im übrigen nicht ausschließen, daß es oft genug Interaktionssituationen gibt, die das Individuum verlassen muß, um seine Identitätsbalance vor Zerstörung zu schützen.

Aus einer Untersuchung von D. Pugh über Rollenkonflikte bei Betriebsinspektoren in der Industrie ist zu entnehmen, daß es diesen Inspektoren für die Sicherung ihrer Interaktionen gerade nicht hilft, wenn sie verbergen, daß konfligierende Erwartungen von seiten der technischen Leitung, der Verkaufsabteilung und der Arbeiter an sie gerichtet werden. Viel erfolgreicher ist es, diese unterschiedlichen Erwartungen nebeneinander darzustellen, ohne ihre Widersprüchlichkeit zu unterschlagen. Die Inspektoren leiden desto weniger unter Rollenkonflikten, je besser sie es verstehen, sich mit den divergierenden Verhaltensrichtlinien, die sie übernehmen müssen, auch dann zu präsentieren, wenn sie nur mit Personen einer der relevanten Bezugsgruppen interagieren (Pugh 1966).

Nur zu leicht allerdings können die Mittel der Präsentation zu einer Gefahr für die Ich-Identität werden, die sie darstellen wollen. Sie können sich in Routinen, Moden oder Posen verwandeln, die nur noch vorgeben, eine Identität auszudrücken, obwohl sie gar nicht vorhanden ist. Am Lebensstil der 20er Jahre, der zunächst neue Möglichkeiten eröffnete, eine Identität zu gewinnen, zeigte H. M. Lynd, wie Interaktionsmuster sich entleeren und zu Attrappen werden, hinter denen Nicht-Identität gar nicht auffällt oder Ich-Identität sogar versteckt wird (Lynd 1958, S. 185). So müssen alle Mittel der Identitätspräsentation wie die Identität selbst auf einem Grat balancieren, bedroht von Unverständlichkeit auf der einen und von Entleerung auf der anderen Seite.

Jede im Rahmen einer Interaktion formulierte Identität ist ein Beitrag, den die anderen Beteiligten bei ihrer Interpretation der Situation berücksichtigen müssen. Sie ist aus der Sicht der anderen ein Bündel von Erwartungen, das in ihren eigenen Identitätsversuch eingeht. Diese Beeinflussung der Identitätsbalance anderer ist ein Bestandteil jeder Interaktion, und sie ist unabhängig von manipulatorischen Absichten wirksam. Darüber hinaus aber verfügt jedes Individuum über die Möglichkeit, durch die Art seiner Identitätspräsentation sein Gegenüber in eine Rolle zu drängen. E. A. Weinstein und P. Deutschberger haben diese Bestrebungen, die Identitätsbalance der anderen in eine bestimmte, den eigenen Absichten entsprechende Richtung zu lenken, „altercasting", den anderen irgendwohin schieben, genannt (Weinstein/Deutschberger 1963). A. Strauss beschreibt unter der Überschrift „status forcing" ein ganzes Repertoire von Mitteln, die angewandt werden können, um andere in Rollen hineinzuzwingen (Strauss 1959)[44].

Solange sich gleichberechtigte Interaktionspartner gegenüberstehen, die die Situationen ohne Nachteil verlassen können, wenn ihnen die eingeräumten Möglichkeiten der Identitätsbehauptung nicht ausreichend erscheinen, ist „altercasting" kein die Identität anderer gefährdendes Verhalten. Schließlich erstrebt jedes Individuum Verhältnisse, in denen es Identität ohne ständigen Widerstand aufbauen und erhalten kann. Andererseits kann „altercasting" aber auch Ausdruck dafür sein, daß das Individuum seine Identitätsbalance durch eine gänzlich spontane, kreative Antwort seines Gegenübers auf seine Situationsdefinition gefährdet sieht. Erschwert es aber die Spontaneität und Kreativität seiner Interaktionspartner, so beschneidet es zugleich seine eigenen Chancen, aus den Interaktionen Vorteil für seine Ich-Identität zu ziehen. Es schmälert nämlich durch „altercasting" das Angebot an Verhaltensalternativen und die Möglichkeiten der Befriedigung von Bedürfnissen, und zwar sowohl jener, deren Befriedigung ohne Spontaneität nicht denkbar ist — wie alles Verlangen nach Anerkennung, Zuneigung und Liebe —, als auch jener, die in einseitig organisierten, erstarrten, wenig anpassungsfähigen Interaktionsbeziehungen verlorengehen.

Die Fähigkeit, sich in seiner Identität wirksam darzustellen, wird bereits in der innerfamilialen Sozialisationssituation angelegt. Es liegen dazu keine empirischen Arbeiten vor. Dennoch ist anzunehmen, daß in Familien, die differenziertes Verhalten ihrer Kinder zulassen oder sogar anregen, die es ermuntern, seine Schwierigkeiten und Erwartungen zu äußern, und in denen gelungene Problemlösungen Anerkennung finden, ein fördernder Einfluß auf die Entwicklung dieser Präsentationsfähigkeit ausgeübt wird. Gewisse Bestätigungen dafür finden sich in Studien, die sich mit der Abhängigkeit beziehungsweise Unabhängigkeit („dependency vs. independency") von Kindern beschäftigen; denn wenn unter Unabhängigkeit Initiative, selbstsicheres Auftreten und Bemühen um Erfolg verstanden wird, scheint deutlich zu sein, daß die Fähigkeit der Identi-

[44] Vgl. insbesondere den Abschnitt „Status Forcing: Its Rules and Strategies", S. 76—84.

tätspräsentation dieser Persönlichkeitsdimension verwandt ist[45]. Die Untersuchungen ergaben in großer Übereinstimmung, daß Unabhängigkeit der Kinder durch Aufmerksamkeit der Eltern für sie und durch zuverlässige Anerkennung begünstigt wird[46]. Für positiven Einfluß einer differenzierten Rollenstruktur in der Familie auf die Entwicklung von Unabhängigkeit spricht eine Arbeit von M. A. Strauss (Strauss 1962 a und b).

[45] Oft wird unter Independenz nur das Gegenteil von Dependenz verstanden, also Unabhängigkeit von Bedürfnisbefriedigungen durch andere Personen. Einen weiteren Begriff vertreten zum Beispiel Beller 1955; Heathers 1955.
[46] Vgl. das Sammelreferat von Hartup 1963.

5. Gestörte Identität: Belege aus soziologischen Schizophrenieforschungen

Belege für das Konzept balancierender Identität und für die dieser Identität von zwei Seiten drohenden Gefahren sind auf einem Umweg zu erschließen. Es gibt zahlreiche empirische Studien amerikanischer Soziologen über die von sozialen Gegebenheiten mindestens mitbestimmte Genese von Persönlichkeitspathologien verschiedener Art und ihre Auswirkung auf soziale Beziehungen. Die Ergebnisse dieser Untersuchungen erlauben Rückschlüsse auf die Voraussetzungen für eine erfolgreiche Beteiligung des Individuums an Interaktionsprozessen.

Vor allem die Forschungen über soziale Faktoren, die die Entstehung schizophrener Geistesstörungen erklären sollen, liefern wichtiges Material und Ansätze für die Analyse von Interaktionssystemen überhaupt. Mehrere Gründe rechtfertigen die Auswertung gerade dieser Arbeiten für Überlegungen zum Identitätsproblem: auf der einen Seite das Krankheitsbild der Schizophrenie und auf der anderen die in den Familien Schizophrener beobachteten Interaktionsprobleme.

In der Psychiatrie besteht nach wie vor keine einheitliche Auffassung der verschiedenen Richtungen über die Symptomatik und Diagnostik der Schizophrenie[1]. Die Verschiedenheit der Auffassungen äußert sich darin, daß die beteiligten Psychiater durchaus nicht bei allen Krankheitsfällen zu übereinstimmenden Diagnosen gelangen. Obwohl es gewiß wünschenswert wäre, auf diesem Gebiet größere Einigkeit zu erzielen, werden die hier zu referierenden Untersuchungsergebnisse von dieser Schwierigkeit kaum belastet. Diese Arbeiten geben nämlich im allgemeinen nicht nur die Diagnosen über die Patienten wider, sondern schildern auch ausführlich die Art ihrer Störungen[2].

Seit E. Kraepelin und E. Bleuler wird die Schizophrenie mit dem manisch-depressiven Irresein („zirkuläre Psychosen") zur Gruppe der endogenen Psychosen zusammengefaßt. Endogene Psychosen treten nach herrschender Ansicht der medizinischen Wissenschaft nicht wie die exogenen Psychosen als Folge äußerer Ursachen wie Hirnschädigungen, Vergiftungen usw. auf,

---

[1] Vgl. Arieti 1959; 1960; E. Bleuler 1911; M. Bleuler 1963; Kraepelin 1896.

[2] Diese Schwierigkeit ist bei ökologischen Studien mit großen Stichproben ernster zu nehmen, da dann die Diagnosen zumeist nur mit relativ groben Methoden ermittelt werden können, unter Umständen aus Akten unbekannter Ärzte entnommen werden müssen oder schon Jahre zurückliegen.

sondern für sie spielen ererbte Anlagen eine „wesentliche ursächliche Rolle“ (Pschyrembel 1964, S. 721).
Psychosen sind von Neurosen zu unterscheiden. Nach Pschyrembels Klinischem Wörterbuch sind Neurosen

„abnorme Erlebnisreaktionen, die durch ein bzw. mehrere nicht entsprechend verarbeitete oder gelöste Konflikterlebnisse ausgelöst werden und in einem fortdauernden Leidenszustand der gesamten Persönlichkeit zum Ausdruck kommen“,

Psychosen dagegen ein

„seelisches Krankheitsgeschehen, das prozeßhaft, als etwas Neues, dem sonstigen Wesen Fremdes, einsetzt, dann eigenen Verlaufsregeln folgt“ (Pschyrembel 1964, S. 608).

P. R. Hofstätter stellt als Kriterium der Unterscheidung deutlicher das Verhältnis zur Realität heraus. Psychosen sind nach seiner Definition

„Zustandsbilder, bei denen es zeitweilig oder für längere Dauer zum mehr oder minder vollständigen Verlust des Orientierungsvermögens in der realen Umwelt kommt (‚Verrücktheit‘); (sie) werden ... — nicht ganz scharf — von anderen Störungen des Erlebens und des Verhaltens abgehoben, in denen das Bild der realen Welt größtenteils erhalten bleibt (Neurose, Psychopathie, psychosomatische Störungen.“ (Hofstätter 1967, S. 244)

Er folgt damit S. Freud, der darlegte,

„daß bei der Neurose ein Stück der Realität fluchtartig vermieden, bei der Psychose aber umgebaut wird. Oder: Bei der Psychose folgt auf die anfängliche Flucht eine aktive Phase des Umbaues, bei der Neurose auf den anfänglichen Gehorsam ein nachträglicher Fluchtversuch. Oder noch anders ausgedrückt: Die Neurose verleugnet die Realität nicht, sie will nur nichts von ihr wissen; die Psychose verleugnet sie und sucht sie zu ersetzen.“ (S. Freud 1924, S. 365)

Psychosen stellen die Interaktion eines Individuums mit seiner sozialen Umwelt grundsätzlich in Frage, während Neurosen nur partielle Störungen implizieren.
Die Schizophrenie umfaßt etwa zwei Drittel der diagnostizierten Psychosen, die in Anstalten behandelt werden. Auf E. Kraepelins Anregung unterscheidet man im allgemeinen drei Hauptverlaufsformen: die Katatonie, die Hebephrenie und die Paranoia[3]. Obwohl diese Verlaufsformen im Syndrom ihrer Symptome zum Teil nicht übereinstimmen, gibt es den-

---

[3] In der psychiatrischen Fachliteratur werden diese Verlaufsformen oft noch weiter untergliedert.

noch Beschreibungen, die die verschiedenen Verlaufsformen der „schizophrenen Reaktion“ in ihren Gemeinsamkeiten kennzeichnen sollen. So zitiert etwa S. Arieti eine vielbenutzte Definition Blakistons:

"Schizophrenic reaction (is) one of a group of psychotic reactions, often beginning after adolescence or in young adulthood, characterized by fundamental disturbances in reality relationships and concept formations, with associated affective, behavioral and intellectual disturbances in varying degrees and mixtures. These reactions are marked by a tendency to withdraw from reality, inappropriate moods, unpredictable disturbances in stream of thought, regressive tendencies to the point of deterioration, and often hallucinations and delusions." (Arieti 1959, S. 455)

Gestört werden bei der Schizophrenie vor allem die Wahrnehmung, das Denken, das Sprachvermögen, die Affektivität, Verhaltensweisen und die Persönlichkeitsorganisation des Individuums insgesamt, dagegen weniger oder gar nicht das Bewußtsein, das Gedächtnis sowie die Intelligenz. Sehr entgegengesetzte Symptome können nebeneinander hergehen; so steht zeitweilige große Erregbarkeit neben lang andauernder Gleichgültigkeit, konkretistischer Wortgebrauch wechselt mit unverständlichen Metaphern.
Die Wahrnehmung wird durch Halluzinationen, die alle Sinne betreffen können, verändert. Dies geht mit wahnhaften Vorstellungen und Zwangsideen Hand in Hand, die das, was die soziale Umwelt als Realität anerkennt, mehr oder weniger umfassend, oft in sich außerordentlich stringent, uminterpretieren. Dem entspricht ein in seiner Logik nicht nachvollziehbares und daher irrational oder paralogisch genanntes Denken. Es erscheint sprunghaft, zerfahren, zirkulär und voller Widersprüche. Die Sprache des Schizophrenen spiegelt seine Art, Gedanken zu führen, wider. Sie schwankt zwischen dem Gebrauch von Begriffen im allerwörtlichsten Sinne und nicht mehr durchschaubaren Metaphern. Wörter werden neu gebildet, um bislang angeblich nicht ausdrückbare Erfahrungen vermitteln zu können. Aber es gibt auch zusammenhanglosen „Wortsalat“, Stammeln, Sprachträgheit und monatelanges völliges Verstummen.
Auch im affektiv-motivationalen Bereich reagieren die Schizophrenen nicht normal. Sie sind oft sehr sensibel und reizempfänglich, daneben aber auch interesselos, stumpf und gleichgültig. Ihre Stimmung ist labil. Plötzliche Ausbrüche wechseln mit dumpfem Vor-sich-Hinbrüten ab. Alle Kontakte zu anderen sind schwierig, zumal der Schizophrene vielen Personen extrem ambivalent gegenübersteht. Er vermag sie nicht abwägend zu beurteilen und kann sich nicht auf sie einstellen.
Vor allem die katatone Verlaufsform kennt eine Reihe von motorischen und Verhaltensstörungen. Es gibt Schizophrene, die wie ein Automat alles

ausführen, was ihnen aufgetragen wird, andere, die ebenso zwanghaft das jeweilige Gegenteil tun. Katalepsie und Stupor sind Starrezustände, in denen der Schizophrene seine Glieder nicht bewegt und auf Ansprechen und Umweltveränderungen nicht reagiert. In anderen Fällen treten Wiederholzwänge auf. Daneben stehen Zustände der Übererregbarkeit, die sich bis zu Gewalttätigkeiten steigern können.

Auf eine mangelhaft integrierte Persönlichkeitsstruktur bezieht sich die Bezeichnung der Schizophrenie als „Spaltungsirresein". Die „Spaltung der Persönlichkeit" äußert sich in oft plötzlich einsetzendem, verändertem Auftreten der Person, in widersprüchlichen oder wechselhaften Identifikationen, in Doppelgängererlebnissen und in „Entfremdungsgefühlen", in denen die Person sich selbst, ihre Gedanken und Gefühle, ihr Ich oder Teile ihres Körpers als ihr fremd erfährt[4].

Diese Symptome, die — vor allem je nach Verlaufsart der Schizophrenie — in unterschiedlichen Kombinationen auftreten, lassen sich unschwer als Kommunikations- und Interaktionsstörungen des Individuums interpretieren. Der Schizophrene ist offenbar unfähig, komplementäre Rollenbeziehungen zu unterhalten, da er seine Absichten, Erfahrungen und Bedürfnisse nicht unter Berücksichtigung der Erwartungen seiner Interaktionspartner zu artikulieren vermag. Gleichgültig, ob er sich von den anderen zurückzieht oder ob er erregt auf sie einzuwirken versucht, in jedem Fall ist sein Verhältnis zur sozialen Umwelt unangemessen und für Interaktionsbeziehungen nicht förderlich. Er definiert die Situation anders als sein Partner; er läßt sich nicht auf Diskussion und Revision seiner Interpretationen ein; er weigert sich, seine Interpretationen und Definitionen mit Hilfe allgemeiner Sprachmittel den anderen zu übersetzen. Er ist entweder in seinem Verhalten — zum Beispiel bei Befehlsautomatie, Stereotypen oder Negativismus — voll vorausberechenbar oder vereitelt jede Antizipation seiner Reaktion, zum Beispiel durch Wechsel von Identifikationen. Beides sind Strategien, sich der Kontrolle durch andere zu entziehen, denn in beiden Fällen ist das Individuum als Identität nicht erkennbar. Freilich ist der Betreffende selbst auch nicht in der Lage, andere gezielt in Interaktionen zu beeinflussen, außer durch den Appell an bestimmte Interaktionsmuster bei anderen, wenn er demonstrativ die Rolle des Kranken, des Opfers oder des Verfolgten annimmt.

---

[4] Diese Aufzählungen schizophrener Symptome könnte noch durch Hinweise auf den oft sehr ungesunden, verfallenen oder ungepflegten körperlichen Zustand der Patienten ergänzt werden. Aber sogar die medizinischen Autoren stellen vor allem die „geistigen" Störungen in den Vordergrund. Das körperliche Erscheinungsbild des Schizophrenen scheint weitgehend von seinem geistigen Zustand abhängig zu sein.

Der Schizophrene leistet offensichtlich nicht die Integration seiner Beteiligungen an verschiedenen Interaktionssystemen in Form von Rollen, die er nebeneinander und nacheinander einnimmt. Er entwirft sich eine eigene Realität, in der er als eine bestimmte Person mit einem bestimmten Auftrag und in immer wieder derselben Rolle auftritt; wir beobachten aber auch, daß er sich allen Erwartungen unterwirft: Gescheiterte Versuche der Integration verschiedener Rollen und Identifikationen zeigen sich dann in Widersprüchlichkeiten, Zerfahrenheit und Sprunghaftigkeit des Denkens, Sprechens und Handelns.

Das Bild der Schizophrenie, das hier zu erkennen ist, bildet gleichsam das Negativ der in dieser Arbeit entwickelten Identitätsvorstellungen. Den Daten, die den Schizophrenieuntersuchungen zu entnehmen sind, braucht dazu keine Gewalt angetan zu werden. Auf eine kurze Formel gebracht: Dem Schizophrenen gelingt es nicht, in seinen Interaktionen eine balancierende Ich-Identität zu errichten, in der über divergierende Rollensysteme hinweg Erwartungen und Bedürfnisse interpretierend integriert und den Interaktionspartnern übersetzt werden. Seine Krankheitssymptome entsprechen in krasser Ausprägung den beiden Möglichkeiten, Ich-Identität zu verfehlen, sei es aus bewußter oder unbewußter Absicht, sei es aus Unfähigkeit.

Schizophrenie als eine Kommunikations- und Identitätsstörung zu interpretieren, ist keineswegs neu, denn die Symptome weisen sehr deutlich in diese Richtung. Außer den Forschungsteams Th. Lidz', L. C. Wynnes und G. Batesons, auf deren Untersuchungen noch ausführlicher eingegangen wird, haben schon vor Jahrzehnten vor allem N. Cameron, G. Devereux, E. M. Lemert, J. Ruesch, H. S. Sullivan und S. K. Weinberg, angeregt vor allem durch psychoanalytische, interaktionistische und kommunikationstheoretische Arbeiten, sich um soziologische beziehungsweise sozialpsychologische Analysen der schizophrenen Erkrankung bemüht[5].

Falls die schizophrenen Reaktionen als Kommunikations- und Interaktionsstörungen zu verstehen sind, liegt es nahe, die Schizophrenie als das Ergebnis eines Sozialisationsprozesses zu betrachten, in dem es nicht gelungen ist, dem Kind Fähigkeiten und Strategien für erfolgreiche Sozialbeziehungen zu vermitteln. Für die Annahme, daß soziale Faktoren für die Pathogenese der Schizophrenie verantwortlich sind oder mindestens an ihr mitwirken, scheinen die Ergebnisse ökologischer und schichtspezifischer Untersuchungen über die soziale Verteilung der Schizophrenie

[5] Cameron 1938; 1943; 1959; Cameron/Margaret 1951; Devereux 1939; Lemert 1951; Ruesch/Bateson 1951; Sullivan 1946; 1953; Weinberg 1950.

in der Bevölkerung zu sprechen[6]. Allerdings ist bis heute nicht recht geklärt, ob bei der in den Vereinigten Staaten für Städte recht eindeutig nachgewiesenen größeren Häufigkeit der Schizophrenie in Elendsvierteln, in der Unterschicht und in Bevölkerungsgruppen mit hoher sozialer und lokaler Mobilität die Krankheit als Ursache oder als Folge anzusehen ist, also ob etwa fehlende Sozialbeziehungen zu Schizophrenie führen können oder ob die Beziehungen abbrechen, weil der Schizophrene sie wegen seiner Erkrankung nicht aufrechterhalten kann. Kausale Einflüsse sind in beiden Richtungen denkbar und werden vermutlich auch in beiden Richtungen wirken[7]. Die ermittelten Korrelationen dürften unter kausalen Aspekten erst dann befriedigender zu interpretieren sein, wenn die soziologischen Forschungen die schizophrenogenen Faktoren genauer zu bezeichnen erlauben, denn die Verteilungsstudien geben darauf bestenfalls erste Hinweise.

Es kann in dieser Arbeit nicht versucht werden, die umstrittenen Probleme der Ätiologie der Schizophrenie und anderer geistiger Störungen aufzuhellen und die Argumente, die die Anhänger biochemischer, genetischer, psychogener und soziogener Erklärungstheorien vorbringen, mit der

---

[6] Erste Studien über die geographische und lokale Verteilung von Geisteskrankheiten erschienen zu Beginn des Jahrhunderts. Für die heutige Diskussion sind nach wie vor die Arbeiten der dreißiger Jahre wichtig, die vor allem durch das Vorbild der zahlreichen Veröffentlichungen Robert E. L. Faris' und H. Warren Dunhams geprägt wurden (zum Beispiel Faris/Dunham 1939).

Zur schichtspezifischen Verteilung: Die sichersten Urteile erlauben „prevalence studies", die die tatsächliche Häufigkeit erkrankter Personen in Wohnvierteln, Gesellschaftsschichten, Berufsgruppen oder ähnlichem zu einem bestimmten Zeitpunkt — möglichst einschließlich der Fälle, die nicht in ärztlicher Behandlung sind — zu ermitteln suchen (im Gegensatz zu „incidence studies", die sich auf die Anzahl der Erstaufnahmen von Kranken zur Behandlung innerhalb eines Zeitraumes stützen). Allerdings geben auch „prevalence rates" nicht unmittelbar an, welcher Anteil an Personen einer bestimmten Population während seines Lebens geisteskrank wird, weil die „prevalence rates" die unterschiedliche Krankheitsdauer nicht berücksichtigen können. Die Schichtzugehörigkeit wird mit Hilfe verschiedener Kriterien bestimmt. Einige Arbeiten beschränken sich auf eine einzige Statusdimension (zum Beispiel Beruf oder Einkommen). Für ein Überwiegen der Schizophreniefälle in der unteren Gesellschaftsschicht sprechen unter anderem Faris/Dunham 1939; Tietze u. a. 1941; Clark 1949; Hollingshead/Redlich 1953; 1958; Frumkin 1955; Pasamanick u. a. 1959; Srole u. a. 1962; Dunham 1965. Jaco 1960 stellte höhere Schizophrenieraten sowohl für niedrige als auch für hohe Berufs- und Ausbildungsränge fest. Keine signifikanten Unterschiede für die Verteilung nach Schichten (vor allem bei kleinstädtischen oder ländlichen Verhältnissen) stellten fest Clausen/Kohn 1959; Stein 1957; Primrose o. J.; Bremer 1951.

[7] Während frühere Arbeiten nur den Einfluß sozialer Verhältnisse auf die Schizophreniegenese verfolgten, sind in jüngerer Zeit einige Untersuchungen veröffentlicht worden, die belegen, daß die größere Schizophreniehäufigkeit in der Unterschicht auch aus sozialem Abstieg folgen kann, den die Erkrankung ausgelöst hat. Vgl. Dunham u. a. 1966; Dohrenwend 1966; Turner/Wagenfeld 1967. Ältere Arbeiten, die diese sogenannte „Drift-Hypothese" stützen, sind: Gerard/Houston 1953; Lystadt 1957. Zu gegenteiligen Ergebnissen kommen Lapouse u. a. 1956; Clausen/Kohn 1959.

notwendigen Ausführlichkeit zu diskutieren und zu kritisieren[8]. Immerhin waren die möglicherweise voreilig interpretierten Ergebnisse der Studien über ökologische und schichtspezifische Verteilung neben Arbeiten über die Auswirkungen instabiler Eltern auf die Sozialisation des Kindes der Anlaß für gründliche Untersuchungen der Strukturen und Prozesse in Familien, aus denen schizophrene Patienten stammen. Die Beobachtungen in diesen Familien zeigen, daß soziale Faktoren in der Pathogenese der Schizophrenie auf keinen Fall außer acht gelassen werden können, wenn sie auch vielleicht auf der Grundlage einer ererbten Konstitution mit biogenetischen Faktoren zusammenwirken. Da diese Studien in der Lage waren, zahlreiche der für die Schizophrenie typischen Störungen bestimmten Interaktionsmustern in Familien mit schizophrenen Mitgliedern zuzuordnen, sollen ihre Ansätze und wesentlichen Ergebnisse hier referiert werden. Es ist aus der Sicht des hier vorgetragenen Identitätskonzeptes interessant, daß das, was aus der Perspektive der Ich-Identität am Verhalten der Schizophrenen als defizient erscheint, sich im Rahmen der untersuchten familialen Kommunikations- und Interaktionssysteme als außerordentlich funktional erweist.

Die „schizophrenogenen" Familien zeichnen sich dadurch aus, daß sie versuchen, sich vor Kräften, die als Bedrohung des Familienlebens empfunden werden und Veränderungen in Einstellungen und Verhalten notwendig machen könnten, abzuschirmen. Alle Interaktionen der Familienmitglieder werden daher inhaltlich und formal streng geregelt. Dazu wird Realität umdefiniert und erlaubtes und nicht erlaubtes Verhalten genau festgelegt. Die Familien sind sichtbar bemüht, ein mühsam errungenes Gleichgewicht in ihren internen Beziehungen aufrechtzuerhalten. Sie trauen sich nicht zu, spontane und neuartige Erfahrungen sowie veränderte Anforderungen integrieren zu können. Tatsächlich fehlt ihnen die Fähigkeit dazu völlig[9].

Die Ursachen für die Ängste der Familienmitglieder, die diesen im allgemeinen gar nicht bewußt sind, werden von den Forschungsgruppen an verschiedenen Stellen vermutet: instabile Persönlichkeitsstrukturen oder schwere psychische Störungen bei den Eltern, ambivalente Gefühle dem

---

[8] Einen Überblick über den Forschungsstand in den beteiligten Disziplinen geben zwei sehr gute Sammelwerke: Causes of Mental Disorders 1959; Jackson 1960. Vgl. auch Kind 1965 und Berndt 1967.

[9] Untersucht wurden von Th. Lidz, L. C. Wynne und G. Bateson mit ihren Mitarbeitern insgesamt etwa 20 bis 30 Familien, und zwar außerordentlich intensiv (oft tägliche Beobachtungen, zahlreiche Messungen und Tests, Experimente, Diskussionen, therapeutische Sitzungen usw.) über lange Zeiträume — zumeist mehrere Monate — hinweg. Zur Ergänzung wurden noch weitere weniger gründliche Einzelfallstudien und Beobachtungen herangezogen.

Ehepartner oder den Kindern gegenüber oder mangelnde Fähigkeiten zur Interaktion wie etwa ungenügende Empathie. Die rigiden Rollenmuster, die das Familiensystem sichern sollen, werden durch angedrohte oder tatsächliche Feindseligkeiten und psychische Erpressungen — wie etwa „Liebesentzug" — aufgezwungen[10]. Es bleibt den Familienmitgliedern keine andere Wahl, als die Erwartungen der anderen zu übernehmen, ohne sie für sich neu zu interpretieren. Vielfach wird dafür auch kein Potential vorhanden sein, denn die repressiven Sozialisationsbedingungen in diesen Familien bieten keinem der Familienmitglieder Gelegenheit, Ich-Identität zu entfalten.

In vielen Fällen wird die Familie auf mannigfache Weise gegen Einflüsse der Umwelt geschützt, die die eingefahrenen Verhaltens- und Kommunikationsmuster in Frage stellen könnten. Die Familie stellt in diesem Falle nicht ein Subsystem der Gesellschaft unter anderen dar, denen die Familienmitglieder gleichfalls angehören, sondern existiert losgelöst als ein sich selbst voll genügendes Sozialsystem. Einige Autoren sprechen von symbiotischen Sozialbeziehungen innerhalb dieser Familien[11]. Sie zeichnen sich dadurch aus, daß die Familienmitglieder nur dann miteinander zu leben vermögen, wenn ihrer Kommunikation eine nicht angezweifelte Interpretation der Realität zugrunde liegt.

Wenngleich diese Familienstudien vor allem nach Erklärungen suchen, warum ein bestimmtes Familienmitglied bestimmte psychische Krankheitssymptome aufweist, wird doch deutlich, daß auch die anderen Familienmitglieder offenbar nur unter den restriktiven Verhältnissen stereotyper Verhaltensmuster frei von manifesten Persönlichkeitsstörungen bleiben.

---

[10] Rolle gilt in diesem Zusammenhang als ein von der Familie mit einer bestimmten Position verknüpftes Verhaltensmuster. Viele Soziologen, die mit dem Rollenbegriff arbeiten, würden derartige Verhaltensmuster nicht Rollen nennen. Sie meinen, daß das Verhalten der Familienmitglieder nicht so sehr Gegenstand von Definitionen anderer als vielmehr Ergebnis individueller Ausgestaltung und eingespielter Kompromisse angesichts der einmaligen Verhältnisse in bestimmten Familien ist. Jedoch beziehen sich die Verhaltenserwartungen in einer Familie durchaus nicht allein auf eine Person in ihrer Individualität. So werden zum Beispiel Rollen in Familien neu vergeben, wenn der bisherige Inhaber der Rolle ausscheidet. E. F. Vogel und N. W. Bell schildern eine Familie, in der ein anderes Kind in die Rolle des „Familiensündenbocks" gedrängt wurde, nachdem es dem ersten Spieler dieser Rolle gelungen war, der Familie zu entfliehen (Vogel/Bell 1963). P. Giovacchini berichtet von einem Ehepaar, das unter der Trunksucht des Mannes litt. Erstaunlicherweise begann die Frau zu trinken, nachdem der Mann diese Sucht überwunden hatte. Offenbar waren die Ehepartner nur in der Lage, unter den gewohnten Systembedingungen miteinander zu leben, nämlich wenn einer die Rolle des Anordnenden und einer die des Abhängigen übernahm. Vgl. Giovacchini 1958. Zur Kritik des Rollenbegriffs sei auf das 3 Kapitel verwiesen. Nach den dort entwickelten Vorstellungen handelt es sich in den hier darzustellenden familiären Interaktionssystemen durchweg um pathologisches Rollenhandeln.

[11] Zum Beispiel Lidz/Lidz 1952; Bowen 1960.

Beobachtungen, die diese Überlegungen bestätigen, führen M. Bowen sogar zur Annahme, daß der Ausbruch der Schizophrenie ein Prozeß ist, der sich über drei Generationen erstreckt. In ihm kumuliert sich die Unfähigkeit, Belastungen zu ertragen (Bowen 1960, S. 352 ff.).

Den psychischen Zusammenbruch erleidet im Regelfall eines der Kinder. Es ist das schwächste Mitglied der Familiengruppe. Wegen seiner großen Abhängigkeit von den Eltern kann es sich gegen Repression kaum wehren und sich den verhängnisvollen Einflüssen nicht entziehen. Besonders schwierig ist für einen jungen Erwachsenen, der in diesen rigiden Interaktionsstrukturen aufgewachsen ist, die Ablösung von der Familie, weil er durch ihre Isolation und ihre stereotypen Rollenmuster nicht auf die sich stets wandelnden Interaktionssituationen außerhalb der Familie vorbereitet wurde. Es sind auch Gründe genannt worden, warum die Eltern gerade ein bestimmtes Kind wählen, um sich Kompensation für ihre eigenen Schwächen und Ängste und für die ungelösten Probleme ihres Zusammenlebens zu verschaffen (Bowen 1960, S. 364 ff.).

Die Interaktionsstrukturen in den Familien, in denen es ein an Schizophrenie erkranktes Kind gibt, sind mit dem Hinweis auf rigide Rollenmuster noch nicht ausreichend gekennzeichnet. Es ist auffallend, daß die verschiedenen Forscherteams aufgrund intensiver Beobachtungen zahlreicher Familien unbeschadet unterschiedlicher theoretischer Ausgangspunkte zu weitgehend übereinstimmenden Urteilen über die Binnenstruktur dieser Familien gekommen sind. Th. Lidz und seine Mitarbeiter, die von psychoanalytischen Vorstellungen ausgehen, unterscheiden zwei Familienkonstellationen, die Fehlentwicklungen begünstigen: „Marital schism", Eheschisma, nennen Th. Lidz und seine Mitarbeiter einen Zustand der Familie, der durch ständigen Konflikt und sich wiederholende Trennungsdrohungen charakterisiert ist (Lidz u. a. 1957; 1963). Die Ehepartner haben keine gemeinsamen Probleme und ziehen aus den familialen Sozialbeziehungen keine Befriedigung. Die Interaktionen bestehen entweder aus offenen Feindseligkeiten oder aus Bemühungen, den Konflikt zu verdecken. Dabei versucht jeder Elternteil die Kinder für seine Seite zu gewinnen. Zugleich sollen die Kinder den Ehepartner als „Liebesobjekt" ersetzen. „Marital skew", Eheasymmetrie, liegt vor, wenn die Ehe zwar nicht von ständigen Konflikten erschüttert wird, jedoch die Interaktionsmuster der Familie von einem — oft psychisch gestörten — Familienmitglied beherrscht werden, zumeist von einer dominanten Mutter, der ein passiver Vater keinen Widerstand entgegenzusetzen vermag[12]. Hier lassen

[12] Th. Lidz und seine Mitarbeiter vermochten nachzuweisen, daß weibliche Schizophrene vermehrt aus „schismatischen", männliche häufiger aus „asymmetrischen" Familien stam-

sich auch die Untersuchungen über die Folgen überfürsorglicher („overprotective“) und aufdringlicher („intrusive“) Mütter — der nach F. Fromm-Reichmann „schizophrenogenen“ Mütter — für die psychische Entwicklung des Kindes in die Konzepte der Lidz-Gruppe integrieren[13]. Durch die Analyse der innerfamilialen Interaktionsprozesse wollen Th. Lidz und seine Mitarbeiter „Mechanismen“ aufdecken, die die persönlichen Eigenarten der Eltern in die psychischen Strukturen der Kinder übertragen. Die Entwicklung der Kinder ist für sie eine Folge der Interaktionsmuster innerhalb der Familie, die wiederum von den Interaktionsfähigkeiten der Eltern neben sozialstrukturellen Momenten abhängen. Die Interaktionsfähigkeit der Eltern ist ihrerseits ein Produkt von Interaktionserfahrungen vor allem in der eigenen primären Sozialisation. Die Lidz-Gruppe stellte durch ihre Familienbeobachtungen fest, daß die Interaktionsmuster sowohl in „schismatischen“ als auch in „asymmetrischen“ Familien keine wirkliche „Reziprozität“ im Rollenhandeln kennen, wie sie Lidz und seine Mitarbeiter in der „normalen“ Familie erwarten, denn „Fehlen derartiger Rollenreziprozität bedeutet ständige Entscheidungen, Selbst-Bewußtsein und Spannung“ (Lidz u. a. 1967, S. 597).
Das Bild, das Th. Lidz hier von der „normalen“ Familie entwirft, kann irreführen. Auch in diesen Familien bestehen diskrepante Erwartungen und unbefriedigte Bedürfnisse, die zu Konflikten und Auseinandersetzungen führen. Dies folgt mit Notwendigkeit aus den verschiedenen Rollen, die die Familienmitglieder einzunehmen haben. Th. Lidz unterschlägt das jedoch nicht. Er schließt sich T. Parsons Unterscheidung der Rolle des Vaters und der Mutter nach den Dimensionen „adaptiv-instrumental“ und „integrativ-expressiv“ an. Entscheidend für die Einheit der Familie sei, daß „jeder Elternteil, zusätzlich zur Erfüllung seiner eigenen Rolle, die Rolle des anderen durch sein Prestige, seine Macht und seinen emotionalen Wert für die anderen Familienmitglieder unterstützt“ (Lidz u. a. 1957, S. 597). Dies sei in schismatischen und asymmetrischen Familien nicht der Fall, weil es den Eltern nicht gelinge, ihre Verschiedenartigkeit noch in einer prinzipiellen Einheit der Ehepartnerkoalition aufgehen zu lassen.

(Noch Anm. 12)
men. Die viel häufigere Mutterdominanz gegenüber der selteneren Vaterdominanz beruht auf der in unserer Gesellschaft überwiegenden Aufgabenverteilung, die dem Vater entweder grundsätzlich wenig Platz im internen Interaktionssystem der Familie einräumt (häufig laut amerikanischen Studien in der Unterschicht; vgl. zum Beispiel Myers/Roberts 1959) oder ihm jedenfalls bei ehelichen Problemen als Ausweg anbietet, vermehrt außerfamiliale Rollen zu übernehmen und sich aus der Familie zurückzuziehen.

[13] Um nur einige Untersuchungen zu nennen: Tietze 1949; Mark 1953; Freeman/Grayson 1955; Alanen 1958. Einen kurzen Überblick über diese und andere Arbeiten zu diesem Thema bietet Kind 1965, insbesondere S. 207 ff. Der Ausdruck „schizophrenogene Mutter“ stammt von Fromm-Reichmann 1950.

Th. Lidz' Beschreibung schizophrenogener Familienverhältnisse zeigt, wie innerfamiliale Interaktionen vorzustellen sind, die die Solidarität der Ehepartner nicht grundsätzlich sprengen. Das Kind, das einen Wunsch hat, über dessen Erfüllung die Eltern sich nicht ganz einig sind, wendet sich an einen Elternteil, bei dem es glaubt, Erfolg haben zu können. Dieser Elternteil wird dem Kind nur soweit nachgeben, als dadurch nicht die „Ehepartnerkoalition" berührt wird. Wird diese geschädigt, verändert dies das Interaktionsmuster der Familie grundsätzlich. Alle Beteiligten sind dann nicht mehr in der Lage, die Möglichkeiten wechselnder Rollenbeziehungen in der Familie auszuspielen, sondern sind auf starre Beziehungen festgelegt. Aus den Beobachtungen der Familien mit schizophrenen Mitgliedern ist zu entnehmen, daß etwa die Mutter, die die solidarische Ehebeziehung zum Vater aufgegeben hat, nun auf das Kind als „Ersatz" für die Beziehung zu ihrem Mann angewiesen ist. Das Kind wiederum kann nicht mehr je nach Hoffnung auf Erfolg sich mit seinen Wünschen an Vater oder Mutter wenden, jedenfalls nicht, ohne für diesen Schritt sich den Zorn oder die Strafen des anderen Elternteils zuzuziehen, da der „Besitz" des Kindes nun umkämpft ist. Erst recht ist ihm dieses Balancieren zwischen den Eltern unmöglich, wenn ein Elternteil — zumeist die Mutter — das Interaktionssystem der Familie vollständig beherrscht.
Vom Kind aus betrachtet stehen ihm also die größen Möglichkeiten für erfolgreiche Interaktion dann zu Gebote, wenn bei Interaktion mit einem Elternteil dessen Solidarität mit seinem Ehepartner nicht verletzt wird. Das bedeutet, daß das Kind sich zwar in dieser Interaktion mit einer nur teilweisen Befriedigung seines Wunsches zufriedengeben muß, aber sich dafür offenhält, bei einer anderen Gelegenheit auch die Interaktion mit dem anderen Elternteil zu seinem Vorteil nutzen zu können. Wenn das Kind also fähig ist, diskrepante Erwartungen der Eltern und die damit gegebenen unterschiedlichen Möglichkeiten der Bedürfnisbefriedigung richtig einzuschätzen sowie eine teilweise Nichtbefriedigung zu ertragen, scheint es sich ein Höchstmaß von Bedürfnisbefriedigung insgesamt sichern zu können und darüber hinaus dazu beizutragen, daß das Interaktionssystem, das ihm diese Chancen bietet, bestehen bleibt. Genau das aber charakterisiert die Bedingungen für die Möglichkeit, Ich-Identität zu wahren: Fähigkeit zur Interpretation diskrepanter Erwartungen; Orientierung an diesen Erwartungen, ohne sie überzubelasten; Fähigkeit, trotz diskrepanter Erwartungen und nicht vollständiger Bedürfnisbefriedigung Interaktion aufrechtzuerhalten[14].

---

[14] Zugleich liefert die Beschreibung dieser Interaktionsmuster Hinweise für ein Sozialisationsmodell, in dem ein Kind Ich-Identität entwickeln kann. Voraussetzung ist dafür offen-

Sehr ähnlich faßt J. P. Spiegel die sozialen Beziehungen in Familien „mit emotional gestörten Kindern" (Spiegel 1957). Von den Familien mit psychisch erkrankten Kindern sagt er, daß in ihnen „die Kinder unvermeidbar in eine Situation von Konflikt oder fehlendem Gleichgewicht verstrickt werden, die zwischen den Eltern existiert". (Spiegel 1957) J. P. Spiegel schildert eine Familie, die nach der Terminologie Th. Lidz' in vielen ihrer charakteristischen Züge als „schismatisch" zu bezeichnen wäre. Sie repräsentiert jenen schismatischen Typ, in dem Konflikte verdeckt werden und somit die Koalition der Ehepartner nur vorgespielt wird. Während Th. Lidz und seine Mitarbeiter mehr hervorheben, daß Inzestwünsche und Aggressionen sowie Überschreitungen der Generationsgrenzen innerhalb der Familie das Interaktionssystem bedrohen, betont J. P. Spiegel besonders die Bedeutung der Rigidität der Rollenstruktur, also eines mehr formalen Moments, als Belastung für die innerfamiliale Interaktion. Es gebe zwei Wege, Rollenkonflikte zu lösen: Techniken der „Rolleninduktion" und der „Rollenmodifikation". Im ersten Fall übernimmt der eine Partner die ihm angesonnene Rolle, weil er zustimmt, sich unterwirft oder überzeugt wird. Im anderen Fall interpretieren beide beziehungsweise alle Rollenpartner ihre Erwartungen neu und suchen in wechselseitiger Übereinstimmung nach Komplementarität.

"Although the distinction may be somewhat vague, induction techniques are founded on manipulative and instrumental procedures, while modification techniques are based on insight and communicative procedures." (Spiegel 1957, S. 10) "Induction is primarily defensive. The disequilibrium is warded off, but it is always likely to crop up again. It is an unsettled problem to the system; and the resolution of the strain is more apparent than real. In this way the role conflict becomes internalized by the members of the family and is likely to be productive either of a neurotic symptom or of difficulties in interpersonal relations." (Spiegel 1957, S. 16)

Der Rigidität der familialen Rollenstruktur, die Konflikte bestenfalls zu verdrängen, jedenfalls nicht in offener Auseinandersetzung über Erwartungen und durch deren Modifikation zu lösen vermag, schreibt auch M. Bowen zu, daß sie Pathologien hervorbringen kann (Bowen 1959; 1960). Er und seine Mitarbeiter nennen den Zustand, in dem sie die Familien mit schizophrenen Mitgliedern antreffen, „emotionale Scheidung" (Bowen 1960, S. 354 ff.). Eine Rollenbeziehung kommt nur zustande, indem ein

---

(Noch Anm. 14)
bar, daß das Kind im Interaktionssystem der Familie, in das es schrittweise voll integriert wird, dargestellt sieht, wie angesichts divergierender Erwartungen dennoch reziprokes Verhalten möglich ist, ohne daß die einigende Solidarität der Ehepartner untereinander beziehungsweise der Familienmitglieder insgesamt zerstört wird.

Ehepartner trotz seiner Unfähigkeit zu zwischenmenschlicher Kommunikation die Position des voll Verantwortlichen im Familiensystem übernimmt, während der andere sich in die Position des Hilflosen und Abhängigen begibt („overadequate — inadequate reciprocity"). Diese Konstellation entspricht dem von Th. Lidz als asymmetrisch bezeichneten Familientyp. Da die Ehepartner sich selbst auf starre Interaktionsmuster festlegen und nicht ihre Erwartungen aneinander angleichen, wird auch ihren Kindern nicht die Möglichkeit geboten, divergierende Erwartungen im Rahmen der Familie zu entdecken und aufzuarbeiten.

Es fällt auf, daß einerseits die „emotionale Scheidung" große Distanz der Ehepartner voneinander bedeutet, da sie nach den Beobachtungen M. Bowens arm an gemeinsamen Gefühlen, Gedanken und Erfahrungen sind, andererseits aber die Ehepartner in einem scheinbar fugenlosen Interaktionssystem stecken, das oft äußerlich harmonischer anmutet als das einer Ehe mit Diskussion und stets neuer Anpassung an gegenseitige Erwartungen. Tatsächlich kennt das System keine Brüche, jedoch nur deshalb nicht, weil die Ehepartner ihre divergenten und in ihnen Angst hervorrufenden Bedürfnisse verdrängen, vor allem indem sie sie auf die Kinder projizieren. Diesen bleibt folglich nicht nur die Möglichkeit vorenthalten, Erwartungsdiskrepanzen aufzuarbeiten, sondern sie werden zugleich von den Eltern in Positionen gelenkt, die zur Ableitung des Konfliktstoffes dienen sollen, der sich durch die wenig die jeweiligen Bedürfnisse der Beteiligten berücksichtigenden Interaktionen ständig vermehrt. Sowohl eine konsistent rigide Rolle als auch eine inkonsistente, aber in ihrer Widersprüchlichkeit nicht aufklärbare Rolle der Kinder kann auf diese Weise der Erhaltung des familialen Interaktionssystems dienen. Der Versuch, aus diesen Rollen auszubrechen, wird besonders heftig bestraft, denn er würde die anderen Familienmitglieder zwingen, sich verdrängten Wünschen zu stellen, persönliche Beziehungen zu klären und die Offenheit von Interaktionen zu ertragen. Als Beispiele für Rollen, in die Kinder gesteuert werden, können der „Familienquälgeist" bei J. P. Spiegel, der „Sündenbock" in einer von E. F. Vogel und N. W. Bell geschilderten Familie und der personifizierte „Familienmythos gegenseitiger Liebe und Loyalität" in einer Krankengeschichte, die uns P. Lomas darstellt, dienen (Spiegel 1957; Vogel/Bell 1960; Lomas 1961). Auf die Rolleninkonsistenzen weisen besonders die Beobachtungen der Lidz-Gruppe hin. Th. Lidz beschreibt das Familienmilieu seiner schizophrenen Patienten als

"... filled with inconstencies, contradictory meanings, and denial of what should be obvious. Facts are constantly being altered to suit emotionally determined needs ... The acceptance of mutually contradictory experiences requires paralogical thinking." (Lidz 1963, S. 96)

Die Kinder ertrugen die ihnen zugemuteten Rollen zum Teil nur eine gewisse Zeit und zeigten dann manifeste psychische Störungen. P. Lomas' Patientin vermochte die Probleme der Loslösung vom Elternhaus als junge Erwachsene nicht zu bewältigen.

Es wäre zwar falsch, diese Kinder nur als passive Opfer des familialen Interaktionssystems zu sehen, denn dann würde unterschlagen, daß sie selbst — als Erwachsene oft sogar bewußt — aktiv dazu beitragen, es zu erhalten. Aber sie sind dazu gezwungen, weil sie Interaktionen nur unter den in ihren Familien gegebenen Bedingungen aufrechterhalten können, nicht aber, wenn die einer Interaktion zu unterlegende Bedeutung offen ist und erst kommunikativ ermittelt werden muß. Sie haben nur gelernt, sich in den ihnen zugewiesenen Verhaltensmustern zu bewegen.

Auch L. C. Wynne und seine Mitarbeiter stießen bei ihren Schizophrenieforschungen auf Familien, die scheinbar harmonisch interagieren, aber tatsächlich in einem „stereotypen" Rollensystem stecken, das Diskussion über diskrepante Interaktionen und Kommunikation über den Ausgleich divergierender Bedürfnisse nicht zuläßt (Wynne u. a. 1958; Ryckoff u. a. 1959). Wynne und seine Mitarbeiter unterscheiden Rollenbeziehungen nach der in ihnen bestehenden Komplementarität der Interaktion. Neben „Gegenseitigkeit" und „Nicht-Gegenseitigkeit" sei „Pseudo-Gegenseitigkeit" („pseudo-mutuality") eine häufig anzutreffende „Lösung" bei problematischen Sozialbeziehungen innerhalb von Familien. Sie zeichnet sich dadurch aus, daß die Partner sich an die Überzeugung klammern, eine soziale Beziehung voller Gegenseitigkeit bestehe tatsächlich, obwohl dies nicht zutrifft. Diese illusionäre Überzeugung kann aus verschiedenen Gründen aufrechterhalten werden: Das Individuum ist in besonderer Weise auf diese Beziehung angewiesen oder fürchtet die Isolation — vor allem, wenn es schon viele Enttäuschungen in Interaktionen erlebt hat. Dieser übermächtige Wunsch, auf jeden Fall eine soziale Beziehung voller Gegenseitigkeit zu unterhalten, führt nach L. C. Wynne und seinen Mitarbeitern zu der dominierenden Beschäftigung mit dem Problem, in voller Übereinstimmung mit dem Partner zu leben. Sie läßt nicht zu, daß die Interaktionspartner eigene Identität entfalten und sich gegenseitig auch in ihrer Verschiedenheit anerkennen, wie es in Beziehungen mit tatsächlich bestehender voller oder weitgehender Gegenseitigkeit der Fall ist. Die Autoren weisen ferner darauf hin, daß — im Gegensatz zu wirklichen Gegenseitigkeitsbeziehungen — bei Pseudo-Gegenseitigkeit die Partner konsequenterweise nicht in der Lage sind, Veränderungen in den gegenseitigen Erwartungen, die in jeder sozialen Beziehung auftreten, zu berücksichtigen. Die Partner empfinden die Weiterentwicklung von Erwartungen, die zu zeitweiliger, vermutlich sogar ständig zu einem gewissen Maß an Nichtübereinstimmung zwischen den Interaktionspartnern führt, als eine Bedrohung ihrer sozialen Beziehung. Daher wenden sie ihre Aufmerksamkeit nicht sich wandelnden Erwartungen, sondern dem Gefühl wechselseitiger Erfüllung von Erwartungen zu.

"The relation which persists can then neither be given up, except under very special or dire circumstances, nor be allowed to develop or expand. It is highly invested, often intensely charged emotionally, but at the same time constricts growth and impoverishes any sort of freshness of interpersonal experience. Ambivalence is inevitable in such relations that have the appearance of offering much on one level that is not confirmed on other levels. Without mutual perception and recognition of the identity of each person appropriate to the current life situation, the continuing relation increasingly becomes subjectively empty, barren, and stifling. Positive aspects of the relation cannot be explored and expanded; what outside observers might regard as coercive or manipulative negative aspects are interpreted within the relation as simply part of the effort to dovetail more fully with one another." (Wynne 1958, S. 207)

Das wichtigste Merkmal, das die Familienverhältnisse mit „Pseudo-Gegenseitigkeit" charakterisiert, ist also wiederum, daß die Verschiedenheit von Erwartungen und Ich-Identitäten sich in ihnen nicht entfalten kann. Wynne und seine Mitarbeiter betonen an vielen Stellen, daß das Interaktionssystem dieser Familien nicht zulasse, diese Divergenzen zum Ausdruck zu bringen. Das — rein äußerlich betrachtet funktionierende — Interaktionssystem geht vielmehr an allen Problemen der beteiligten Personen vorbei, so unabweisbar sie scheinen mögen. P. Lomas schreibt zum Beispiel, daß seine Patientin, die die gegenseitige Liebe ihrer Familie symbolisieren mußte, als Baby von ihren Eltern bereits wie ein älteres Kind behandelt wurde, später aber dann nicht erwachsen sein durfte, sondern sich nach wie vor wie ein Kind in der Latenzperiode verhalten mußte (Lomas 1961).

Veränderungen in den Anforderungen werden also nicht berücksichtigt, tatsächlich vorhandene Konflikte nicht ausgetragen; Einigkeit wird vorgespielt, obwohl sie nicht besteht; die Identität der Interaktionspartner fließt in das Interaktionssystem nicht ein. Es wird auf ein starres Muster festgelegt, das Interaktion gleichsam ohne die beteiligten Personen ablaufen lassen kann. Das rigide Rollensystem, das divergierende und sich wandelnde Erwartungen nicht berücksichtigt, läßt überhaupt nicht zu, daß Ich-Identität aufgebaut wird. Um die vorgespiegelte Komplementarität von Erwartungen nicht zu gefährden, wird den Interaktionspartnern nicht gestattet, in die familialen Rollenbeziehungen Informationen einzuführen, die eine etwaige Beteiligung an anderen Interaktionssystemen oder unbefriedigte Bedürfnisse betreffen. Es gibt daher in diesem Familiensystem keinen Grund, zwischen verschiedenartigen Erwartungen zu balancieren, weil von vornherein nur ganz bestimmte, vorab definierte Erwartungen für relevant erklärt werden. Diese familialen Rollensysteme täuschen gänzlich unerfüllbare Möglichkeiten für Interaktion vor, denn sie leugnen, daß es nie vollen Konsens über Erwartungen geben kann und daß Bedürfnisse der Beteiligten stets nur zum Teil durch die Interaktionsbeziehungen erfüllt werden können. Damit zwingen sie die Familienmitglieder, sich zu verstellen. Die Entwicklung jener Fähigkeiten, die Ich-Identität zu wahren helfen, ist in diesen Familien behindert, da hier nicht gelernt werden kann, mit divergierenden Erwartungen umzugehen und in Auseinandersetzung mit den Erwartungen anderer für ein erträgliches Verhältnis von Bedürfnis und Befriedigung zu sorgen.

L. C. Wynne und seine Mitarbeiter beschreiben die Schwierigkeiten, Ich-Identität zu gewinnen und zu wahren, als Unfähigkeit des Individuums, vorgegebene Rollenmuster so zu benutzen, daß es sich selbst in ihnen darstellen kann:

"The crucial area, in which the success or failure of the attempted achievement of identity lies, is the relation of the individual to the role. The taking of a variety of roles is a form of experimental learning of what can or cannot be done, of what does or does not fit with the expectations of others. Roles provide the individual with techniques of getting along, of a continuing consciousness of himself in relation to others, of the position he occupies in the social situation; but, somewhat paradoxically, the ultimate value of these achievements depends on a movement which carries the individual beyond role learning. This movement is the separation of the individual from his roles, the capacity to gain a critical distance — the separation of the observing ego from roles — which makes possible the selection, rejection, and modification of roles, and their integration into a unique identity." (Ryckoff u. a. 1959, S. 94)

Die psychisch gestörten Mitglieder der von der Wynne-Gruppe untersuchten Familien erlagen schließlich den nicht mehr zu unterdrückenden und dann nicht zu vermittelnden Diskrepanzen von Erwartungen und Bedürfnissen. Gegen diese bedrohlichen Diskrepanzen versuchen sich die Familienmitglieder dadurch zu schützen, daß sie die an sie gerichteten Erwartungen voll übernehmen, Bedürfnisse zu übergehen versuchen und Inkonsistenzen nicht zum Gegenstand der Erörterung machen. Dies führt dazu, daß die Partner dieser Interaktionssysteme einerseits sich ganz an ihre Rollen klammern, aber andererseits zugleich auch unter Gefühlen völliger Leere und Bedeutungslosigkeit leiden (Wynne/Singer 1964). Wynne und seine Mitarbeiter haben gezeigt, daß diese Interaktionsmuster die Konzentration von Aufmerksamkeit, die Kommunikation über Bedeutung und die Konsequenz von Gedankenabfolgen untergraben (Wynne/Singer 1965). Was sie schildern, entspricht in vieler Hinsicht den Lidzschen Ausführungen über Irrationalität und paralogisches Denken in den Familien Schizophrener.

Obwohl G. Bateson und seine Mitarbeiter mit ihrer Schizophrenieforschung von anderen Theorien aus Erklärungen suchen, fügen auch ihre Ergebnisse sich in den hier dargestellten Zusammenhang von Identitätsstörung und Interaktion ein (Bateson 1955; Bateson u. a. 1956). Die Gruppe um G. Bateson gründet ihre Auffassung der Pathogenese von Schizophrenie auf eine Kommunikationstheorie, die von Aussagen B. Russells über die verschiedenen Abstraktionsebenen logischer Begriffe ausgeht. Nach B. Russell könne eine Klasse nicht Mitglied ihrer selbst sein, noch könne ein Mitglied der Klasse die Klasse sein:

"Although in formal logic there is an attempt to maintain this discontinuity between a class and its members, we argue that in the psychology of real communications this discontinuity is continually and inevitably breached, and that a priori we must expect a pathology to occur in the human organism when certain formal patterns of the breaching occur in the communication between mother and child." (Bateson u. a. 1956, S. 173)

G. Bateson und seine Mitarbeiter wollen mit Hilfe der Russellschen Unterscheidung von „logischen Typen" belegen, daß eine Verständigung auf einer dritten Kommunikationsebene, eine „Metakommunikation", notwendig ist, um inkongruente Aussagen in ihrem Bezug klären zu können. Daher sehen sie es als besondere Voraussetzung für effektive Kommunikation in der Alltagssprache an, daß die Partner in der Lage sind, durch „Signale", die einem anderen „logischen Typ" als die manifestierten inhaltlichen Mitteilungen angehören, zu kennzeichnen, wie eine Nachricht verstanden werden soll, und daß sie ebenso imstande sind, die „Signale" anderer richtig auszuwerten. Die „Signale" zeigen an, was tatsächlich gemeint ist: ob die Aussage wörtlich zu verstehen ist oder nur im übertragenen Sinne, ob das Gegenteil richtig ist oder es sich gar nur um inhaltsleere Floskeln handelt. Jemand sagt zum Beispiel: „Ich ärgere mich maßlos!" Er deutet aber durch den Tonfall oder eine Geste an, daß diese Aussage nicht ernst zu nehmen ist: er macht nur Spaß, er ist ironisch, er ahmt eine andere Person nach.

Ohne diese Fähigkeit, Mitteilungen zu qualifizieren und wieder zu entschlüsseln, ist nach Ansicht G. Batesons und seiner Mitarbeiter Interaktion, in der jeweils der von den Beteiligten unterlegte Sinn erst expliziert werden muß, nicht vorstellbar; denn — wie J. Haley, ein anderes Mitglied der Gruppe, ausgeführt hat — Kommunikationen sind Versuche, soziale Beziehungen zu definieren und Verhalten zu kontrollieren (Haley 1959 a).

Dem Schizophrenen fehlen nach den Beobachtungen der Bateson-Gruppe diese Fähigkeiten ganz oder wenigstens teilweise:

"He has difficulty in assigning the correct communicational mode to the message he receives from other persons. He has difficulty in assigning the correct communicational mode to those messages which he himself utters or emits nonverbally. He has difficulty in assigning the correct communicational mode to his own thoughts, sensations, and percepts." (Bateson u. a. 1956, S. 174)

Diese Schwierigkeiten der Kommunikation und Interaktion illustriert die Gruppe mit instruktiven Beispielen. Da besuchte zum Beispiel eine Mutter ihren Sohn, der von einer Schizophrenie weitgehend wieder genesen schien. Als er aus Freude über das Wiedersehen seiner Mutter den Arm um die Schulter legte, wurde sie sehr kühl und förmlich. Als er daraufhin seinen Arm wegnahm, fragte sie jedoch, ob er sie denn gar nicht gern habe. Nun errötete er. Sie kommentierte: „Mein Lieber, du darfst nicht so leicht verwirrt sein und vor deinen Gefühlen Angst haben." Der Patient hielt es nur einige Minuten bei seiner Mutter aus und erlitt dann einen beträchtlichen Rückfall (Bateson u. a. 1956, S. 181).
Das Dilemma dieses jungen Mannes bestand offensichtlich darin, daß seine Mutter einerseits Gefühle der Zuneigung zurückwies, sie andererseits aber wieder forderte. Wofür auch immer er sich entschied, auf jeden Fall mußte er damit die Beziehung zu seiner Mutter gefährden. Die Widersprüche wären leicht auflösbar, wenn der Sohn seine Mutter fragen könnte, warum sie sich inkonsistent verhält. Tatsächlich leugnet die Mutter jedoch jeglichen Widerspruch und läßt eine Kommunikation auf dritter Ebene — „Wie meinst du das?" — nicht zu. Die Sozialisationsbedingungen haben nach Ansicht der Bateson-Gruppe dem Kind die Entwicklung der Fähigkeiten, die eine Auflösung von Widersprüchen ermöglichen, vorenthalten. Die Angst vor Liebesverlust, gleichgültig für welche Handlungsalternative es sich entscheidet, läßt es panisch reagieren.
Interaktionsvorgänge, in denen Mitteilungen, die sich gegenseitig ausschließen, an einen Adressaten gerichtet werden, der die Widersprüche weder auflösen noch sich ihnen entziehen kann, sind von G. Bateson und seiner Gruppe als „double bind"-Situationen bezeichnet worden[15]. Die Autoren beschreiben diese Situationen als ein System einander widersprechender Verbote. Dem „Opfer" — etwa dem Kind im Sozialisationsprozeß — wird ein erstes Verbot auferlegt, für dessen Übertretung ihm

[15] P. Watzlawick berichtet, daß „double bind" ins Deutsche mit „Beziehungsfalle" (Stierlin) und „Zwickmühle" (Loch) übersetzt wurde. Vgl. Watzlawick 1963. Diese Übertragungen treffen nicht schlecht, wenngleich sie einen etwas anderen Akzent setzen.

Strafe angedroht wird[16]. Dies Verbot steht jedoch im Widerspruch zu einem zweiten auf einer anderen Kommunikationsebene, bei dessen Verletzung gleichfalls gestraft wird. Das erste Verbot ist von der Art „Tue das oder das nicht, sonst werde ich dich bestrafen!", das zweite — wie die Autoren meinen, sehr oft mit nichtverbalen Mitteln ausgedrückte — Verbot könnte etwa lauten: „Sieh mein Handeln nicht als eine Strafe an!", „Sieh mich nicht als den an, der dich straft!", oder sogar: „Halte dich nicht an meine Verbote!" Ein drittes Verbot kommt noch hinzu, das dem „Opfer" untersagt, die Situation zu verlassen. Für ein Kind ist das eine Selbstverständlichkeit, die zugleich darauf aufmerksam macht, wie verheerend gerade „double bind" im Sozialisationsprozeß auf die Entwicklung des Kindes wirken muß. Die einzige Fluchtmöglichkeit ist der psychische Zusammenbruch.

Die Grundzüge dieser Analyse der „double bind"-Situationen wurden auch in späteren Fassungen, in denen die Bateson-Gruppe diese inkongruenten Interaktionsstrukturen beschreibt, beibehalten. Vor allem wurde das Konzept, das ursprünglich an Mutter-Kind-Beziehungen entwickelt worden war, auf weitere Interaktionssituationen übertragen. Nach J. H. Weakland läßt sich das Grundmuster des „double bind" auch in den Beziehungen zwischen Vater, Mutter und Kind beobachten (Weakland 1960). In diesem Fall geben zumeist Vater und Mutter dem Kind widersprüchliche Mitteilungen und leugnen zugleich deren Inkonsistenz beziehungsweise verbieten, sie aufzuklären. Aus der Blickrichtung der Bateson-Gruppe sichtet J. H. Weakland die Familienstudien der Lidz-Gruppe, der Wynne-Gruppe und M. Bowens und stellt fest, daß „marital schism" und „marital skew", „pseudo-mutuality" und „emotional divorce" sich auch als „double bind"-Situationen fassen lassen. Komplementarität, reziprokes Rollenverhalten, emotionale Wärme, enge soziale Beziehungen, Einigkeit der Ehepartner werden vorgespielt, obwohl es sie gar nicht gibt. Außerdem weist J. H. Weakland darauf hin, daß es „double bind" auch in zahlreichen Institutionen gibt. Er erinnert an die Arbeiten A. H. Stantons und M. S. Schwartz' über Nervenheilanstalten, in denen die verschiedenen Gruppen von Pflegepersonal über die Behandlung der Patienten recht unterschiedlicher Auffassung sein können, ohne diese Meinungsverschiedenheit miteinander zu diskutieren (Stanton/Schwartz 1954). Die Auseinandersetzung vollzieht sich ausschließlich auf der Ebene von differierenden Betreuungsmaßnahmen für die Patienten, denen oft noch als Krankheitssymptom angelastet wird, wenn sie sich gegen diesen latenten

---

[16] J. H. Weakland weist darauf hin, daß auch in diesem Kommunikationssystem das „Opfer" bald selbst das System aktiv mitträgt. Vgl. Weakland 1960.

Kampf zu wehren versuchen. Ein ähnlicher Konflikt kann zwischen der Familie des Patienten und dem Krankenhauspersonal bestehen (Fleck u. a. 1957). Neuere Materialien über „double bind"-Interaktionen — unter anderem eine sehr anregende Interpretation von E. Albees „Wer hat Angst vor Virginia Woolf?" — sind bei P. Watzlawick, N. Beavin und D. D. Jackson zu finden (Watzlawick u. a. 1967).

J. Haley weist darauf hin, daß eine Reihe von Symptomen, die bei Schizophrenen zu beobachten sind, ein sehr konsequentes Verhalten im Rahmen des hier beschriebenen Interaktionsdilemmas sind. Das Individuum, das einer „double bind"-Situation nicht entkommen kann, versucht der Strafe zu entgehen, indem es seine eigene Position, so weit es nur geht, im unklaren läßt. Es versucht, sich zu verstecken; es versucht, niemand zu sein. Dies kann das von allen Seiten mit negativen Sanktionen bedrohte Individuum auf zwei Wegen zu erreichen suchen: Es wird entweder stumm wie jener bei L. C. Wynne beschriebene Patient, der sich durch Katatonie dem ständigen Einreden seiner Mutter entzieht (Wynne u. a. 1958, S. 217). Oder es negiert unablässig seine eigenen Aussagen wie die beiden Schizophrenen, deren Gesprächsprotokoll J. Haley wiedergibt, oder wie die gesamte Familie eines an Schizophrenie erkrankten jungen Mannes, deren Kommunikationsstrukturen J. Haley an anderer Stelle analysiert (Haley 1959 a und b). Die Negation von Aussagen kann sich darauf beziehen, daß das Individuum leugnet, selbst etwas gesagt zu haben. Es war eine „fremde Stimme" oder es war das Individuum nur in einer bestimmten Rolle. Vielleicht versucht das Individuum sich auch hinter einem alias zu verbergen. Das Individuum kann ferner negieren, was es gesagt hat. Es hat alles vergessen, hat es anders gemeint oder widerspricht sich demonstrativ selbst im unmittelbar folgenden Satz. Sodann kann das Individuum leugnen, daß ein bestimmter Adressat gemeint war. Statt dessen war jemand nur in einer seiner Rollen angesprochen, oder das Individuum hat nur zu sich selbst gesprochen. Ferner kann das Individuum seine Aussage verkleiden. Es erzählt die Geschichte eines Freundes, der glücklicherweise die Abfahrt eines Schiffes, das auf dieser Reise unterging, versäumte, und meint, daß der Psychoanalytiker das nächste Mal pünktlich sein sollte. Halluzinationen, Dissoziationen, Wahnvorstellungen und der Realitätsrückzug, die zu den schizophrenen Symptomen zählen, lassen sich im interaktionistischen Rahmen nach J. Haley als Techniken zur Zerstörung kommunikativer Handlungsbeziehungen interpretieren.

Dieses Verhalten entspricht sehr deutlich dem zweiten der beiden aus der Analyse von Interaktionen abgeleiteten Auswege aus der Anstrengung balancierender Identität. Der eine bestand in dem Versuch, sich fest an eine Rolle oder sogar an alle geäußerten Erwartungen zu klammern, um den Schwierigkeiten ständiger Auseinandersetzung mit Diskrepanzen zu entgehen. Der andere lief darauf hinaus, sich allen Anforderungen zu verweigern, um den unvermeidlichen negativen Sanktionen doch zu entgehen. Dieser Strategie folgen die von Haley hier zusammengestellten Fälle. Welcher der beiden Wege gewählt wird, dürfte von biographischen Erfahrungen abhängen, vor allem von den Fähigkeiten, Inkonsistenz und Widerspruch wahrzunehmen, zu interpretieren und zu tolerieren, aber auch von Eigenschaften der Rollenbeziehung. Erkennt das Individuum gar keine Inkongruenz von Erwartungen, wird es vermutlich eher distanzlos in Rollen aufgehen. Bedeutet die Nichterfüllung widersprüchlicher Erwartungen dagegen, daß sehr unangenehme negative Sanktionen hingenommen werden müssen, so ist der Versuch, sich vollständig zurückzuziehen, wahrscheinlicher.

Die empirischen Untersuchungen über das Verhalten des Individuums in „double bind"-Situationen erlauben es, Folgerungen für das Identitätsproblem zu ziehen, weil „double bind" nicht ein seltenes, nur in sozialpathologischen Verhältnissen anzutreffendes Phänomen ist, sondern in zahlreichen Interaktionszusammenhängen auftritt, und zwar auch in Interaktionen, die relativ frei von Ängsten und Zwängen ablaufen. Eben dies hatte auch die Analyse der Bedingungen für erfolgreiche Interaktion ergeben. Jedes Individuum präsentiert sich in Interaktionen — wie beschrieben — unter Zugrundelegung von Erwartungen anderer, muß aber zugleich zur Wahrung seiner Identität und zur Sicherung des Fortgangs von Interaktion zeigen, daß es unter die Erwartungen der Rolle nicht voll subsumierbar ist. Es übernimmt sie und negiert sie zugleich. Ebenso muß es fähig sein zu erkennen, daß auch die Interaktionspartner allgemeine Erwartungen zwar akzeptieren, aber gleichfalls nicht voll auf sie festlegbar sind. Gegenseitige Erwartungen decken sich also nicht voll. Obwohl dies den Interaktionspartnern von vornherein bekannt ist oder jedenfalls im Verlauf von Interaktion immer wieder sichtbar wird, handeln sie, „als ob" diese Gemeinsamkeit der Erwartungen bestehe. Tatsächlich geht es hier nicht bloß um Inkongruenzen mehr allgemeiner Art, die nur in eingeschränktem Sinne als „double bind" zu bezeichnen wären, etwa indem man diesen Begriff auf lediglich kognitive Widersprüchlichkeit reduzieren würde[17]. Interaktion bei teilweiser Nichtübereinstimmung von Erwartungen — eine notwendige Konsequenz des Versuchs, Identität aufrechtzuerhalten — schließt vielmehr ein, daß Bedürfnisse der Interaktionspartner prinzipiell nicht voll befriedigt werden können und daß

[17] Mishler/Waxler 1965, S. 478, werfen der Bateson-Gruppe vor, sie fasse ihren Begriff nicht präzis genug.

somit die nicht aufhebbaren Erwartungsdiskrepanzen „negative Sanktionen“ mit sich bringen. Die Grundstruktur des „double bind“ ist also in den alltäglichen Interaktionsvorgängen wieder zu entdecken: Wie immer das Individuum zu handeln planen mag, es stößt auf Diskrepanzen und mangelhafte Bedürfnisbefriedigung.
Das Ergebnis der Analyse bedeutet also, daß die Schizophrenen nicht an einem seiner Struktur nach ungewöhnlichen Problem scheitern. Was sie im Gegensatz zu den „Normalen“ nicht bewältigen — sei es, weil die Diskrepanzen zu groß, die angebotenen Befriedigungen angesichts der Bedürfnisse zu gering sind, oder sei es, weil ihre Fähigkeiten nicht ausreichend entwickelt sind —, ist das Problem, das sich grundsätzlich jedem stellt: zu handeln, obwohl er in einem weder volle Übereinstimmung noch volle Bedürfnisbefriedigung gewährenden „double bind“ steckt.
Wenn das Individuum die Grundqualifikationen kommunikativen Handelns erworben hat, wird es sich weder zum Rückzug aus den nicht voll befriedigenden Interaktionen noch zu illusionärem Streben nach voller Komplementarität von Erwartungen und totaler Bedürfnisbefriedigung verleiten lassen. Es löst den „double bind“ vielmehr in der Weise produktiv auf, daß es ihn als Voraussetzung und Folge balancierender Identität begreift. Identität muß im Rahmen allgemein geteilter Erwartungen artikuliert, deren Unangemessenheit an die zu präsentierende individuelle Identität aber zugleich durch einen Kommentar verdeutlicht werden, der die erste Mitteilung teilweise wiederaufhebt, sie dadurch aber auch näher bestimmt. Nur auf diese Weise kann die Besonderheit der Ich-Identität einer bestimmten Person in Interaktionen für die Partner verstehbar signalisiert werden. An anderer Stelle wurde dargelegt, daß die Hinnahme einer partiellen Nichtbefriedigung von Bedürfnissen die Möglichkeit eröffnet, aus der Gesamtheit der Interaktionen ein hohes Maß an Bedürfnisbefriedigung zu ziehen, weil das Individuum sich nicht an der vergeblichen Mühe, in einer Rolle volle Bedürfnisbefriedigung zu erreichen, verbraucht.
Ich-Identität ist also die Rückzugsebene, auf der der „double bind“ seinen zerstörerischen Charakter verliert. Durch den Kontext an Interpretationen, den Ich-Identität schafft, können die widersprüchlichen Erwartungen eine interaktionsfördernde Bedeutung erlangen. Das von der Bateson-Gruppe in den Familien mit schizophrenen Patienten beobachtete Verbot, die „double bind“-Situation zu verlassen, sagt nichts anderes, als daß nicht nach der Identität der Beteiligten gefragt werden darf. Zugleich sind die Beteiligten genötigt, auf die Etablierung einer Identität zu verzichten. Damit bleiben die Widersprüche unvermittelbar stehen, und die unvollkommene Bedürfnisbefriedigung löst keine Umstrukturierung aus.

Im Gegensatz zur Bateson-Gruppe werden in dieser Analyse also die für Interaktion und Identität schädlichen Wirkungen nicht der Widersprüchlichkeit der „double bind"-Situation per se zugeschrieben, sondern dem Verbot, die Widersprüche zu interpretieren. Das Verbot wird aufgestellt, weil die Eltern selbst Identitätsprobleme haben — sei es, daß sie sich an rigide aufgefaßte Rollen klammern, sei es, daß sie jede Festlegung verweigern. Jedenfalls können sie sich offenbar einen Interpretationsprozeß, der ergeben könnte, daß ihrem Verhalten andere Bedeutungen unterliegen als die bislang behaupteten, nicht leisten. Zum Beispiel müßte dann die Mutter jenes fast wieder genesenen jungen Schizophreniepatienten sich mit ihren eigenen ambivalenten Gefühlen gegenüber ihrem Kind auseinandersetzen. Dies würde sehr mühsam nur gewahrte Realitätsinterpretationen bei ihr selbst gefährden.
Im Hinblick auf die Sozialisation der Kinder ist zu erwarten, daß das ständig aufrechterhaltene Verbot, die Inkongruenz von Erwartungen zu diskutieren und zu interpretieren, die Wahrung einer auch mit „double bind"-Inkongruenzen belastbaren Identität und damit zugleich die Fähigkeit zur Interpretation von „double bind"-Situationen verhindert.
Die Kommunikations- und Interaktionstheorie Batesons und seiner Mitarbeiter weist unmittelbar auf die Bedeutung des sprachlichen Mediums für die Aufrechterhaltung der Interaktion und Ich-Identität hin. Die Aufgaben, die diese der sprachlichen und außersprachlichen Kommunikation stellen, verlangen das Zusammenwirken der beiden von J. Habermas eingeführten Dimensionen des „analytischen" und des „reflexiven" Sprachgebrauchs (Habermas 1966, S. 3 f.). Wie bereits ausgeführt, bemüht sich der „analytische" Sprachgebrauch um die eindeutige Formulierung der Situationsinterpretation und um die Klärung von Widersprüchen, stößt aber angesichts der dialoghaften Struktur des Interaktionsprozesses an prinzipielle Grenzen, die seiner En- und Decodierungsleistung gesetzt sind. Aus den vorgelegten Schizophrenieuntersuchungen wird besonders deutlich, daß die Beherrschung des „reflexiven" Sprachgebrauchs notwendig ist, um „paradoxe Kürzel" (Habermas) für die Darstellung der „double bind"-Struktur von Interaktionssituationen einsetzen und die zu behauptende Ich-Identität den Interaktionspartnern signalisieren zu können. Gerade die sprachlichen Krankheitssymptome der Schizophrenen zeigen noch einmal, daß zwar einerseits der „reflexive" Sprachgebrauch die Sterilität des „analytischen" Sprachgebrauchs für kommunikatives Handeln überwindet, aber andererseits der „reflexive" Sprachgebrauch auch der Kontrolle durch den „analytischen" bedarf, damit die Aussagen im „reflexiven" Sprachgebrauch nicht in esoterischer Metaphorik verschwimmen.

Auch die Ansätze der anderen Forschergruppen machen auf die besondere Bedeutung der Sprache aufmerksam. Th. Lidz und St. Fleck stellen fest:

"The foundations of language are established within the family. Whether the child gains trust in the utility and validity of verbal communication as a means of understanding and collaborating with others, or learns that words are in the service of fantasy rather than of problem solving, or are means of avoiding recognition of the obvious, or are used to blur or obfuscate, depends upon the nature of the intrafamilial communications." (Lidz/Fleck 1964, S. 20)

Auf das Interesse auch der Wynne-Gruppe an Sprach- und Denkstörungen wurde schon hingewiesen. Aus den von den Forschergruppen Lidz' und Wynnes bezeichneten Bedingungen für Rolleninteraktionen mit wirklicher Gegenseitigkeit lassen sich Folgerungen für die Art der sprachlichen Fähigkeiten ziehen, die diese kommunikativen Handlungszusammenhänge begleiten und kontrollieren. Ebenfalls aus der Perspektive dieser Arbeiten muß Sprache in der Lage sein, sich nicht deckende individuelle Erwartungssysteme mit Hilfe allgemeiner Symbole zu vermitteln.

Der Überblick über die Literatur, in der der Rolle sozialer Faktoren für die kausale Erklärung von Schizophrenie nachgegangen wird, hat trotz der Vielfalt theoretischer Ansätze in den Arbeiten der verschiedenen Forschungsteams auf die Grundprobleme der Interaktionsstrukturen verwiesen. Lidz' „fehlende Rollenreziprozität" in schismatischen und asymmetrischen Familien, Wynnes „Pseudo-Gegenseitigkeit" bei stereotypen Rollenstrukturen in der Familie und Batesons bei ungenügender Metakommunikation unauflösbarer „double bind" lassen sich dahin gehend interpretieren, daß kommunikatives Handeln nur dann möglich ist, wenn Interaktionspartner auch in Interaktionssituationen mit veränderten und inkongruenten Erwartungen in einer Weise sich zu präsentieren vermögen, die verdeutlicht, wie sie ihr Auftreten in dieser Situation mit ihren bisherigen und sonstigen Verhaltensweisen integrieren[18].

Die referierten Familienstudien ergeben, daß nicht nur die Ähnlichkeit zwischen dem schizophrenen Krankheitssyndrom und den als Kehrbild des vorgelegten Identitätskonzepts zu erwartenden Phänomenen gestörter

[18] H. F. Searles stellt die Unfähigkeit schizophrener Patienten dar, Veränderungen positiv einzuschätzen, und führt Konkretismus und Fragmentierung sowie Wahnvorstellungen im schizophrenen Denken und Verhalten auf den Versuch zurück, Wandel und Mehrdeutigkeit zu vermeiden, zum Beispiel, wenn eine Patientin den Therapeuten als zwei Personen, als einen „guten" und als einen „schlechten" Therapeuten, anspricht. Searles sieht die Ursache im rigiden Rollenverhalten, in das die Eltern das später schizophrene Kind gedrängt haben. Da die Eltern die entwicklungsbedingten Veränderungen des Kindes nicht akzeptieren und sogar ablehnen, wird das Aufwachsen des Kindes als Gefährdung der Beziehungen zu den Eltern erlebt. Oft werden innere Veränderungen zur Selbstverteidigung nach außen projiziert. Vgl. Searles 1961 a.

Identität, die zunächst als Grund für eine Beschäftigung mit der soziologischen und sozialpsychologischen Schizophrenieforschung genannt wurde, die Behandlung dieser Literatur rechtfertigt. Die in diesen Berichten geschilderten Interaktionsprobleme sind jedem aus eigener Anschauung und nicht zuletzt aus eigenem Erleben sehr wohl bekannt. Dies wird in den Darstellungen von Th. Lidz, L. C. Wynne, G. Bateson und ihren Mitarbeitern nicht recht deutlich, wahrscheinlich, weil ihr Augenmerk primär den sozialen Ursachen für Schizophrenie gilt und die Autoren von der völligen Leere der Familienbeziehungen, von den verhärteten Rollenstrukturen und den krassen Inkongruenzen in Kommunikationen und Verhalten bei den von ihnen untersuchten „Problem"-Familien überwältigt waren. Tatsächlich dürfte es jedoch sehr schwer sein, auch in „normalen" Familien die Grenze zwischen komplementären und „pseudo-gegenseitigen" Interaktionen, zwischen „schismatischen" Familienverhältnissen und wirklichen Ehepartnerkoalitionen sowie zwischen unaufgeklärten Kontradiktionen und produktiven „double bind"-Situationen zu ziehen.
Aber gerade dadurch werden die Aussagen dieser Schizophreniestudien interessant: Die Schizophrenen scheitern nach diesen Untersuchungen an Problemen, die der Struktur nach — gewiß zumeist nicht dem Umfang und der Intensität nach — alltäglich sind. Aus den Reaktionen der Schizophrenen und den schizophrenogenen Familienstrukturen ist daher ablesbar, was derjenige können muß, der an diesen Alltagsproblemen nicht scheitert, und welche Interaktionsstruktur ihm erlaubt, diese Fähigkeiten anzuwenden. Die aus diesen Studien zu ziehenden Folgerungen bestätigen die Ergebnisse der vorgelegten Interaktionsanalyse: Interaktion ist nur aufrechtzuerhalten, wenn die Interaktionspartner Erwartungen und Verhalten auf dem Hintergrund einer zu errichtenden Ich-Identität zu interpretieren vermögen. Die Ausbildung der Fähigkeiten, die mit der Wahrung einer je neu zu entwerfenden Ich-Identität in Interaktionen einhergehen, ist jedoch nur zu erwarten, wenn die Interaktionsmuster in der Familie sie provozieren. Schizophrene Störungen sind eine Umschreibung für die mangelnde Fähigkeit, Ich-Identität in Interaktionen aufzubauen und Interaktion dadurch zu erhalten. Die Untersuchungen belegen noch einmal, daß Ich-Identität kein sicherer Besitz des Individuums ist, sondern in jeder Interaktion gegen die Versuchung der Selbstaufgabe in Form schizoider Auflösung oder Erstarrung behauptet werden muß.

6. Ein möglicher Versuch empirischer Überprüfung des Identitätskonzeptes

Die in dieser Arbeit vorgelegten Konzepte reichen noch nicht aus, um das Verhalten von Individuen in kommunikativen Handlungsprozessen ohne weitere Zwischenschritte zu analysieren. Dafür sind verschiedene Gründe verantwortlich: Zum ersten gehören die Begriffe, die hier entwickelt wurden, einer Abstraktionsebene an, die keine unmittelbare Anwendung auf Verhalten erlaubt. Weder geht aus ihnen eindeutig hervor, wie einzelne Verhaltenssequenzen in der ununterbrochenen Abfolge der Interaktionsbeteiligungen des Individuums voneinander abgehoben werden können, noch läßt sich ohne zusätzliche Annahmen ableiten, welches kategoriale Schema für die Grundmuster von Verhaltensstrategien der Analyse dieser heraustrennbaren Einheiten zugrunde zu legen ist. Da gemäß dem Ansatz dieser Arbeit dem Handeln stets von vornherein ein intentionaler Sinn unterstellt wird, können behavioristische Versuche, Verhaltenselemente abzugrenzen und zu kategorisieren, kein Vorbild sein, weil in ihnen unterstellt wird, diese Unterscheidungen könnten auf einer „objektiven" Ebene getroffen werden.

Dieses Abgrenzungsproblem führt zu einem zweiten Mangel. Es fehlt die genaue Kenntnis des Regelsystems, das die Kommunikation von Interaktionspartnern beherrscht. Man könnte dieses Regelsystem in Analogie zum Regelsystem der Sprache eine „interpersonale Grammatik" (U. Oevermann) nennen, die enthält, in welcher Weise sprachliche und außersprachliche Symbolorganisationen im Rahmen von Dialogstrukturen eingesetzt werden. Diese Grammatik formuliert die allgemeinen Kommunikationsstrategien, mit deren Hilfe individuelle Besonderheit übersetzt werden kann. Sie sichert somit die Möglichkeit erfolgreicher Kommunikation angesichts „gebrochener Intersubjektivität" (J. Habermas). Daß es eine derartige „interpersonale Grammatik" gibt, nach der sich Dialoge richten, wird in jeder Kommunikationssituation sichtbar. Die Partner organisieren ihre Mitteilungen keineswegs nur nach den Regeln der sprachlichen Phonetik, Morphologie und Syntax, sondern wählen aus diesen Regeln im Hinblick auf die Einschätzung ihres Partners und unter Bezugnahme auf den Handlungskontext diejenigen aus, die ihnen die optimale Übermittlung einer bestimmten Aussage zu gewährleisten scheinen. Diese Beschreibung zeigt zugleich, daß die „interpersonale Grammatik" nicht nur für die Möglichkeit der Übersetzung individueller

Inhalte in Dialogsituationen sorgt, sondern daß ihre Kommunikationsregeln zugleich auch die Beziehung zwischen den Dialogpartnern definieren.
Drittens erfordert eine Analyse des individuellen Verhaltens in kommunikativen Handlungsprozessen die Kenntnis der subkulturspezifischen Deutungsmuster für Probleme und deren mögliche Lösung. Nur in Gegenüberstellung mit diesen in einem sozialen Milieu inhaltlich angefüllten Interpretationsschemata kann beurteilt werden, ob die Deutung, die ein Individuum seinem Verhalten angesichts ihm angesonnener, sozial sanktionierter Erwartungen gibt, wirksam die Behauptung einer Identität artikuliert oder nicht.
Obwohl diese Mängel nicht ohne weiteres zu beheben sind, scheint es dennoch möglich und notwendig, die in dieser Arbeit entwickelten Begriffe nun, durch systematischer erzeugte empirische Erfahrung angeregt und kontrolliert, weiter zu verfolgen. Derartige empirische Untersuchungen können sich einerseits am methodischen Vorgehen teilnehmender Beobachtung, andererseits aber auch an experimentellen Prüfverfahren orientieren. Sie stehen dabei immer wieder vor dem Dilemma, die für eine adäquate Analyse eigentlich notwendigen Voraussetzungen, nämlich Kriterien der Abgrenzung für die Einheiten der Analyse, die Regeln der „interpersonalen Grammatik" und die in der sozialen Umwelt vorgegebenen Deutungsmuster, selbst erst erarbeiten zu müssen. Allerdings dürfte es möglich sein, eine Untersuchung über Strategien der Identitätsbehauptung so aufzubauen, daß einige der genannten Schwierigkeiten wenigstens zum Teil unterlaufen werden.
Zwar sind die Eigenschaften der jeweiligen Rollensysteme sowie die vorherrschenden Interpretationsmuster und die sozial anerkannten Problemlösungsstrategien leider noch nicht hinreichend bekannt. Doch werden sich unter bestimmten Bedingungen sowohl das Ausmaß der Rigidität normativer Erwartungen als auch die Mannigfaltigkeit der angebotenen und in die subjektiven Stellungnahmen einfließenden Interpretationsmuster deutlich in ihrer Verschiedenheit voneinander abheben lassen: wenn es nämlich gelingt, das Verhalten von Personen, die verschiedenen sozialen Milieus angehören, in einer Reihe von differierenden Alltagssituationen zu beobachten und dabei insbesondere die verbalen Äußerungen, aber nach Möglichkeit auch die extraverbale Kommunikation zu protokollieren[1].

---

[1] Die ursprüngliche Idee dieser Beobachtungsanordnung entstand aus Überlegungen im Rahmen des Forschungsprojektes „Elternhaus und Schule" (U. Oevermann, L. Krappmann, K. Kreppner) im Institut für Bildungsforschung, Berlin, wie bestimmte soziolinguistische Annahmen, insbesondere der postulierte Zusammenhang von linguistischen Kodes und sozialen Rollen, geprüft werden könnten.

Diese Beobachtungen können in folgender Weise vorgenommen werden: Die ausgewählten Versuchspersonen – etwa ein qualifizierter Facharbeiter, ein mittlerer kaufmännischer Angestellter, ein Verwaltungsbeamter des höheren Dienstes und ein Selbständiger, der zum Beispiel einen Reparaturbetrieb leitet — werden um ihr Einverständnis gebeten, einige Tage lang alle ihre Gespräche über ein unauffälliges Sendermikrofon auf Tonband aufnehmen zu dürfen. Ein Begleiter, der wohl in den meisten Situationen eine unbeachtete Nebenrolle spielen kann, müßte sich bemühen, alle weiteren für die Struktur des Interaktionskontextes wichtigen Indikatoren festzuhalten. Es ist wichtig, daß nicht nur berufliche Interaktionen festgehalten werden, sondern auch private Kommunikations- und Handlungsbereiche — Familie, Freunde — einbezogen werden. Außerdem müssen mit Hilfe von unstrukturierten Interviews und Fragebögen, eventuell aber auch in einigen Laborexperimenten, die sozialen Verhältnisse, in denen die Versuchsperson lebt, die persönlichen biographischen Daten, eine Reihe von Persönlichkeitsvariablen sowie die individuellen Deutungsschemata und Einstellungen erhoben werden. Hierfür müssen die geeigneten Untersuchungsinstrumente zum Teil noch entwickelt werden, wobei die Kritik, die in Kapitel 4 an der zu „psychologisierenden" Erfassung von Variablen geäußert wurde, berücksichtigt werden sollte. Einige Instrumente liegen jedoch auch schon vor oder sind leicht diesem Untersuchungsziel zu adaptieren.
Da man den für diese Untersuchung in Aussicht genommenen Versuchspersonen kaum verschweigen kann, daß auch Äußerungen und Eigenarten des Verhaltens auf Tonbändern und in Protokollen festgehalten werden, die im allgemeinen als der Intimsphäre zugehörig betrachtet werden, stellt sich das Problem, wer überhaupt bereit sein wird, sich einer so strapaziösen Beobachtung für mehrere Tage auszusetzen. Wahrscheinlich werden nur Personen zusagen, denen die Fragestellung dieser Untersuchung verständlich gemacht werden kann und die sich von der Diskretion der Auswertung überzeugen lassen. Dieser „Auswahlfehler" macht das Untersuchungsergebnis jedoch nicht wertlos, zumal mit vier oder fünf Versuchspersonen — mehr werden bei der doch relativ aufwendigen Prozedur der Stichprobe nicht angehören können — sowieso keine statistisch abgesicherte Repräsentativität erreicht werden kann. Die geringe Größe der Stichprobe und ihre Zusammensetzung wäre dann ein Problem, wenn die Untersuchung darauf angelegt wäre, im strikten Sinne Hypothesen zu testen. Obwohl jedoch das Verfahren in diesen Beobachtungen zum Teil experimentähnliche Züge annimmt, ist der Charakter der Untersuchung dennoch überwiegend explorativ, so daß diese Mängel nicht so sehr ins Gewicht fallen.

Die technische Durchführung dieser Art von teilnehmender Beobachtung ist weniger kompliziert als vielleicht angenommen wird. Die notwendigen Apparate sind im Handel erhältlich. Der Einfluß, den das Mikrofon auf die Versuchsperson ausübt, ist gemäß den in der Forschungsliteratur berichteten Erfahrungen nach kurzer Zeit schon nicht mehr spürbar[2]. Außerdem könnte man ungewiß lassen, an welchen von mehreren Tagen die Gespräche tatsächlich aufgenommen werden. Vielleicht kann die Auswirkung des Mikrofons auch eingeschätzt werden, wenn die Protokolle der ersten Beobachtungsstunden mit denjenigen einer späteren Aufnahmeperiode verglichen werden. Problematischer ist, daß die Auswertung wohl schwerlich ohne das Einverständnis der Interaktionspartner der Versuchsperson möglich ist. Dieses Einverständnis kann vielfach erst nachträglich eingeholt werden, weil oft gar nicht vorauszusehen ist, wen die Versuchsperson im Laufe des Untersuchungszeitraums treffen wird. Es ist zu vermuten, daß einige der Gesprächspartner nicht mehr aufzufinden sind, etliche die Mitarbeit ablehnen werden, aber andere nach Aufklärung über den Zweck der Untersuchung einwilligen werden. Manche werden sicherlich auch bereit sein, noch zusätzliche Angaben über sich selbst, ihre Beziehung zur Versuchsperson und ihre Interpretation der Interaktionssituation zu machen. Da es nicht unbedingt darauf ankommt, einen vollständigen Ablauf der Interaktionen mehrerer Tage zu rekonstruieren, sondern das Verhalten des Individuums in verschiedenen Situationen zu vergleichen, dürften die Schwierigkeiten der Durchführung insgesamt nicht so gravierend sein, daß sie es nicht erlauben würden, hinreichendes Material zusammenzutragen.
Um aber die Fähigkeiten des Individuums, Identität auch bei diskrepanten Anforderungen zu behaupten, noch härter zu testen, sollte versucht werden, der Versuchsperson ohne ihr vorheriges Wissen gut vorbereitete Interaktionspartner zu präsentieren, deren Aufgabe es ist, bei dem Betreffenden spezielle Identitätskonflikte zu provozieren. Diese Partner müßten konkurrierende Verhaltensmodelle vertreten, um Unsicherheit in der Orientierung auszulösen. Es ist zwar schwer möglich, vor der Auswahl von Versuchspersonen im einzelnen anzugeben, welches Verhalten eines Interaktionspartners für die jeweilige Versuchsperson eine hinreichende Herausforderung darstellt, sich der eingespielten Identitätsbalance wahrnehmbar erneut zu vergewissern oder sie zu revidieren. Jedenfalls dürften dazu weniger happening-artige Szenen taugen als vielmehr die Konfrontation mit Personen, die ihrem Typ nach von der Versuchsperson als

---

[2] Vgl. zum Beispiel Soskin/John 1963, die berichten, wie gering die Schwierigkeiten waren, die sie bei wochenlangen Aufnahmen von Unterhaltungen zwischen Ehepaaren hatten.

solide, ernst zu nehmende Interaktionspartner eingeschätzt werden, so daß Verhaltenserwartungen, die diese Personen explizit oder implizit an die Versuchsperson richten, nicht ohne weiteres als irrelevant beiseite geschoben werden können. Auch eine „offizielle" Einführung dieser Interaktionspartner kann es der Versuchsperson erschweren, die Interaktion abzubrechen, ehe sie wirklich problematisch wurde.

Die Konflikte, die die vorher instruierten Interaktionspartner herbeizuführen hätten, könnten in Anlehnung an die bei P. Watzlawick u. a. (1967) vorgetragenen Kommunikations- und Interaktionsaxiome konstruiert werden[3]. Das erste Axiom lautet: „Man kann nicht nicht kommunizieren" (S. 51). Bei den hier vorgeschlagenen Beobachtungen wird dieses Interaktionsproblem durch den neutralen, zumeist schweigenden Begleiter der Versuchsperson aufgeworfen. Wenn nämlich jemand versucht, soweit wie irgend möglich „niemand" zu sein, ruft er bei den anderen Anwesenden eine Verunsicherung der Orientierung hervor. Die Versuchsperson könnte in einigen Interaktionen diesen stummen Begleiter ausdrücklich als jemanden einführen, der mit dieser Handlungssituation nichts zu tun hat (Beispiel: „Dies ist Herr X, ein alter Schulfreund, der mich zum Essen abholt"), in anderen aber gar nichts über ihn sagen. Während im ersten Fall die Situation wieder klar strukturiert ist, bleibt sie im zweiten ungewiß. In diesem Fall sollte es möglich sein, zu beobachten, wie die an der Interaktion Beteiligten sich bemühen, in Erfahrung zu bringen und zu berücksichtigen, wer dieser Unbekannte ist. Für die Versuchsperson selber provoziert dieser Begleiter besondere Konflikte, weil seine ständige Präsenz ihr von Interaktionssituation zu Interaktionssituation verschiedenes und zum Teil sogar widersprüchliches Verhalten offenbar macht. Die Versuchsperson wird sich daher vermutlich bemühen, dieses Verhalten vor ihrem Begleiter zu legitimieren, obwohl ihr ausführlich dargestellt wurde, daß dieser nur protokolliert und nicht bewertet.

Das zweite Axiom P. Watzlawicks und seiner Mitarbeiter behauptet, daß jede Kommunikation einen inhaltlichen und einen die Beziehung definierenden Aspekt aufweise. Der die Beziehung zwischen den Interaktionspartnern definierende Teil der Mitteilung enthält zugleich Hinweise darauf, wie ihr Inhalt zu verstehen sei, und ist folglich als eine Metakommunikation anzusehen (S. 54). Diese beiden Elemente einer Mitteilung sind nicht völlig unabhängig voneinander. Aber es können Mitteilungen

[3] Die bei Watzlawick u. a. (1967) formulierten „Axiome" bezeichnen Grundprobleme, die sich in allen Systemen kommunikativen Handelns stellen. Sie sollen die strukturelle Analyse der in diesen Systemen auftretenden inhaltlichen Konflikte und der von den Mitgliedern angewandten Lösungsstrategien ermöglichen.

konstruiert werden, in denen der Beziehungsaspekt ungenügend verdeutlicht wird, und solche, in denen inhaltliche Aussagen und ihre metakommunikative Klassifikation nicht miteinander zu vereinbaren sind. Beide Fälle müssen bei der Versuchsperson Bemühungen hervorrufen, die fehlenden Hinweise auf die Bedeutung der Information für den Interaktionszusammenhang noch zu erhalten oder die einander widersprechenden inhaltlichen Aussagen und impliziten Situationsdefinitionen soweit aufzuklären, daß die Kommunikationsstruktur wieder benutzbar wird, um die eigene Identität in ihr zu kennzeichnen.
Das Watzlawick-Team formuliert ein drittes Axiom: „Die Natur einer Beziehung hängt von der Akzentuierung der kommunikativen Sequenzen zwischen den Kommunikationspartnern ab" (S. 59). Als Beispiel kann ein bei Watzlawick u. a. berichteter Ehestreit dienen: Während der Ehemann erklärt, er ziehe sich aus dem Familienleben zurück, weil seine Frau ständig nörgle, behauptet diese, sie beschwere sich, weil ihr Mann sich um nichts kümmere (S. 56 f.). Auch in diesem Bereich ist eine strukturierende Anstrengung der Versuchsperson nicht schwer zu provozieren. Ein entsprechend instruierter Interaktionspartner hätte die Aufgabe zu übernehmen, eine zur Selbstverständlichkeit gewordene Akzentuierung in einer sozialen Beziehung — sei es in der beruflichen, sei es in der familialen Sphäre — dadurch wieder in Frage zu stellen, daß er die bislang akzeptierte Interpretation der Interaktionsstruktur umdeutet. Er müßte die Auffassung vertreten, daß gerade das Verhalten der anderen die mit Notwendigkeit zu erwartende Folge auf die Handlungsweise der Versuchsperson sei. Diese Umkehr der behaupteten Kausalität zwingt zu einer neuen Deutung sozialer Beziehungen und damit zu einer anderen Identitätsbalance.
Das vierte Axiom stellt eine „digitale" und eine „analogische" Kommunikationsweise einander gegenüber. Es sagt aus, daß die digitale Sprache über eine sehr komplexe, logische Syntax verfügt, aber keine adäquate Semantik für die Definition sozialer Beziehungen aufweist, während die analogische Sprache zwar die erforderliche Semantik besitzt, aber keine Syntax einsetzen kann, um den Charakter von Beziehungen eindeutig zu bestimmen (S. 66). P. Watzlawick und seine Mitarbeiter halten daher für erforderlich, daß „digitale" und „analogische" Sprache einander ergänzen, wie es in dieser Arbeit im Hinblick auf das Verhältnis von „analytischem" und „reflexivem" Sprachgebrauch ebenfalls behauptet worden ist. Die Struktur sozialer Beziehungen in einem Interaktionsprozeß wird folglich sowohl dann mehrdeutig, wenn Informationen lediglich in digitaler Sprache ausgedrückt werden, als auch dann, wenn allein analogische Kommunikationsmittel eingesetzt werden. Informationen, die

die Situation nicht eindeutig definieren, weil sie ausschließlich in digitaler oder in analogischer Sprache dargeboten werden, lassen sich simulieren. Es ist zu erwarten, daß die Versuchsperson bestrebt sein wird, sich die fehlenden Hinweise zu verschaffen, die die Ambiguität der Situation aufzulösen erlauben. Als Verwirrung stiftende Mitteilung dieser Art ist zum einen denkbar, daß ein Interaktionspartner detaillierte und durchaus zutreffende Kritik an irgendwelchen Verhaltensweisen der Versuchsperson übt, ohne zu erkennen zu geben, in welcher Beziehung er zur Versuchsperson steht und welche Konsequenzen er für eine etwaige soziale Beziehung aus dieser Kritik zu ziehen gedenkt (Fall überwiegend digitaler Kommunikation). Es ist zu vermuten, daß das Individuum mehr Anstrengung auf die Klärung der sozialen Beziehung als auf die Erläuterung seiner kritisierten Verhaltensweisen verwenden wird. Zum anderen könnte ein Interaktionspartner gegenüber der Versuchsperson auch ein sehr diffuses, aber deutliches Wohlwollen bekunden, ohne daß er anzeigt, worauf sich diese unverhüllte Sympathie stützt und warum sie geäußert wird (Fall überwiegend analogischer Kommunikation). Auch hier ist zu vermuten, daß die Versuchsperson sich vor allem bemühen wird, den Charakter der Beziehung zu bestimmen, die zwischen ihr und dem wohlwollenden Gegenüber besteht, ehe sie dessen positive Einschätzung in ihrer Handlungsorientierung und ihrer Identitätsbalance berücksichtigt.

Das fünfte Watzlawicksche Axiom teilt alle Interaktionsbeziehungen in zwei Typen ein, nämlich in einen symmetrischen und einen komplementären Kommunikationsaustausch (S. 70). Als symmetrische Interaktion bezeichnen die Autoren, wenn ein Partner das Verhalten des anderen in seinem eigenen widerspiegelt. Die Beziehung zwischen den Partnern beruhe in diesem Falle auf möglichst großer Ähnlichkeit im Verhalten. In komplementärer Interaktion dagegen ergänzen sich verschiedenartige Verhaltensweisen. Die Beziehung stütze sich gerade auf die Verschiedenheit der jeweiligen Verhaltensmodelle. Beispiel für eine symmetrische Beziehung ist die Interaktion von Schülern, die gemeinsam nach der Lösung einer Aufgabe suchen. Die Interaktion zwischen Lehrer und Schüler dagegen folgt dem Muster einer komplementären Beziehung. Die Identitätsbalance einer Versuchsperson kann dadurch erprobt werden, daß in Situationen, in denen eine komplementäre Beziehungsstruktur erwartet wird, der Interaktionspartner Verhaltensweisen zeigt, die eher der symmetrischen Interaktion entsprechen und umgekehrt. Jemand, den die Versuchsperson als gleichberechtigt und als Vorbild anerkennt, könnte zum Beispiel eine unterwürfige Position einnehmen und ohne Einwand und Ergänzung akzeptieren, was die Versuchsperson äußert. Jemand, der angeblich um Rat nachsuchen möchte, könnte nach und nach beginnen, selbst die Rolle des Beraters zu spielen. Die Identitätsbalance kann aber auch dadurch belastet werden, daß die symmetrischen und die komplementären Beziehungsmuster von den Interaktionspartnern in „pathologischer" Weise übersteigert werden. Der Ratsuchende übernimmt so gutgläubig und vertrauensvoll jeden Hinweis, ein Ehepaar wetteifert so sehr in liebevoller Aufmerksamkeit füreinander, daß die unterstellte Struktur von gegenseitigem Austausch auf der Grundlage von Verschiedenheit oder Gleichheit in Frage gestellt wird und dadurch auch die auf dieser Struktur sozialer Beziehung errichtete Identitätsbalance.

Die Auswertung der Datenfülle dürfte recht mühsam sein, weil nur übrigbleibt, sich voranzutasten, um Einheiten der Analyse abzugrenzen, Zusammenhänge zu ermitteln und Typen von Verhaltensstrategien herauszuschälen. Die Probleme, die sich dabei stellen, wurden bereits erläutert.

Im übrigen sollten die Transkripte der Kommunikationen zwischen der Versuchsperson und ihren Interaktionspartnern, die Protokolle des Begleiters, die sozialen und biographischen Daten sowie die ermittelten Einstellungen und Interpretationen der Versuchsperson der wissenschaftlichen Forschung allgemein zugänglich gemacht werden, damit auch konkurrierende Erklärungsversuche und Konzeptbildungen mit diesem Material konfrontiert und dann miteinander verglichen werden können.

7. Zusammenfassung und Ausblick

Ausgangspunkt der Argumentation ist, daß jedwede Kommunikation und Interaktion das Individuum vor ein Problem stellt, das nicht gelöst werden kann, indem das Individuum es beseitigt und sich daher in zukünftigen Handlungssituationen mit ihm nicht mehr auseinanderzusetzen braucht. Die Struktur fortdauernder Interaktionsprozesse erlegt dem Individuum vielmehr auf, sein Handeln ständig an einem Bezugsrahmen diskrepanter und inkonsistenter Anforderungen zu orientieren. Einerseits muß es nämlich die von seinen eigenen und auch untereinander divergierenden Erwartungen seiner Interaktionspartner berücksichtigen, um seine Beteiligung an Interaktionen zu sichern. Es darf dabei auch die Anforderungen von Interaktionspartnern nicht außer acht lassen, die in der aktuellen Situation nicht anwesend sind. Andererseits steht das Individuum auch vor der Notwendigkeit, seine eigenen Erwartungen und Bedürfnisse den anderen zu verdeutlichen, weil die vollständige Übernahme der Anforderungen seiner derzeitigen Interaktionspartner seine Beteiligung in anderen Interaktionssystemen belasten würde. Wenn der eine Partner vom anderen nicht nur eine bloße Widerspiegelung seiner eigenen Situationsdefinition erwartet, oder wenn er bemerkt, daß Harmonie zwischen Erwartungen herzustellen versucht wird, wo ein Ausgleich nicht erreichbar ist, wird die Teilnahme an Interaktionen ebenfalls gefährdet, weil das Individuum seinem Partner gleichgültig oder vielleicht sogar verdächtig wird.

Die Leistung, die das Individuum als Bedingung der Möglichkeit seiner Beteiligung an Kommunikations- und Interaktionsprozessen zu erbringen hat, wird in dieser Arbeit mit der Kategorie der Identität bezeichnet. Es muß betont werden, daß diese Leistung aus strukturellen Notwendigkeiten des Interaktionsprozesses hervorgeht. Er benötigt um seines Fortgangs willen die kritische Interpretation der in jeder Interaktionssituation zunächst unvermittelt einander gegenüberstehenden Erwartungen, damit eine Basis für kommunikatives Handeln zustande kommt, die allen Beteiligten ein gewisses Ausmaß an Befriedigung ihrer Bedürfnisse erlaubt.

Diese Interpretation divergierender Anforderungen und Erwartungen geschieht in der Identitätsbalance, die das Individuum vor den Augen seiner Partner aufrechtzuerhalten sich bemüht. Die Identität stellt dar, wie das Individuum im Horizont der Anforderungen der derzeitigen

Interaktionspartner seine eigenen Erwartungen und Bedürfnisse verstanden wissen will, die von seiner Beteiligung an anderen Interaktionssystemen, von den zu einer Biographie verknüpften früheren Weisen des Auftretens in sozialen Beziehungen und von den Antizipationen möglicher künftiger Interaktionssituationen abhängen.

Der Versuch einer begrifflichen Klärung dieser Prozesse geht von Unterscheidungen aus, die E. Goffman (1963 a) eingeführt hat. Er stellt die soziale der persönlichen Identität gegenüber. Beide sind Erwartungen der Interaktionspartner an das Individuum. Der Begriff der sozialen Identität bezieht sich auf die Normen, denen das Individuum im gegenwärtigen Interaktionsprozeß gegenübersteht, der Begriff der persönlichen Identität dagegen auf die dem Individuum zugeschriebene Einzigartigkeit. Da das Individuum den Erwartungen im Hinblick auf seine soziale Identität niemals voll entsprechen kann, hat es sich nach Goffman um eine „phantom normalcy" zu bemühen. Es verhält sich, „als ob" es die Normen erfüllte. Aber auch den Erwartungen im Hinblick auf seine persönliche Identität kann das Individuum nicht voll nachkommen, weil es als ein ganz und gar einmaliges keine ihm mit anderen gemeinsame Ebene für Interaktion fände. Mit „phantom uniqueness" bezeichnet J. Habermas (1957 b) den Versuch des Individuums, Einzigartigkeit darzustellen und dennoch Erwartungen und Symbole mit anderen zu teilen. In zwei Dimensionen verhält sich das Individuum folglich balancierend. Dabei beeinflußt seine Auseinandersetzung mit den Erwartungen in der einen Dimension stets seine Möglichkeiten in der anderen. Diese Balance auszuhalten, ist die Bedingung für die Behauptung von Ich-Identität. Ich-Identität erreicht das Individuum in dem Ausmaß, als es, die Erwartungen der anderen zugleich akzeptierend und sich von ihnen abstoßend, seine besondere Individualität festhalten und im Medium gemeinsamer Sprache darstellen kann. Diese Ich-Identität ist kein fester Besitz des Individuums. Da sie ein Bestandteil des Interaktionsprozesses selber ist, muß sie in jedem Interaktionsprozeß angesichts anderer Erwartungen und einer ständig sich verändernden Lebensgeschichte des Individuums neu formuliert werden.

Dieses Identitätskonzept will das Individuum nicht an vorgegebene Verhältnisse anpassen, obwohl in die Identitätsbalance Normen und Bedürfnisse der anderen eingehen. Dem Individuum wird nicht die falsche Sicherheit einer festen Position — sei es im Versuch vollständiger Übernahme angesonnener Erwartungen, sei es durch die Bemühung um völligen Rückzug aus Handlungssystemen, in denen divergierende Erwartungen auftreten — empfohlen. Vor den widersprüchlichen Anforderungen einer in sich zerstrittenen Gesellschaft kann es sich nicht schützen.

Der hier entwickelte Identitätsbegriff versucht vielmehr dem Erfordernis Raum zu geben, kreativ die Normen, unter denen Interaktionen stattfinden, zu verändern. Dieses kritische Potential des Individuums zieht seine Kraft aus der strukturellen Notwendigkeit, nicht übereinstimmende Normen negierend zu überschreiten.

Tatsächlich kann das Individuum nicht jede ihm erwünschte Neuinterpretation vorgegebener Normen bei seinen Interaktionspartnern durchsetzen, denn es stößt auf widerstrebende Interessen der anderen. Auch sind die Chancen, einer Identitätsbehauptung Anerkennung zu sichern, ungleich, weil von den verschiedenen Positionen eines sozialen Systems aus unterschiedliche Einflußmöglichkeiten bestehen. Nur eine Analyse der jeweiligen sozialen Verhältnisse kann zeigen, welche Interpretationsmöglichkeiten dem Individuum offenstehen und welche Grenzen seiner Bemühung um Identität in einem gegebenen System sozialer Ungleichheit gesetzt sind.

Das Identitätskonzept könnte dazu beitragen, bisher getrennte, weil von den verschiedenen akademischen Disziplinen weitgehend isoliert bearbeitete Ebenen der Betrachtung menschlichen Handelns wieder zu verknüpfen. Die kognitiven Orientierungen und motivationalen Bedürfnisdispositionen, die den Gegenstand psychologischer Untersuchungen bilden, werden nämlich aus dieser Sicht zugleich als strukturelle Elemente von Interaktionsprozessen begriffen, in denen die Beteiligten Erwartungen übernehmen und interpretieren müssen. Der mehr sozialpsychologische Aspekt interaktionistischer Analyse verlangt aber auch nach der Untersuchung der gesellschaftlichen Verhältnisse, in deren Rahmen Interaktionen stattfinden. Nur sie kann klären, welches Maß an Repression den freien Diskurs der Interaktionspartner über eine gemeinsame Basis kommunikativen Handelns einschränkt. Die Psychoanalyse steuert ihre Erfahrung mit der psychodynamischen Verarbeitung von Konflikten zwischen Bedürfnissen und übernommenen Erwartungen bei und möchte selbst mehr über den Sinn erfahren, der den Deutungen, die sie in der Therapie verwendet, in verschiedenen sozialen Verhältnissen unterlegt wird.

Es ist ein besonderer Vorteil des Identitätskonzepts, daß es nicht nur isolierte Ebenen der Analyse wieder zusammenzuführen vermag, sondern trotz ihres Bezugs aufeinander auch in ihrer Eigenständigkeit begründen kann. Die subjektiven Interpretationen, mit deren Hilfe das Individuum Konflikte aufzuarbeiten versucht, erschöpfen sich nicht in der Übernahme der Deutungsschemata, die das Individuum in seiner sozialen Umwelt vorfindet. Es muß diese benutzen, aber sie reichen noch nicht aus, die Diskrepanzen zwischen den Beteiligten in der aktuellen Interaktionssituation zu vermitteln. Ebenso existieren zwar eingeübte Lösungsstrategien für die alltäglichen Interaktionskonflikte, jedoch sind die Muster, denen Interaktion folgt, für jeden Fall neu herauszuschälen, weil in jedem Interaktionssystem verlangt wird, dem besonderen Fall angemessene Bedingungen auszuhandeln. Die gesamtgesellschaftliche Analyse muß dagegen verdeutlichen, in welchem Zusammenhang die den Individuen angebotenen Interpretationsschemata und Interaktionsmuster mit den Anstrengungen der Mitglieder einer Gesellschaft stehen, auf einer bestimmten Reproduktionsbasis ihr eigenes Überleben zu sichern. Die Deutungen und Handlungsroutinen, die in ihr Geltung besitzen, legitimieren Verhaltensweisen in Konflikten, die die Integration der Gesellschaft ständig bedrohen, und sollen daher Kommunikation und Interaktion sichern. Sie schaffen aber zugleich neue Probleme, weil die sozial sanktionierten Interpretationsschemata und Interaktionsmuster — zumal sie oft nur von Teilgruppen durchgesetzt wurden oder sich auf historisch überholte Konfliktsituationen beziehen — niemals vollständig vorwegnehmen können, welche Identitätsansprüche in einer aktuellen Situation befriedigt werden müssen. Der Psychotherapeut vermag aus den ungelösten Konflikten seiner Patienten abzulesen, inwieweit Individuen tatsächlich fähig sind, angesichts des Ausmaßes an Repression in einer Gesellschaft zu einem sozial akzeptablen Ausgleich zwischen Bedürfnissen und Normen zu gelangen.

Strukturelle Bedingung für den Fortgang der in einer Gesellschaft notwendigen Interaktionsprozesse ist daher, daß die in dieser Arbeit beschriebenen Grundqualifikationen für kommunikatives Handeln — Empathie, Rollendistanz, Ambiguitätstoleranz, Identitätspräsentation und das diese Fähigkeiten tragende Sprachvermögen — bei den Mitgliedern dieser Gesellschaft ausgebildet werden. Das Identitätskonzept hilft somit auch, die Sozialisationstheorie wieder als wesentlichen Bestandteil in eine soziologische Analyse gesellschaftlicher Prozesse einzufügen, nachdem sie lange Zeit allein von psychologischen Fragestellungen und dort gängigen Untersuchungsmethoden beherrscht wurde.

Das Identitätskonzept „soziologisiert" nicht das Problemfeld menschlicher Interaktion, wenngleich es für die analysierten Phänomene einen soziologischen, nämlich aus gesellschaftlichen Strukturen hergeleiteten Erklärungszusammenhang herstellt. Dieser Erklärungszusammenhang legt es nahe, zahlreiche Fragestellungen — Sozialisation, sozialer Wandel, Kreativität, Devianz, Entfremdung — in einem solchen theoretischen Bezugsrahmen noch einmal neu aufzuarbeiten.

Die Ergebnisse derartiger Untersuchungen werden sicherlich auch zu praktischen Konsequenzen führen, insbesondere im Bildungswesen. Das bislang uneingelöste Postulat, Chancengleichheit unabhängig von der sozialen Herkunft auch im Bereich von Schule und Ausbildung zu verwirklichen, hat die Forderungen nach früherem Beginn der Schulpflicht, nach integrierten Gesamtschulen und Ganztagsschulen, nach neuen Lehrplänen und nach der Reform der Didaktik und Methodik des Unterrichts hervorgebracht. Es ist jedoch noch nicht befriedigend gelungen, diese Reformvorschläge auf einen gemeinsamen Angelpunkt zu beziehen, in dem sich die soziologische und die individual-psychologische Bildungsproblematik schneiden. Eine aus dem vorgetragenen Identitätskonzept abgeleitete Theorie der in soziale Interaktion eingebetteten Lernprozesse würde erlauben, diese Reformmaßnahmen in einen Zusammenhang zu stellen und auf ihre Erfolgsaussichten hin einzuschätzen. Auf diese Weise könnte bei den Versuchen, das heutige Schulwesen zu verändern, gezielter vorgegangen werden.

Vor allem müßten die Schulen den Kindern aus benachteiligten sozialen Milieus helfen, die Grundqualifikationen zur Interaktion zu erwerben, um in der Auseinandersetzung mit den Ansprüchen anderer Erwartungen kritisch interpretieren und eigene Bedürfnisse in Handlungssituationen einbringen zu können. Dies ist die Voraussetzung dafür, daß autoritär-technokratische Lösungen für die sozialen Probleme der gegenwärtigen Gesellschaft vermieden werden können; denn auf diese Weise kann sich eine funktionsfähigere Öffentlichkeit herausbilden, in der vernünftige Problemlösungen unter Beteiligung von Betroffenen und Sachverständigen verhandelt werden können.

8. Literaturverzeichnis

Ackerman, N. W.: Social Role and Total Personality. In: American Journal of Orthopsychiatry 21 (1951), S. 1—17.

Adler, H. G.: Theresienstadt. Das Antlitz einer Zwangsgemeinschaft. Tübingen: Mohr (Siebeck), 1955.

Adorno, Th. W.: Zum Verhältnis von Soziologie und Psychologie. In: Sociologica. Frankfurter Beiträge zur Soziologie, Bd. 1. Frankfurt a. M.: Europäische Verlagsanstalt, 1955, S. 11—45.

Alanen, Y. O.: The Mothers of Schizophrenic Patients. In: Acta Psychiatrica et Neurologica Scandinaviae 33 (1958), Supplementum 124.

Allinsmith, W.: Moral Standards: II. The Learning of Moral Standards (1960). In: Miller, D. R., und Swanson, G. E. (Hrsg.): Inner Conflict and Defense. New York: Schocken Books, 1966, S. 141—176.

Applezweig, D. G.: Some Determinants of Behaverioral Rigidity. In: Journal of Abnormal and Social Psychology 49 (1954), S. 224—228.

Arieti, S.: Schizophrenia: The Manifest Symptomatology, the Psychodynamics and Formal Mechanisms (1959). In: Arieti, S. (Hrsg.): American Handbook of Psychiatry, Bd. 1. New York: Basic Books, 9. Auflage 1967, S. 455–484.

ders.: Recent Conceptions and Misconceptions of Schizophrenia. In: American Journal of Psychotherapy 14 (1960), S. 3—29.

Aronfreed, J.: Moral Standards: III. Moral Behavior and Sex Identity (1960). In: Miller, D. R., und Swanson, G. E. (Hrsg.): Inner Conflict and Defense. New York: Schocken Books, 1966, S. 177—193.

Bahrdt, H. P.: Zur Frage des Menschenbildes in der Soziologie. In: Archives Européennes de Sociologie 2 (1961), S. 1—17.

Barron, F.: Complexity — Simplicity as a Personality Dimension. In: Journal of Abnormal and Social Psychology 48 (1953), S. 163—172.

ders.: Originality in Relation to Personality and Intellect. In: Journal of Personality 25 (1957), S. 739—742.

ders.: Diffusion, Integration, and Enduring Attention in the Creative Process. In: White, R. W. (Hrsg.): The Study of Lives. Englewood Cliffs, N. J.: Prentice Hall, 1963, S. 234—248.

ders.: The Psychology of Creativity. In: New Directions in Psychology II. New York: Holt, Rinehart and Winston, 1965, S. 1—134.

Bateson, G.: A Theory of Play and Fantasy. In: Psychiatric Research Reports 2 (1955), S. 39—51.

ders. u. a.: Toward a Theory of Schizophrenia (1956). Zitiert nach: Smelser, N. J., und Smelser T. W. (Hrsg.): Personality and Social Systems. New York 1963, S. 172—187.

Beardslee, B. J.: Mechanisms of Defense IV: Aggression and the Second Family of Defenses (1960). In: Miller, D. R., und Swanson, G. E. (Hrsg.): Inner Conflict and Defense. New York: Schocken Books, 1966, S. 256—271.

Becker, H. S., und Strauss, A.: Careers, Personality and Adult Socialization. In: American Journal of Sociology 62 (1956/57), S. 253—263.

Bell, N. W., und Vogel, E. F. (Hrsg.): A Modern Introduction to the Family. Glencoe, Ill.: Free Press, 5. Auflage 1963.
Beller, E. K.: Dependency and Independence in Young Children. In: Journal of Genetic Psychology 87 (1955), S. 23—25.
Ben-David, J.: The Professional Role of the Physician in a Bureaucratized Medicine: A Study in Role Conflict. In: Human Relations 11 (1958), S. 255—274.
Beres, D., u. a.: Disturbances of Identity Function in Childhood: Psychiatric and Psychiological Observations. In: American Journal of Orthopsychiatry 30 (1960), S. 369—381.
Berger, P. L.: Invitation to Sociology — A Humanistic Perspective (1963). London: Penguin Books, 1966.
ders.: Identity as a Problem in the Sociology of Knowledge. In: Archives Européennes de Sociologie 7 (1966), S. 105—115.
ders. und Luckmann, Th.: The Social Construction of Reality: A Treatise in the Sociology of Knowledge. Garden City, N. Y.: Doubleday, 1966.
Berndt, H.: Zur Soziogenese psychiatrischer Erkrankungen. Familiendynamische Aspekte der Schizophrenieforschung. In: Mitscherlich, A., u. a. (Hrsg.): Der Kranke in der modernen Gesellschaft. Köln: Kiepenheuer & Witsch, 1967, S. 454—482.
Bernstein, B.: A Socio-Linguistic Approach to Social Learning. In: Gould, J. (Hrsg.): Penguin Survey of the Social Sciences, London: Penguin Books, 1965, S. 144—168.
Bertocci, P. A.: The Psychological Self, the Ego and Personality. In: Psychological Review 52 (1945), S. 91—99.
Bettelheim, B.: Individual and Mass Behavior in Extreme Situations. In: Journal of Abnormal and Social Psychology 38 (1943), S. 447—451.
Biddle, B. J., und Thomas, E. J.: Role Theory: Concepts and Research. New York: Wiley, 1966.
Bieri, J., und Blacker, E.: The Generality of Cognitive Complexity in the Perception of People and Inkblots. In: Journal of Abnormal and Social Psychology 53 (1956), S. 112—117.
Bleuler, E.: Dementia praecox oder die Gruppe der Schizophrenien. Leipzig: Deuticke, 1911.
Bleuler, M.: Conceptions of Schizophrenia within the last Fifty Years and Today. In: Proceedings of the Royal Society for Medicine 56 (1963), S. 945—952.
Blocher, D. H.: Dilemma of Counselor Identity. In: Journal of Counseling Psychology 10 (1963), S. 344—349.
Block, J.: The Assessment of Communication: Role Variation as a Function of Interactional Context. In: Journal of Personality 21 (1952), S. 272—286.
ders.: Ego Identity, Role Variability, and Adjustment. In: Journal of Consulting Psychology 25 (1961), S. 392—397.
ders. und Block, J.: An Investigation of the Relationship between Intolerance of Ambiguity and Ethnocentrism. In: Journal of Personality 19 (1951), S. 303 bis 311.
Bowen, M.: Family Relationships in Schizophrenia. In: Auerback, A. (Hrsg.): Schizophrenia: An Integrated Approach. New York: Ronald Press, 1959, S. 147—178.
ders.: A Family Concept of Schizophrenia. In: Jackson, D. D. (Hrsg.): The Etiology of Schizophrenia. New York: Basic Books, 1960, S. 346—372.

Bowers, P., und London, P.: Developmental Correlates of Role-Playing Abilities. In: Child Development 36 (1965), S. 499—508.
Bremer, J.: A Social Psychiatric Investigation of a Small Community in Northern Norway. In: Acta Psychiatrica et Neurologica Scandinaviae, 1951, Supplementum 62.
Brim, O. G., Jr.: Personality Development as Role-Learning. In: Iscoe, I., und Stevenson, H.: Personality Development in Children. Austin: University of Texas Press, 1960, S. 127—159.
Bronfenbrenner, U.: Freudian Theories of Identification and Their Derivatives. In: Child Development 31 (1960), S. 15—40.
Brown, J. C.: An Experiment in Role-Taking. In: American Sociological Review 17 (1952), S. 587—597.
Brownfain, J. J.: Stability of the Self-Concept as a Dimension of Personality. In: Journal of Abnormal and Social Psychology 47 (1952), S. 597—606.
Bruner, J. S., und Tagiuri, R.: The Perception of People (1954). In: Lindzey, G. (Hrsg.): Handbook of Social Psychology, Bd. 2. Reading, Mass.: Addison-Wesley, 3. Auflage 1959, S. 634—654.
Cameron, N.: Reasoning, Regression, and Communication in Schizophrenics. In: Psychological Monographs 1 (1938), S. 1—34.
ders.: The Paranoid Pseudo-Community. In: American Journal of Sociology 49 (1943), S. 32—38.
ders.: Role Concepts in Behavior Pathology. In: American Journal of Sociology 55 (1949/50), S. 464—467.
ders.: The Paranoid Pseudo-Community Revisited. In: American Journal of Sociology 65 (1959/60), S. 52—58.
ders. und Margaret, A.: Behavior Pathology. Boston: Houghton-Mifflin, 1951.
Carlson, R.: Stability and Change in the Adolescents' Self-Image. In: Child Development 36 (1965), S. 659—666.
Caudill, W.: Besprechung von E. Goffman, "Asylums". In: American Journal of Sociology (1962/63), S. 366—369.
Causes of Mental Disorders: A Review of Epidemiological Knowledge 1959. New York: Milbank Memorial Fund, 1961.
Chance, J., und Meaders, W.: Needs and Interpersonal Perception. In: Journal of Personality 28 (1960), S. 200—209.
Clark, R.: Psychoses, Income, and Occupational Prestige. In: American Journal of Sociology 54 (1949), S. 433—440.
Clausen, J. A., und Kohn, M. L.: Relation of Schizophrenia to the Social Structure of a Small City. In: Pasamanick, B. (Hrsg.): Epidemiology of Mental Disorder. Washington, D. C., 1959, S. 69—94.
Cline, V. B.: Interpersonal Perception. In: Maher, B. A. (Hrsg.): Progress in Experimental Personality Research. New York: Academic Press, 1964, S. 221—284.
Cooley, C. H.: Human Nature and Social Order. New York: Scribner's, 1902.
Corwin, R. G.: Role Conception and Career Aspiration: A Study of Identity in Nursing. In: Sociological Quarterly 2 (1961), S. 69—86.
Coser, R. L.: Some Social Functions of Laughter — A Study of Humor in a Hospital Setting. In: Human Relations 12 (1959), S. 171—182.
dies.: Authority and Structural Ambivalence in the Middle Class Family. In: Coser, R. L. (Hrsg.): The Family. Its Structure and Functions. New York: St. Martin's Press, 1964, S. 370—383.

dies.: Role Distance, Sociological Ambivalence, and Transitional Status Systems. In: American Journal of Sociology 72 (1966/67), S. 173—187.
Coutu, W.: Role Playing vs. Role Taking: An Appeal for Clarification. In: American Sociological Review 16 (1951), S. 180—187.
Cronbach, L. J.: Processes affecting Scores on "Understanding of Others" and "Assumed Similarity". In: Psychological Bulletin 52 (1955), S. 177—193.
ders.: Proposals Leading to Analytic Treatment of Social Perception Scores. In: Tagiuri, R., und Petrullo, R.: Person Perception and Interpersonal Behavior. Stanford: Stanford University Press, 1958, S. 359—379.
Dahrendorf, R.: Homo Sociologicus (1958). Köln und Opladen: Westdeutscher Verlag, 5. Auflage 1965.
Davids, A.: Some Personality and Intellectual Correlates of Intolerance of Ambiguity. In: Journal of Abnormal and Social Psychology 51 (1955), S. 415 bis 420.
ders.: The Influence of Ego — Involvement on Relations between Authoritarianism and Intolerance of Ambiguity. In: Journal of Consulting Psychology 20 (1956), S. 179—184.
ders.: Psychodynamic and Sociocultural Factors Related to Intolerance of Ambiguity. In: White, R. W. (Hrsg.): The Study of Lives. Englewood Cliffs, N. J.: Prentice Hall, 1963, S. 160—177.
ders. und Erikson, C. W.: Some Social and Cultural Factors Determining Relations between Authoritarianism and Measure of Neuroticism. In: Journal of Consulting Psychology 21 (1957), S. 155—159.
Davis, F., und Oleson, V. L.: Initiation into a Women's Profession: Identity Problems in the Status Transition of Coed to Student Nurse. In: Socimetry 26 (1963), S. 89—101.
Devereux, G.: A Sociological Theory of Schizophrenia. In: Psychoanalytic Review 26 (1939), S. 315—342.
Dignan, H.: Ego Identity and Maternal Identification. In: Journal of Personality and Social Psychology 1 (1965), S. 476—483.
Dohrenwend, B. P.: Social Status and Psychological Disorder: An Issue of Substance and an Issue of Method. In: American Sociological Review 31 (1966), S. 14—34.
Douglas, V. J.: The Development of Two Families of Defense. Unveröffentlichte Dissertation, University of Michigan, Department of Psychology, 1958. Referiert in: Swanson, G. E. (1961), S. 28.
Dunham, H. W.: Community and Schizophrenia: An Epidemiological Analysis. Detroit: Wayne State University Press, 1965.
ders. u. a.: A Research Note on Diagnosed Mental Illnes and Social Class. In: American Sociological Review 31 (1966), S. 223—227.
Durkheim, E.: De la Division du Travail Social (1893). Zitiert nach: The Division of Labor in Society (Transl. G. Simpson). New York: Free Press, 2. Auflage 1962.
Dymond, R. F.: A Preliminary Investigation of the Relation of Insight and Empathy. In: Journal of Consulting Psychology 12 (1948), S. 228—233.
dies.: A Scale for the Measurement of Empathic Ability. In: Journal of Consulting Psychology 13 (1949), S. 127—133.
Ehrlich, H. J., u. a.: The Study of Role Conflict: Exploration in Methodology. In: Sociometry 25 (1962), S. 85—97.

Engel, M.: The Stability of the Self-Concept in Adolescence. In: Journal of Abnormal and Social Psychology 58 (1959), S. 211— 215.
Erikson, E. H.: Ego Development and Historical Change (1946). Zitiert nach: Erikson, E. H.: Identität und Lebenszyklus. Frankfurt a. M.: Suhrkamp (Theorie 2), 1966, S. 11—54.
ders.: Childhood and Society (1950 a). Zitiert nach der deutschen Ausgabe: Kindheit und Gesellschaft. Stuttgart: Klett, 2. Auflage 1965.
ders.: Growth and Crises of the "Healthy Personality" (1950 b). Zitiert nach: Erikson, E. H.: Identität und Lebenszyklus. Frankfurt a. M.: Suhrkamp (Theorie 2), 1966, S. 55—122.
ders.: The Problem of Ego Identity (1956). Zitiert nach: Erikson, E. H.: Identität und Lebenszyklus. Frankfurt a. M.: Suhrkamp (Theorie 2), 1966, S. 123—212.
ders.: Identität und Lebenszyklus. Frankfurt a. M.: Suhrkamp (Theorie 2), 1966.
Faris, R. E. L., und Dunham, H. W.: Mental Disorders in Urban Areas. Chicago: University of Chicago Press, 1939.
Federn, P.: Ego Psychology and the Psychoses. New York: Basic Books, 1952.
Festinger, L.: A Theory of Cognitive Dissonance. Stanford: Stanford University Press, 1957.
ders.: Conflict, Decision, and Dissonance. Stanford: Stanford University Press, 1964.
Flavell, J. H.: The Development of Two Related Forms of Social Cognition: Role-Taking and Verbal Communication. In: Kidd, A. H., und Rivoire, J. L. (Hrsg.): Perceptual Development in Children. New York: International University Press, 1966, S. 246—271.
Fleck, S., u. a.: The Intrafamilial Environment of the Schizophrenic Patient: III. Interaction between Hospital Staff and Families. In: Psychiatry 20 (1957), S. 343—350.
Foote, N. N.: Identification as the Basis for a Theory of Motivation. In: American Sociological Review 16 (1951), S. 14—21.
ders. und Cottrell, N.: Identity and Interpersonal Competence. Chicago: University of Chicago Press, 1955.
Freeman, R. V., und Grayson, H. M.: Maternal Attitudes in Schizophrenia. In: Journal of Abnormal and Social Psychology 50 (1955), S. 45—52.
French, E. G.: Interrelations Among Some Measures of Rigidity under Stress and Non-Stress Conditions. In: Journal of Abnormal and Social Psychology 51 (1955), S. 114—118.
Frenkel-Brunswik, E.: A Study of Prejudice in Children. In Human Relations 1 (1948), 295—306.
dies.: Intolerance of Ambiguity as an Emotional and Perceptional Personality Variable. In: Journal of Personality 18 (1949/50), S. 108—143.
dies.: Personality Theory and Perception. In: Blake, R. R., und Ramsey, G. V. (Hrsg.): Perception. An Approach to Personality. New York: Ronald Press, 1951, S. 356—419.
Freud, A.: Das Ich und die Abwehrmechanismen (1936). München: Kindler, o. J. (Geist und Psyche, Bd. 2001).
Freud, S.: Die Abwehr-Neuropsychosen (1894). In: Gesammelte Werke, Bd. 1. London: Imago, 1952 (Reprint), S. 57—74.
ders.: Weitere Bemerkungen über die Abwehr-Neuropsychosen (1896). In: Gesammelte Werke, Bd. 1. London: Imago, 1952 (Reprint), S. 377—403.

ders.: Das Ich und das Es (1923). In: Gesammelte Werke, Bd. 13. London: Imago, 1955 (Reprint), S. 235—289.

ders.: Der Realitätsverlust bei Neurose und Psychose (1924 a). In: Gesammelte Werke, Bd. 13. London: Imago, 1955 (Reprint), S. 361—368.

ders.: Neurose und Psychose (1924 b). In: Gesammelte Werke, Bd. 13. London: Imago, 1955 (Reprint), S. 385—391.

ders.: Hemmung, Symptom und Angst (1926 a). In: Gesammelte Werke, Bd. 14. London: Imago, 1955 (Reprint), S. 111—205.

ders.: Ansprache an die Mitglieder des Vereins B'nai B'rith (1926 b). In Gesammelte Werke, Bd. 17. London: Imago, 1955 (Reprint), S. 49—53.

ders.: Die Ichspaltung im Abwehrvorgang (1938). In: Gesammelte Werke, Bd. 17. London: Imago, 1955 (Reprint), S. 57—62.

Fromm-Reichmann, F.: Principles of Intensive Psychotherapy. Chicago: University of Chicago Press, 1950.

Frondizi, R.: The Nature of the Self. New Haven: Yale University Press, 1953.

Frumkin, R. M.: Occupation and Major Mental Disorders. In: Rose, A. M. (Hrsg.): Mental Health and Mental Disorder. New York: Norton, 1955, S. 136—160.

Gage, N. L.: Accuracy of Social Perception and Effectiveness in Interpersonal Relationships. In: Journal of Personality 22 (1953), S. 128—141.

ders. u. a.: The Intermediary Key in the Analysis of Interpersonal Perception. In: Psychological Bulletin 53 (1956), S. 258—266.

Garai, J. E.: Formation of the Concept of "Self" and Development of Sex Identification. In: Kidd, A. H., und Rivoire, J. L. (Hrsg.): Perceptual Development in Children. New York: International University Press, 1966, S. 344 bis 388.

Gehlen, A.: Die Seele im technischen Zeitalter (1957). Hamburg: Rowohlt, 2. Auflage 1959 (rde 53).

Gerard, D. L., und Houston, L. G.: Family Setting and the Social Ecology of Schizophrenia. In: Psychiatric Quarterly 28 (1953), S. 90—101.

Getzels, J. W.: Conflict and Role Behavior in the Educational Setting. In: Charters Jr., W. W., und Gage, N. L. (Hrsg.): The Social Psychology of Education. Boston: Allyn & Bacon, 1963, S. 309—318.

ders. und Guba, E. G.: Role Conflict and Personality. Journal of Personality 24 (1955), S. 74—85.

dies.: Role, Role Conflict, and Effectiveness: An Empirical Study. In: American Sociological Review 19 (1954), S. 164—175.

Giovacchini, P.: Mutual Adaptions in Various Object Relationships. In: International Journal of Psychoanalysis 39 (1958), S. 547—555.

Goffman, E.: Symbols of Class Status. In: British Journal of Sociology 2 (1951), S. 294—304.

ders.: The Presentation of Self in Every Day Life. New York: Doubleday, 1959.

ders.: Asylums: Essays on the Social Situation of Mental Patients and Other Inmates. Garden City, N. Y.: Doubleday Anchor, 1961 a.

ders.: Role Distance (1961 b). In: Goffman, E.: Encounters. Indianapolis: Bobbs-Merrill, 3. Auflage 1966, S. 83—152.

ders.: Stigma. Notes on the Management of Spoiled Identity (1963 a). Englewood Cliffs, N. J.: Prentice Hall, 3. Auflage 1965.

ders.: Behavior in Public Places. New York: Free Press of Glencoe, 1963 b.

Gollin, E. S.: Forming Impressions of Personality. In: Journal of Personality 23 (1954), S. 65—76.
ders. und Rosenberg, S.: Concept Formation and Impressions of Personality. In: Journal of Abnormal and Social Psychology 52 (1956), S. 39—42.
Goode, W. J.: A Theory of Role Strain. In: American Sociological Review 25 (1960), S. 483—496.
Gough, H. G.: Studies of Social Intolerance: I. Some Psychological and Sociological Correlates of Anti-Semitism. In: Journal of Social Psychology 33 (1951), S. 237—246.
ders.: A Sociological Theory of Psychopathy. In: American Journal of Sociology 53 (1947/48), S. 359—366.
ders. und Peterson, D. R.: The Identification and Measurement of Predispositional Factors in Crime and Deliquency. In: Journal of Consulting Psychology 16 (1952), S. 207—212.
Gouldner, A. W.: The Norm of Reciprocity: A Preliminary Statement. In: American Sociological Review 25 (1960), S. 161—178.
ders. und Gouldner, H.: Roles, Identities, and Categories. In: Merton, R. K. (Hrsg.): Modern Sociology. New York: Harcourt, 1963, S. 178—209.
Green, A. W.: The Middle-Class Male Child and Neurosis. In: American Sociological Review 11 (1946), S. 31—41.
Green, G. H.: Insight and Group Adjustment. In: Journal of Abnormal and Social Psychology 43 (1948), S. 49—61.
Greenacre, Ph.: Early Physical Determinants in the Development of the Sense of Identity. In: Journal of the American Psychoanalytical Association 6 (1958), S. 612—627.
Greening, Th. C.: Moral Standards and Defenses against Aggression. Unveröffentlichte Dissertation, University of Michigan, Department of Psychology, 1958. Referiert in: Swanson, G. E. (1961), S. 19 f.
Grinder, R. E.: Relations between Behavioral and Cognitive Dimensions of Conscience in Middle Childhood. In: Child Development 35 (1964), S. 881 bis 891.
Gross, E., und Stone, G. P.: Embarrasment and the Analysis of Role Requirements. In: American Journal of Sociology 70 (1964/65), S. 1—15.
Gross, N. C., u. a.: Explorations in Role Analysis: Studies of the School Superintendency Role. New York: Wiley, 1958.
Habermas, J.: Zwischen Philosophie und Wissenschaft: Marxismus als Kritik. In: Habermas, J.: Theorie und Praxis. Neuwied: Luchterhand, 1963, S. 162 bis 214.
ders.: Vorüberlegungen zu einem Projekt „Schulleistung und Elternhaus". Hektographiertes Manuskript, 1966.
ders.: Zur Logik der Sozialwissenschaften. In: Philosophische Rundschau, Beiheft 5 (1967 a).
ders.: Role Theory and the Problem of Identity. Notizen für ein Seminar in der New School, New York. Unveröffentlichtes Manuskript, 1967 b.
ders.: Arbeit und Interaktion. Bemerkungen zu Hegels Jenenser Philosophie des Geistes. In: Natur und Geschichte. K. Löwith zum 70. Geburtstag. Stuttgart: Kohlhammer, 1967 c, S. 132—155.
ders.: Erkenntnis und Interesse. Frankfurt a. M.: Suhrkamp (Theorie 2), 1968 a.

ders.: Theorie der Sozialisation. Stichworte und Literaturhinweise zur Vorlesung im Sommersemester 1968. Hektographiertes Manuskript, 1968 b.
Haley, J.: An Interactional Description of Schizophrenia. In: Psychiatry 22 (1959 a), S. 321—332.
ders.: The Family of the Schizophrenic: A Model System. In: Journal of Nervous and Mental Disease 129 (1959 b), S. 357—374.
Hall, C. S., und Lindzey, G.: Theories of Personality. New York: Wiley, 1957.
Harris, J. D.: Normal Children and Mothers. Glencoe, Ill.: Free Press, 1959.
Hartmann, H.: Ich-Psychologie und das Anpassungsproblem. In: Internationale Zeitschrift für Psychoanalyse und Imago 24 (1939), S. 62—135.
Hartup, W. W.: Dependence and Independence. In: Stevenson, H. W. (Hrsg.): Child Psychology. Chicago: University of Chicago Press, 1963, S. 333—363.
Hatch, R. S.: An Evaluation of a Forced-Choise Differential Accuracy Approach to the Measurement of Supervisory Empathy. Englewood Cliffs: Prentice Hall, 1962.
Hatfield, A. B.: Experimental Study of the Self-Concept of Student Teachers. In: Journal of Educational Research 55 (1961), S. 87—89.
Heathers, G.: Acquiring Dependence and Independence: A Theoretical Orientation. In: Journal of Genetic Psychology 87 (1955), S. 277—291.
Heinrich, K.: Versuch über die Schwierigkeit nein zu sagen. Frankfurt a. M.: Suhrkamp, 1964.
Helfand, I.: Role Taking in Schizophrenia. In: Journal of Consulting Psychology 20 (1956), S. 37—41.
Henkys, R.: Die nationalsozialistischen Gewaltverbrechen. Stuttgart, Berlin: Kreuz-Verlag, 1964.
Hoffman, M. L.: Progress Report: Techniques and Processes in Moral Development. Detroit: Merrill-Palmer Institute, 1961. Referiert in: Kohlberg, L. (1964), S. 421.
ders.: The Role of the Parent in the Child's Moral Growth. In: Religious Education 57 (1962), S. 18—33.
ders.: Child Rearing Practices and Moral Development: Generalizations from Empirical Research. In: Child Development 34 (1963 a), S. 295—318.
ders.: Parent Discipline and the Child's Consideration for Others. In: Child Development 34 (1963 b), S. 573—588.
ders.: Personality, Family Structure, and Social Class as Antecedents of Parental Power Assertion. In: Child Development 34 (1963 c), S. 869—884.
ders. und Saltzstein, H. D.: Parent Discipline and the Child's Moral Development. In: Journal of Personality and Social Psychology 5 (1967), S. 45—57.
Hofstätter, P. R.: Psychose. In: Hofstätter, P. R., Psychologie. Frankfurt a. M.: Fischer, 1967 (Fischer-Lexikon, Bd. 6).
Hollingshead A. B., und Redlich, F. C.: Social Stratification and Psychiatric Disorders. In: American Sociological Review 18 (1953), S. 163—169.
dies.: Social Class and Mental Illness. New York: Wiley, 1958.
Horkheimer, M., und Adorno, Th. W.: Dialektik der Aufklärung (1944). Frankfurt a. M.: Fischer, 1969.
Hughes, E. C.: What Other? In: Rose, A. M. (Hrsg.): Human Behavior and Social Processes, London: Routledge & Kegan Paul, 1962, S. 119—127.
Jackson, D. D. (Hrsg.): The Etiology of Schizophrenia. New York: Basic Books, 1960.

Jaco, E. G.: The Social Epidemiology of Mental Disorders — A Psychiatric Survey of Texas. New York: Russell Sage Foundation, 1960.
James, W.: The Principles of Psychology. New York: Henry Holt, 1890.
Janoska-Bendl, J.: Probleme der Freiheit in der Rollenanalyse. In: Kölner Zeitschrift für Soziologie und Sozialpsychologie 14 (1962), S. 459—475.
Johnson, A. M., u. a.: Studies in Schizophrenia at the Mayo Clinic II Observations on Ego Functions in Schizophrenia. In: Psychiatry 19 (1956), S. 143—148.
Jones, E. E.: Authoritarianism as a Determinant of First-Impression Formation. In: Journal of Personality 23 (1954), S. 107—127.
Kahn, R. L., u. a.: Organizational Stress: Studies in Role Conflict and Ambiguity. New York: Wiley, 1964.
Kelly, G. A.: The Psychology of Personal Constructs. New York: Norton, 1955.
Keniston, K.: The Uncommitted. Alienated Youth in American Society. New York: Harcourt, Brace & World, 1965.
Kind, H.: Welche Fakten stützen heute eine psychogenetische Theorie der Schizophrenie? Eine kritische Übersicht über die Literatur der letzten 30 Jahre. In: Psyche 19 (1965), S. 188—218.
Koenig, F. W., und King, M. B.: Cognitive Simplicity and Prejudice. In: Social Forces 40 (1962), S. 220—222.
Kohlberg, L.: Moral Development and Identification. In: Stevenson, H. W. (Hrsg.): Child Psychology, Chicago: University of Chicago Press, 1963, S. 277—332.
ders.: Development of Moral Character and Moral Ideology. In: Hoffman, M. L., und Hoffman, L. W. (Hrsg.): Review of Child Development Research, Bd. 1. New York: Russell Sage Foundation, 1964, S. 383—431.
Kohn, M. L.: Social Class and Parent-Child Relationships: An Interpretation. In: American Journal of Sociology 68 (1962/63), S. 471—480.
ders. und Carroll, E. E.: Social Class and the Allocation of Parental Responsibilities. In: Sociometry 23 (1960), S. 372—392.
ders. und Clausen, J. A.: Parental Authority Behavior and Schizophrenia. In: American Journal of Orthopsychiatry 26 (1956), S. 297—313.
Komarovsky, M.: Cultural Contradictions and Sex Roles. In: American Journal of Sociology 52 (1946), S. 184—189.
Kovacs, A. L.: Some Antecedents of Denial in Fantasy as a Defense against Anger. Unveröffentlichte Dissertation, University of Michigan, Department of Psychology, 1958. Referiert bei: G. E. Swanson (1961), S. 28.
Kraepelin, E.: Psychiatrie. Leipzig: Barth, 5. Auflage 1896.
Kuhn, M. H.: Major Trends in Symbolic Interaction Theory in the Past Twenty-Five Years. In: Sociological Quarterly 5 (1964), S. 61—84.
Kutner, B.: Patterns of Mental Functioning associated with Prejudice in Children. In: Psychological Monographs 72 (1958), Nr. 7.
ders. und Gordon, N. B.: Cognitive Functioning and Prejudice: A Nine-Year Follow-Up Study. In: Sociometry 27 (1964), S. 66—74.
Lapouse, R., u. a.: The Drift Hypothesis and Socio-Economic Differentials in Schizophrenia. In: American Journal of Public Health 46 (1956), S. 978—986.
Lecky, P.: Self-Consistency: A Theory of Personality. New York, Island Press, 1945.
Lemert, E. M.: Social Pathology. New York: McGraw-Hill, 1951.

Lepsius, R. M.: Ungleichheit zwischen Menschen und soziale Schichtung. In: Kölner Zeitschrift für Soziologie und Sozialpsychologie 13 (1961), Sonderheft 5: Soziale Schichtung und soziale Mobilität, S. 54—64.
Levinson, D. J.: Role, Personality, and Social Structure in the Organizational Setting. In: Journal of Abnormal and Social Psychology 58 (1959), S. 170 bis 180.
Levita, D. J. de: The Concept of Identity. Paris/Den Haag: Mouton, 1965.
Lichtenstein, H.: Identity and Sexuality. In: Journal of the American Psychoanalytic Association 9 (1961), S. 179—261.
ders.: The Dilemma of Human Identity. Notes on Self-Transformation, Self-Objectivation, and Metamorphosis. In: Journal of American Psychoanalytical Association 11 (1963), S. 173—223.
ders.: The Role of Narcissism in the Emergence and Maintenance of a Primary Identity. In: International Journal of Psychoanalysis 45 (1964), S. 49—56.
Lidz, Th.: Family Life and Human Adaption. New York: Basic Books, 1963.
ders. und Fleck, St.: Family Studies and a Theory of Schizophrenia. Hektographiertes Manuskript, 1964. Referiert bei: Mishler/Waxler (1965), S. 496.
Lidz, Th., u. a.: Intrafamilial Environment of the Schizophrenic Patients: II Marital Schism and Marital Skew (1957). Zitiert nach dem Nachdruck: Schism and Skew in the Families of Schizophrenics. In: Bell, N. W., und Vogel, E. F.: A Modern Introduction to the Family. Glencoe, Ill.: Free Press, 5. Auflage 1963, S. 595—607.
Lidz, R. W., und Lidz, Th.: Therapeutic Considerations Arising from the Intense Symbiotic Needs of Schizophrenic Patients. In: Brody, E. B., und Redlich, F. C. (Hrsg.): Psychotherapy with Schizophrenics. New York: International University Press, 1952, S. 168—178.
Lindesmith, A. R., und Strauss, A. L.: Social Psychology. New York: Dryden Press, 1956.
Linton, R.: The Study of Man. New York: Appleton-Century, 1936.
ders.: The Cultural Background of Personality. New York: Appleton-Century, 1945.
Lipset, S. M.: Political Man. The Social Basis of Politics. Garden City, N. Y.: Doubleday, 1960.
Lomas, P.: Family Role and Identity Formation. In: International Journal of Psychoanalysis 42 (1961), S. 371—380.
Lowe, C. M.: The Self-Concept: Fact or Artifact? In: Psychological Bulletin 58 (1961), S. 325—336.
Lynd, H. M.: On Shame and the Search for Identity. New York: Harcourt, Brace & Co., 1958.
Lystad, M.: Social Mobility among Selected Groups of Schizophrenic Patients. In: American Sociological Review 22 (1957), S. 288—292.
MacKinnon, D. W.: What Do We Mean by Talent and How Do We Test for It? New York: College Entrance Examination Board, 1960.
Mahler, M.: Beitrag zum Symposion über Identität. Chicago 1957. Referiert in: Rubinfine, D. L. (1958), S. 131 ff.
Marcuse, H.: Eros and Civilization (1955). Zitiert nach der deutschen Ausgabe: Triebstruktur und Gesellschaft. Frankfurt a. M.: Suhrkamp, 1965.
ders.: Das Veralten der Psychoanalyse (1963). In: Marcuse, H.: Kultur und Gesellschaft, Bd. 2. Frankfurt a. M.: Suhrkamp, 1965, S. 85—106.

Mark, J. C.: The Attitudes of the Mothers of Male Schizophrenics toward Child Behavior. In: Journal of Abnormal and Social Psychology 48 (1953), S. 185 bis 189.
McCall, G. J., und Simmons, J. L.: Identities and Interactions. An Examination of Human Associations in Everyday Life. New York: Free Press, 1966.
McV. Hunt, J.: The Psychological Basis for Using Pre-School Enrichment as an Antidote for Cultural Deprivation. In: Merrill-Palmer Quarterly 10 (1964), S. 209—248.
Mead, G. H.: Mind, Self, and Society (1934). Chicago: University of Chicago Press, 13. Auflage 1965.
Merton, R. K., und Barber, E.: Sociological Ambivalence. In: Tiryakian, A. (Hrsg.): Sociological Theory, Values, and Sociocultural Change. New York: Free Press, 1963, S. 91—120.
Merton, R. K., u. a.: The Student-Physician. Cambridge, Mass.: Harvard University Press, 1957.
Miller, D. R.: Personality and Social Interaction. In: Kaplan, B. (Hrsg.): Studying Personality Cross-Culturally. Evanston, Ill.: Row, Peterson, 1961, S. 271 bis 300.
ders.: The Study of Social Relations: Situation, Identity and Social Interaction. In: Koch, S. (Hrsg.): Psychology: A Study of A Science, Bd. 5. New York: McGraw-Hill, 1963, S. 639—737.
ders. und Swanson, G. E.: Inner Conflict and Defense (1960). New York: Schocken Books, 1966.
Miller, W. B.: Lower Class Culture as a Generating Milieu of Gang Delinquency. In: Journal of Social Issues 3 (1958), S. 5—19.
Mishler, E. G., und Waxler, N. E.: Family Interaction and Schizophrenia: A Review of Current Theories (1965). Zitiert nach: Handel, G. (Hrsg.): The Psychosocial Interior of the Family. Chicago: Aldine, 1967, S. 469—516.
Miyamoto, S. F., und Dornbusch, S.: A Test of Interactionist Hypotheses of Self-Conception. In: American Journal of Sociology 61 (1956), S. 399—403.
Myers, J. K., und Roberts, B. H.: Family and Class Dynamics in Mental Illness (1959). New York: Science Editions, 1964.
Nadel, S. F.: The Theory of Social Structure. London: Cohen & West, 1956.
Neiman, L. J., und Hughes, J. W.: The Problem of the Concept of Role — A Re-Survey of the Literature. In: Social Forces 30 (1951/52), S. 141—149.
Notgutt, B., und Silva, A. L. M.: Knowledge of Other People. In: Journal of Abnormal and Social Psychology 46 (1951), S. 30—37.
O'Connor, P.: Ethnocentrism, "Intolerance of Ambiguity", and Abstract Reasoning Ability. In: Journal of Abnormal and Social Psychology 47 (1952), S. 526—530.
Oevermann, U.: Soziale Schichtung und Begabung. In: Zeitschrift für Pädagogik. Beiheft 6 (1965), S. 166—186.
ders.: Einige Thesen über den Zusammenhang von Identifikationsprozessen und Sprachentwicklung. Hektographiertes Manuskript, 1967.
ders.: Schichtenspezifische Formen des Sprachverhaltens und ihr Einfluß auf die kognitiven Prozesse. In: Roth, H. (Hrsg.): Begabung und Lernen. Stuttgart: Klett, 1968, S. 297—355.
ders., Krappmann, L., und Kreppner, K.: Elternhaus und Schule. Projektvorschlag. Berlin: Institut für Bildungsforschung, hektograph. Manuskript, 1968.

Park, R. E.: Race and Culture. Glencoe, Ill.: Free Press, 1950.
Parsons, T.: The Social System (1951). Glencoe, Ill.: Free Press (Paperback), 1964.
ders.: Social Structure and the Development of Personality (1958). In: Social Structure and Personality. Glencoe, Ill.: Free Press, 1964, S. 78—111.
ders.: Individual Autonomy and Social Pressure: An Answer to Dennis H. Wrong. In: Psychoanalysis and the Psychoanalytical Review 49 (1962), S. 70 bis 80.
ders., Shils, E. A., u. a. (Hrsg.): Toward a General Theory of Action (1951). New York: Harper & Row, 3. Auflage 1965.
ders. und Bales, R. F.: Family, Socialization, and Interaction Process (1955). Glencoe, Ill.: Free Press, 4. Auflage 1964.
Pasamanick, B., u. a.: A Survey of Mental Disease in an Urban Population: Prevalence by Race and Income (1959). In: Riessman, F., u. a.: The Mental Health of the Poor. New York: Free Press, 1964, S. 39—48.
Pasamanick, B.: Epidemiology of Mental Disorder. Washington, D. C.: American Association for the Advancement of Science, 1959.
Perry, S. E., und Wynne, L. C.: Role Conflict, Role Redefinition and Social Change in a Clinical Research Organization. In: Social Forces 38 (1959), S. 62 bis 65.
Piaget, J.: Das moralische Urteil beim Kinde (1932). Zürich: Rascher-Verlag, 1954.
Plessner, H.: Soziale Rollen und menschliche Natur. In: Derbolav, J., und Nicolin, F. (Hrsg.): Erkenntnis und Verantwortung. Festschrift für Th. Litt. Düsseldorf: Schwann 1961, S. 105—115.
Popitz, H.: Der Begriff der sozialen Rolle. In: Recht und Staat, Heft 331/2. Tübingen: Mohr (Siebeck), 1967.
Primrose, E. J. R.: Psychological Illness: A Community Study. In: Mind and Medicine Monographs, 3. Psychological Illness, London, o. J., S. 17—35.
Pschyrembel, W.: Klinisches Wörterbuch. Berlin: de Gruyter, 154.—184. Auflage 1964.
Pugh, D.: Role Activation Conflict: A Study of Industrial Inspection. In: American Sociological Review 31 (1966), S. 835—842.
Reeder, L. G., u. a.: Conceptions of Self and Others. In: American Journal of Sociology 66 (1960/61), S. 153—159.
Richards, J. M., und Cline, V. B.: Accuracy Components in Person Perception Scores and the Scoring System as an Artifact in Investigations of the Generality of Judging Ability. In: Psychological Reports 12 (1963), S. 363—373.
Rogers, C. R., und Dymond, R. F. (Hrsg.): Psychotherapy and Personality Change. Chicago: University of Chicago Press, 1954.
Rokeach, M.: The Open and the Closed Mind. New York: Basic Books, 1960.
ders.: Prejudice, Concreteness of Thinking, and Reification of Thinking. In: Journal of Abnormal and Social Psychology 46 (1951 a), S. 83—91.
ders.: A Method of Studying Individual Differences in Narrow Mindedness. In: Journal of Personality 20 (1951 b), S. 219—233.
ders.: Studies in Beauty: II. Some Determinants of the Perception of Beauty in Women. In: Journal of Social Psychology 22 (1945), S. 155—169.
Rose, A. M.: The Adaequacy of Women's Expectations for Adult Roles. In: Social Forces 30 (1951), S. 69—77.

Rose, A. M.: Preface (1962 a): In: Rose, A. M. (Hrsg.): Human Behavior and Social Processes. London: Routledge & Kegan Paul, 1962, S. VII–XII.
ders.: A Systematic Summary of Symbolic Interaction Theory (1962 b). In: Rose, A. M. (Hrsg.): Human Behavior and Social Processes. London: Routledge & Kegan Paul, 1962, S. 3—19.
Rosengren, W. R.: The Self in the Emotionally Disturbed. In: American Journal of Sociology 66 (1960/61), S. 454—462.
Rubinfine, D. L.: Problems of Identity. In: Journal of the American Psychoanalytic Association 6 (1958), S. 131—142.
Rubins, J. L.: The Self Concept, Identity, and Alienation from Self. In: American Journal of Psychoanalysis 21 (1961), S. 135—141.
Ruesch, J., und Bateson, G.: Communication: The Social Matrix of Psychiatry. New York: Norton 1951.
Ryckoff, I., u. a.: Maintenance of Stereotyped Roles in the Families of Schizophrenics. In: Archives of General Psychiatry 1 (1959), S. 93—98.
Sarbin, T. R.: A Preface to a Psychological Analysis of the Self. In: Psychological Review 59 (1952), S. 11—22.
Sarbin, Th. R.: Role-Theory. In: Lindzey, G. (Hrsg.): Handbook of Social Psychology, Bd. 1. Reading, Mass.: Addison-Wesley, 1954, S. 223—258.
Schachtel, E.: On Alienated Concepts of Identity. In: American Journal of Psychoanalysis 21 (1961), S. 120—131.
Schütz, A.: Collected Papers. Bde. 1—3. Den Haag: Nijhoff, 1962, 1964, 1966.
Searles, H. F.: Anxiety Concerning Change, as Seen in the Psychotherapy of Schizophrenic Patients — with Particular Reference to the Sense of Personal Identity. In: International Journal of Psychoanalysis 42 (1961 a), S. 74—85.
ders.: Sexual Processes in Schizophrenia. In: Psychiatry 24 (1961 b), Supplement to No. 2, S. 87—95.
Sears, R. R.: Experimental Studies of Projection: I. Attribution of Traits. In: Journal of Social Psychology 7 (1936), S. 151—163.
ders.: The Growth of Conscience. In: Iscoe, I., und Stevenson, H. W. (Hrsg.): Personality Development in Children. Austin: University of Texas Press, 1960, S. 92—111.
Sherwood, J. J.: Self-identity and Referent Others. In: Sociometry 28 (1965), S. 66—81.
Shibutani, T.: Society and Personality. Englewood Cliffs, N. J.: Prentice Hall, 1961.
Shinn, R. L. (Hrsg.): The Search for Identity: Essays on the American Character. New York: Institute for Religious and Social Studies, 1964.
Simmel, G.: Über soziale Differenzierung. Leipzig: Duncker & Humblot, 1890 (Staats- und sozialwissenschaftliche Forschungen X, 1).
ders.: Soziologie (1908). Zitiert nach der 4. Auflage. Berlin: Duncker & Humblot, 1958.
Soddy, K. (Hrsg.): Identity; Mental Health and Value Systems: Cross Cultural Studies in Mental Health. Chicago: Quadrangle Books, 1962.
Soskin, W. F., und John, V. P.: The Study of Spontaneous Talk. In: Barker, R. G. (Hrsg.): The Stream of Behavior. New York: Appleton-Century-Crofts, 1963, S. 228—287.
Spiegel, J. P.: The Resolution of Role Conflict within the Family. In: Psychiatry 20 (1957), S. 1—16.

Spiegel, L. A.: Identity and Adolescents. In: Lorand, S., und Schneer, H. J. (Hrsg.): Adolescents. New York: Harper & Row, 1961, S. 10—18.
Spitz, René: Vom Säugling zum Kleinkind (1965). Stuttgart: Klett, 1967.
ders.: Die Entstehung der ersten Objektbeziehungen (1954). Stuttgart: Klett, 1957.
Srole, L., u. a.: Mental Health in the Metropolis: The Midtown Manhattan Study, Bd. 1. New York: McGraw-Hill, 1962.
Stanton, A. H., und Schwartz, M. S.: The Mental Hospital. New York: Basic Books, 1954.
Stein, L.: Social Class' Gradient in Schizophrenia. In: British Journal of Preventive and Social Medicine 11 (1957), S. 181—195.
Steiner, J. D.: Ethnocentrism and Tolerance of Trait "Inconsistency". In: Journal of Abnormal and Social Psychology 49 (1954), S. 349—354.
Stewart, D., und Hoult, Th.: A Socio-Psychological Theory of the Authoritarian Personality. In: American Journal of Sociology 65 (1959/60), S. 274—279.
Stone, G. P.: Appearance and the Self. In: Rose, A. M. (Hrsg.): Human Behavior and Social Processes. London: Routledge & Kegan Paul, 1962, S. 86—118.
Stonequist, E. V.: The Marginal Man. New York: Charles Scribner's Sons, 1937.
Stouffer, S. A., u. a.: The American Soldier, Bd. 2. Princeton: Princeton University Press, 1949.
Stouffer, S. A.: An Analysis of Conflicting Social Norms. In: American Sociological Review 14 (1949), S. 707—717.
Strauss, A.: Mirrors and Masks: The Search for Identity. Glencoe, Ill.: Free Press, 1959.
ders.: The Learning of Roles and of Concepts as Twin Processes. In: Journal of Genetic Psychology 88 (1956), S. 211—217.
Strauss, M. A.: Conjugal Power Structure and Adolescent Personality. In: Marriage and Family Living 24 (1962 a), S. 17—25.
ders.: Deferred Gratification, Social Class, and Achievement Syndrome. In: American Sociological Review 27 (1962 b), S. 326—335.
Stryker, S.: Relationships of Married Offsprings and Parent: A Test of Mead's Theory. In: American Journal of Sociology 62 (1956), S. 308—319.
ders.: Role-Taking Accuracy and Adjustment. In: Sociometry 20 (1957), S. 286 ff.
Sullivan, H. S.: Conceptions of Modern Psychiatry. Washington, D. C.: White Foundation, 1946.
ders.: The Interpersonal Theory of Psychiatry. New York: Norton, 1953.
Swanson, G. E.: Determinants of the Individual's Defenses Against Inner Conflict: Review and Reformulation. In: Glidewell, J. C. (Hrsg.): Parental Attitudes and Child Behavior. Springfield, Ill.: Thomas, 1961, S. 5—41.
Taft, R.: Intolerance of Ambiguity and Ethnocentrism. In: Journal of Consulting Psychology 20 (1956), S. 153—154.
ders.: Some Characteristics of Good Judges of Others. In: British Journal of Psychology 47 (1956), S. 19—29.
ders.: The Ability to Judge People. In: Psychological Bulletin 52 (1955), S. 1—28.
ders.: Some Correlates of the Ability to Make Accurate Social Judgements. Unveröffentlichte Dissertation, University of California, 1950. Referiert in: Bruner, J. S., und Tagiuri, R. (1959), S. 643 f.
Tagiuri, R., u. a.: Some Determinants of the Perception of Positive and Negative Feeling in Others. In: Journal of Abnormal and Social Psychology 48 (1953), S. 585—592.

Thomas, E. J., und Biddle, B. J.: The Nature and History of Role Theory. In: Biddle, B. J., und Thomas, E. J. (Hrsg.): Role Theory. New York: Wiley, 1966, S. 3—19.
Tenbruck, F. H.: Zur deutschen Rezeption der Rollentheorie. In: Kölner Zeitschrift für Soziologie und Sozialpsychologie 13 (1962), S. 1—40.
Tietze, Ch., u. a.: Schizophrenia, Manic-Depressive Psychosis, and Social-Economic Status. In: American Journal of Sociology 47 (1941), S. 167—175.
Tietze, T.: A Study of Mothers of Schizophrenic Patients. In: Psychiatry 12 (1949), S. 55—65.
Toby, J.: Some Variables in Role Conflict Analysis. In: Social Forces 30 (1951/1952), S. 323—327.
Turner, R. H.: Role-Taking: Process versus Conformity. In: Rose, A. M. (Hrsg.): Human Behavior and Social Process. London: Routledge & Kegan Paul, 1962, S. 20—40.
Turner, R. J., und Wagenfeld, M. O.: Occupational Mobility and Schizophrenia: An Assessment on the Social Causation and Social Selection Hypothesis. In: American Sociological Review 32 (1967), S. 104—113.
Vogel, E. F., und Bell, N. W.: The Emotionally Disturbed Child as the Family Scapegoat (1960). In: Bell, N. W., und Vogel, E. F. (Hrsg.): A Modern Introduction to the Family. Glencoe, Ill.: Free Press, 5. Auflage 1963, S. 382—397.
Wallin, P.: Cultural Contradictions and Sex Roles: A Repeat Study. In: American Sociological Review 15 (1950), S. 288—293.
Watzlawick, P.: A Review of the Double Bind Theory. In: Family Process 2 (1963), S. 132—153.
ders. u. a.: Pragmatics of Human Communication. New York: Norton, 1967.
Weakland, J. H.: The "Double Bind" Hypotheses of Schizophrenia and Three-Party Interaction. In: Jackson, D. D. (Hrsg.): The Etiology of Schizophrenia. New York: Basic Books, 1960, S. 373—388.
Weinberg, S. K.: A Sociological Analysis of a Schizophrenic Type. In: American Sociological Review 15 (1950), S. 600—610.
Weingarten, E. M.: A Study of Selective Perception in Clinical Judgement. In: Journal of Personality 17 (1949), S. 369—406.
Weinstein, E. A., und Deutschberger, P.: Some Dimensions of Altercasting. In: Sociometry 26 (1963), S. 454—466.
Wheelis, A.: The Quest of Identity. New York: Norton, 1958.
White, R. W.: Lives In Progress (1952). New York: Holt, 1963.
ders.: Motivation Reconsidered: The Concept of Competence. In: Psychological Review 66 (1959), S. 297—333.
ders.: Competence and the Psychosexual Stages of Development. In: Nebraska Symposion on Motivation. Lincoln, Nebr.: University of Nebraska Press, 1960, S. 97—141.
ders.: Sense of Interpersonal Competence. In: White, R. W. (Hrsg.): The Study of Lives. New York: Atherton Press, 1963 a, S. 72—93.
ders.: Ego and Reality in Psychoanalytic Theory: A Proposal Regarding Independent Ego Energies. In: Psychological Issues 3 (1963 b), Monograph 11.
Wilson, B. R.: The Teacher's Role — A Sociological Analysis. In: British Journal of Sociology 13 (1962), S. 15—32.
Witkin, H. A., u. a.: Psychological Differentiation. New York: Wiley, 1962.

Wylie, R. C.: The Self Concept: A Critical Survey of Pertinent Research Literature (1961). Lincoln, Nebr.: University of Nebraska Press, 3. Auflage 1967.

Wynne, L. C., u. a.: Pseudo-Mutuality in the Family Relations of Schizophrenics. In: Psychiatry 21 (1958), S. 205—220.

Wynne, L. C., und Singer, M. Th.: Denkstörung und Familienbeziehung bei Schizophrenen. In: Psyche 19 (1965), S. 82—160.

dies.: Thinking Disorders and Family Transactions. Paper presented at the American Psychiatric Association May 1964. Zitiert nach: Mishler, E. G., und Waxler, N. E. (1965).

Wrong, D. H.: The Oversocialized Conception of Man in Modern Sociology. In: American Sociological Review 26 (1961), S. 183—193.

9. Personenregister

Konzepte der Humanwissenschaften

W. Edelstein, D. Hopf (Hrsg.)
Bedingungen des Bildungsprozesses

Psychologische und pädagogische Forschungen zum Lehren und Lernen in der Schule

1973, 513 S., kart. 28,— (92 200)

Aus Beiträgen, die von führenden Wissenschaftlern auf einem Internationalen Seminar über Lern- und Bildungsprozesse vorgetragen wurden, ist hier ein Kompendium entstanden. Es umfaßt die Bereiche Motivation, kognitive Entwicklung, Curriculum — Lernen — Unterricht, Lehrverhalten und Unterrichtsstrategien sowie Fragen der Methodologie.

U. Laucken
Naive Verhaltenstheorie

Ein Ansatz zur Analyse jenes Konzeptrepertoires, mit dem im alltäglichen Lebensvollzug das Verhalten der Mitmenschen erklärt und vorhergesagt wird.

1974, 249 S., kart. 22,— (92 526)

Wohl ein jeder erfährt an sich selbst, daß er das Tun seiner Mitmenschen, mit denen er täglich umgeht, deutend zu verstehen sucht und daß er sein eigenes soziales Verhalten nach diesen Deutungen ausrichtet. Diese schlichte Erfahrung ist dem Autor Anlaß, sich als Psychologe zu fragen, wie das diese Deutungen fundierende Wissen beschaffen ist. Ausgehend von alltagsgebräuchlichen Erklärungen menschlichen Verhaltens sucht er daher explikativ die zugrundeliegende „Theorie des naiven Verhaltens“ zu erschließen und seinen Befund in Ansätzen kognitionspsychologisch zu interpretieren.

U. Neisser
Kognitive Psychologie

Mit einer Einführung von Hans Aebli

1974, 427 S., kart. 38,— (92 623)

Neisser liefert in diesem Buch eine groß angelegte Kritik des Empirismus: Damit das in den Sinnen Gegebene verarbeitet und gedächtnismäßig gespeichert wird, muß es entweder sofort sprachlich verschlüsselt, oder seine Elemente müssen einzeln „bemerkt“ und zu einem strukturierten Bild verknüpft werden. Erinnerung ist Rekonstruktion des Wahrgenommenen. Das Denken muß entsprechend als ein aktiver Konstruktionsprozeß und nicht als eine Folge von inneren Bildern betrachtet werden.